교육실습의 이론과 실제

- 수업활동과 실제를 중심으로 -

김헌수 이난 류재수

태영출판사

머리말

'한 국가의 교육수준은 교사의 수준을 뛰어넘을 수 없다' 라는 말이 있다. 이 말이 의미하는 바는 교육의 질적 수준을 높이기 위해서는 결국 교사의 수준이 높아져야 함을 말한다. 교사의 수준을 높이기 위해서 그동안 교사양성 교육기관에서는 교직의 교육과정을 통하여 많은 노력을 해 왔다.

교사양성 교육기관에서는 훌륭한 교사를 양성하기 위하여 교직의 여러 과목을 통하여 이론적으로 학습시켜 교사로서의 능력을 갖추도록 하였다. 그러나 교사라는 직업은 교직의 이론적 배경만 가지고 능력이 키워지는 것은 아니다. 즉, 교직의 이론을 토대로 교육의 현장에서 응용하고 활용할 수 있어야 그 능력을 갖추고 있다고 할 수 있다. 교직의 이론과 교육의 현장이 통합되었을 때 진정한 교사의 능력이 발휘될 수 있으면 스스로 교사로서의 능력과 자질을 평가할 수 있는 것이다.

교직의 이론을 교육의 현장에 적용할 수 있도록 하기 위해서 예비교사의 자격으로 교사의 능력과 자질을 육성하기 위해서는 교육실습은 교사 양성 과정에서 필수적이다. 다시 말해서 교육실습은 교사양성 교육기관에서 습득한 교육이론과 원리 등을 교육현장에서 실제적으로 적용해 보고, 그 타당성을 검증하고, 스스로 평가해 보고, 내면화시킴으로써 전문적인 교사의 능력과 기술을 갖추게 되는 것이다. 결국 교육실습은 유능한 교사가 되기 위해서 누구나 거쳐야 하는 필수과정이다.

이처럼 교육실습이 교육목적을 충분히 달성하기 위해서는 교육실습에 임하기 전에 교육실습에 대한 준비를 철저히 해 두어야 한다. 본 교재는 교육실습에 임하기 전에 교육실습생으로서 준비해야 할 내용들을 점검하고 준비하도록 하는데 조금이나마 도움이 되었으면 하는 바람에서 쓰여졌다.

본 교재의 구성은 교육실습의 이론과 실제 두 영역으로 나누어 구성하였다. 제 1 부에서는 교육실습에 관한 전반적인 이해를 다루었으며, 제 2 부에서는 교육실습의 실제적 영역을 수업과 실습, 생활지도와 실습 그리고 학급경영과 실습으로 나누어 기술하였다. 교사에게 있어서 가장 중요한 업무와 역할은 가르쳐야 하는 기능이기 때문에 수업에 철저히 준비하도록 하기 위해서 고려되어야 할 사항과 수업에 필요한 내용 등을 설명하였다. 또한 교과교육 이외의 생활지도와 상담 역시 교사의 역할로 생활지도와 상담에 필요한 제반 사항 및 방법 등을 기술하였으며, 교사로서 1년 동안 학급을 어떻게 계획하고 운영해 나갈 것인지에 대한 내용 등을 설명하였다.

이 책이 나오기까지 많은 중등학교 선생님들과 교육실습생들을 지도하는 여러 학과 교수님들 그리고 출판되도록 도움을 주신 태영출판사 김현태 사장님께 감사를 드리며 마무리한다.

2008년 1월

김 헌 수

● 교육실습의이론목차 ●

제 1 장 교육실습의 이론

교육실습의 기초 Ⅰ

1. 교육실습의 개념 / 09
2. 교육실습의 성격 / 11
3. 교육실습의 목적 / 14

교육실습의 준비 Ⅱ

1. 교육실습의 사전준비 / 17
2. 교육실습생의 임무 / 21
3. 교육실습생의 유의사항 / 22

교육실습의 전개 Ⅲ

1. 관찰실습 / 24
2. 참가실습 / 29
3. 실제실습 / 32

교육실습의 평가 Ⅳ

1. 교육실습 평가의 의의, 과정 및 영역 / 35
2. 교육실습 평가 주체에 따른 평가 / 38

교사와 교직윤리 Ⅴ

1. 교사의 이상적인 조건 / 46
2. 교사의 역할 / 49
3. 교직윤리 / 50

제 2 장 교육실습의 실제

I 수업의 이해와 실습

1. 수업의 의미와 단계 / 59
2. 수업 동기 유발 / 62
3. 수업목표 진술 / 65
4. 출발점 행동의 진단 / 74
5. 수업내용의 전달 / 79
6. 수업의 평가 / 90
7. 학습지도안 작성 / 92
8. 연구수업 / 113

II 생활지도 및 상담의 이해와 실습

1. 생활지도의 의의와 필요성 / 119
2. 생활지도와 상담의 기본원리 / 123
3. 생활지도와 상담의 실습내용 / 126
4. 생활지도 실습의 기술적 방법 / 139
5. 교육실습 중의 생활지도 / 156

III 학급경영 이해와 실습

1. 학급경영의 이해 / 162
2. 학급경영의 실제 / 176

부록 / 199
참고문헌 / 265

1 교육실습의 이론

Ⅰ. 교육실습의 기초

1. 교육실습의 개념

교육실습(educational practice)이란 용어 그대로 '교육에 관한 실습' 이다. 그러므로 이 개념은 교수 혹은 실제실습(teaching or instructional practice)의 범주보다는 큰 광의의 개념이다. 교육실습이란 장차 교사가 되고자 교원양성 교육기관인 사범대학 및 교육대학 등에서 학습한 교육에 관한 이론과 실제를 학교현장에서 실제로 전개 적용해 보고 예비교사로서의 자기평가를 해 보는 과정이라고 할 수 있다.

교육실습을 '교육에 관한 실습'으로 규정한다면, 교육이라는 단어와 실습이라는 단어의 합성형태이므로 교육과 실습에 대한 개념을 먼저 이해해야 할 것이다. 우선, 교육이란 전인간적 성장과 발달을 조성하고 촉진하는 활동이다. 교육은 학습자의 지적 특성 발달뿐 아니라 정의적 특성과 신체 · 운동 기능적 특성을 동시에 혹은 조화롭게 조성하고 촉진하는 일이다. 그러므로 교육은 학습자에게 지식을 습득시키고 탐구력을 기르며 창의력을 육성하고 학습자 개개인이 주도적으로 자신의 삶을 설계하고 개척해 나갈 수 있는 능력을 육성 · 촉진하는 활동 못지않게 건전한 태도와 가치관, 도덕성, 긍정적이며 건강한 자아형성, 건전하고 진실된 인간관계, 성실성과 인내심 등을 육성하도록 돕고 지원하는 일과, 건강한 심신을 단련하고 민주시민으로서 지녀야 할 기본적인 기능을 습득하도록 안내하고 환경을 제공하고 적절한 자극을 주는 일 등을 포함하는 복잡하고 넓은 의미를 지니고 있다.

실습은 의과대학을 졸업하고 곧장 의술을 실천하기 전에 임상실습을 통하여 대학에서 배운 바를 실제적으로 실행해 봄으로써 자신의 앎을 평가해 보고 수정 혹은 개선해 나가는 과정을 밟듯이, 교육에 관한 이론적 지식과 습득한 교육적 소양을 학교 현장에서 직접 적용 · 활용해 봄으로써 장차 교사로서의 교육실습생 자신의 여러 측면을 평가해 보고 수정 혹은 개선할 점을 찾는 실천적 학습 활동이다.

형식적으로 보면 교육실습은 대학의 교육과정 구조상 교직과정의 일부과목에 불과하나, 대학에서 배우고 익힌 교양과목과 전공과목, 그리고 교직이론과 교과교육이 통합되어 교육현장인 각급 학교에서 구체적으로 적용되고 실천되는 과정이다. 즉, 대학과 일선 학교와의 연계점에서 그 동안 학습한 기본 이론과 일반 원리를 교육현장에서 실제로 응용 전개함으로써 교사로서의 품성과 능력을 배양하고 평가받으며, 현장의 실정과 문제점을 파악하고 연구 해결하는 능력을 배양하는 현장교육이고, 이를 성공적으로 수행했을 때 교사로서의 자격을 인정받고 한 사람의 교사로서 교직사회에 발 들여 놓을 수 있는 입문과정이라고 할 수 있다.

따라서 교육실습은 교직이론 영역 및 교과교육 영역과 함께 교사자격 취득의 법적 요건으로서 이수해야 할 교직과정의 한 영역이며, 대학에서 이론적으로 학습한 것을 초 · 중등학교 교육의 실제적 교육활동에 참여해 보는 과정을 의미한다. 이 과정을 통하여 교사의 실질적 기능을 익히고 훈련받게 되므로 교육실습은 교사교육의 핵심적인 측면이 되고 있는 것이다. 또한 교육실습을 하게 되는 사람을 교육실습생, 줄여 교생이라 하고 교육실습을 교생실습이라고도 한다.

'가르치는 것이 배우는 것(Teaching is learning)' 이다. '행함으로써 배운다(Learning by doing)' 라는 말과 같이 실제 교육현장에서 학생을 가르쳐 보는 것보다 더 효과적이고 역동적인 학습방법은 없다. 교육현장을 떠난 대학에서 이론을 통하여 교수의 강의를 통하여 학습한다는 것은 간접 교육방식이고, 그 만큼 실제와의 거리가 있는 교육이지만 교육실습은 현장에서의 직접교육방식이고, 실제와의 거리가 없을 뿐더러 교육실습생이 한 행동의 결과를 직접 확인하고 그 정보를 즉각적으로 받아들여 보다 나은 교육을 할 수 있는 효과적인 학습형태이다.

결국 교육실습이란

첫째, 교육실습은 교사자격증 취득을 위한 법적 요건을 충족하기 위한 것이며

둘째, 대학에서 배운 지식이나 이론과 원리를 교육현장에서 실천하는 기회를 가지며

셋째, 교육실습의 기회를 통하여 교사로서의 품성과 능력을 기르고

넷째, 교사로서의 자질을 스스로 평가하고, 객관적으로 평가받으며

다섯째, 교육현장의 실태와 문제를 파악하여 해결하면서 연구하는 능력을 배양하며

여섯째, 한 사람의 교사가 되기 위한 준비에 만전을 기하는 교육과정을 의미하는 것이다.

2. 교육실습의 성격

교육실습은 교직이론 영역 및 교과교육 영역과 함께 교사자격 취득의 법적 요건으로서 이수해야 할 교직과정의 한 영역이다. 그리하여 4주간의 교육실습을 병설학교나 협력학교에서 실시하고 2학점을 취득케 함으로써 교직과정의 일부로서 중요시하고 있다. 그러나 교육실습교육은 교직이론 과목이나 교과교육 과목과는 성격이 사뭇 다르다. 그 성격을 구체적으로 살펴보면 다음과 같다.

첫째, 교육실습은 학습이다. 교육실습의 주체자인 교육실습생은 교사가 아니다. 그는 배우는 학습자이며, 교원양성 교육기관에서 습득한 제반 지식을 학교 현장에서 실제로 적용 · 활용해 보고 무엇이 적절하고 부적절한 것인가, 이론과 실제의 괴리가 어디에서 발생하며, 이러한 괴리를 어떻게 줄일 것인가, 예비교사로서 자신에

게 부족한 점은 무엇이며 장차 교사가 되면 어떻게 할 것인가에 관한 정보를 수집하고 자기평가를 하는 배움의 기회를 갖는 것이다. 따라서 교육실습생은 교사의 입장이나 역할과 혼동해서는 안 된다. 실습학교 학생들에 대하여 교육실습생의 독자저인 판단이나 평가를 하거나 교사의 책임한계를 벗어 나는 활동 혹은 교사의 권한을 모호하게 만드는 일은 교육실습의 성격에 적합하지 않다.

둘째, 교육실습은 그 자체가 교육활동이다. 교육실습은 그 자체가 학습의 과정이라고 해서 실습과정에서의 시행착오가 용인될 수 있다고 생각해서는 안 된다. 교육실습은 실습을 하는 교육실습생의 입장에서 보면 교육적 경험을 얻는 연습활동쯤으로 생각될는지 모른다. 학습이나 연습에는 실패나 약간의 실수가 있어도 이를 허용함이 전제로 되어 있다. 그러나 입장을 달리하여 교육실습생의 수업이나 생활지도를 받은 학생의 입장에서 보면, 학교 교사의 지도와 교생의 지도는 하나도 다를 바 없는 교육활동이다. 더구나 시시각각으로 성장 · 발달하고 있는 학생들을 대상으로 하는 교육활동에 있어서는 교사와 동일한 교육적 책임을 지니고 있는 것이다. 이러한 교육실습의 성격이야말로 다른 형태의 교육실습이나 현장실습과의 차이점을 극명하게 나타내는 것이다. 교육에 있어서 연습 또는 시행착오가 있다면, 그 교육을 받는 학생들은 그 만큼 희생을 강요당하고 있다고 볼 수 있다.

따라서 교육실습생은 실습학교 학생들이 실습대상자 및 실험대상자가 아니라는 점을 명심하고 철저한 사전준비와 치밀한 계획으로써 실습학교 학생들의 희생을 줄이고 충실한 교육이 행해지도록 노력하여야 할 것이다. 학교 현장의 교육행정가나 교사가 교육실습생들에게 학생들의 수업지도나 생활지도의 실습 기회를 부여한 것은 장차 훌륭한 교사를 길러내고자 하는 의도 뿐만 아니라 교육실습생들이 실습학교 학생들의 교육을 책임 있게 수행해 내리라는 믿음이 있기 때문이라는 점을 명심할 필요가 있다.

셋째, 교육실습은 연구 활동이다. 교육실습생은 교육에 관한 연구를 행하는 학생이다. 교육 자체가 실천적 활동이기 때문에 실천적인 연구를 행하는 것이 곧 교육실습이다. 교육실습생의 실습학교 현장 연구란 일정한 형식을 갖춘 보고서를 작성하는 것으로 이해할 필요는 없으나 학교 현장의 문제점을 발굴하고 이를 개선하기 위한 방안을 모색하는 일은 훌륭한 교사가 되기 위한 중요한 조건의 하나이다. 교육의 연구는 비단 교육실습생만이 행하는 것은 아니며 모든 교사들이 평생을 두고 행하여야 할 과업이다. 교직의 전문성이 바로 여기에 있는 것이다. 교육실습생은 평생을 연구와 수련으로 일하여야 할 교직에 첫발을 디디고 연구의 소양과 기초적인 능력 및 태도를 배우는 것이다. 결코 교육실습 일정에 따라서 소극적이고 수동적으로 주어진 과업만을 수행하기 위해서 교육실습을 하는 것이 아니다. 항상 연구적인 태도를 취하고 연구하여야 할 과제를 스스로 찾고 이의 해결을 위해 지도교사들로부터 조언과 지도를 받아 나갈 필요가 있다. 연구적인 자세로 교육실습에 임하기 위해서는 교육실습생 스스로가 항상 뚜렷한 문제의식을 가지고 탐구하는 자세로 학교 현장에 임해야 한다. 문제의식이 없이 막연한 마음가짐으로 현장에 임했을 때는 얻는 것도 부실하며 교육실습을 무의미한 것으로 만들 가능성이 크다. 매일의 일과에서 뚜렷한 문제의식을 가지고 능동적이고 적극적으로 관찰 또는 실습을 행할 때 비로소 교육실습의 중요한 의미와 의의를 발견하게 될 것이다.

넷째, 교육실습은 경험학습이다. '사람은 실제로 행하는 것에 의해서 배우지 않으면 안 된다. 알고 있다고 생각되는 것도 실제로 행해 보기 전에는 알고 있는 것으로써 확증을 지닐 수가 없다' 라는 말이 있다. 이 표현은 실습의 필요성과 그 의의를 가장 간결하게 표현하고 있다. 교육실습생 각자는 실습학교 학생들을 교육하는 한편 학생들로부터 자기의 교육적 경험을 얻기 위해서 실습을 행한다. 다시 말하면 교육실습생 스스로가 가르치는 학생들로부터 배우는 것이 곧 교육실습에서 얻는 중요한 경험인 것이다.

다섯째, 교육실습은 전문 직업 교육방법에 따른다. 전문 직업 교육방법이란 사전에 그 일에 대한 폭넓은 시야와 아울러 필요한 이론적 준비를 갖춘 이후에 실제로 임하도록 하는 것을 말한다. 실습학교의 선배는 안내자일 뿐이나 교육실습생의 스승은 아니다. 선배로의 안내로 현장의 실제적 문제를 해결하고 경험을 쌓되, 이러한 문제의 해결과 경험은 교육실습생이 실습에 임하기 전에 학습한 이론과 방향에 입각하여 자기 스스로 해결해 가는 것이다.

3. 교육실습의 목적

교육실습은 대학에서 학습한 전공과 교양 그리고 교직 더 넓게는 지금까지 자기가 받아온 모든 교육경험의 종합적 실천인 동시에 교육현장에 참여하여 예비교사로서의 모습을 점검함으로써 반성과 보완을 기하고, 교육기술을 연마하는 경험의 기회라고 볼 수 있다.

교육실습의 성공적 수행을 위해서는 대학에서 교직과목의 강의도 중요하지만 예비교사로서 직접 경험하여 인식하게 된 교직에 관한 뚜렷한 목적의식과 사명감, 바람직한 교육관도 중요하다. 교육실습의 목적은 교육실습생 각자의 처지와 형편, 개성과 능력, 진로계획에 따라 다양하게 세울 수 있을 것이다. 구체적으로 교육실습의 목적을 정리해 보면 다음과 같다.

첫째, 대학에서 익힌 제반 교육원리를 학교 현장 경험을 통하여 보다 익숙하게 하여 전문가로서의 기본자세를 배운다. 아무리 이론적으로 통달하고 모의상황에서는 잘 할 수 있었다 하더라도 실제 상황에서는 서툰 점도 나타나고 실수도 나타나게 마련이다. 교사라는 직업은 아주 작은 실수도 용납될 수 없다. 그러므로 한 사람의 교사로서 교단에 서기 전에 모든 교육활동에 익숙한 전문가가 되게 하기 위해서는 교육실습이 필요하다.

둘째, 대학에서 배운 여러 가지 교육이론을 확인하고 실제상황에 적용하는데 있어서 나타나는 괴리현상과 문제점을 파악하고 인식하게 한다. 교육에 관한 이론과 교육의 실제 사이의 괴리현상은 필연적으로 나타나기 마련이다. 그것은 이론의 오류 때문일 수도 있으나 대부분의 경우는 이론이 도출된 상황조건과 교육현장의 조건이 다르다는 데 연유한다. 그리고 대학에서 배운 이론이나 원리를 현장에 그대로 적용하려는 교사가 아닌, 그러한 이론을 상황의 변화에 따라 적절히 재구성하여 활용할 줄 아는 융통성과 창의성을 지닌 교사를 양성하는 데 교사교육의 근본 목적이 있다. 따라서 교육실습은 장차 교사가 되고자 하는 학생들에게 대학교육에서 학습한 교육의 제반 이론과 원리의 타당성을 검토하고, 교육현장의 상황변화를 인식시키며 그에 대처할 수 있는 자세와 능력을 길러주기 위해서 매우 중요한 의미를 갖는 것이다.

셋째, 교원양성 대학들이 장차 교사가 되고자 하는 학생들에게 필요하고 충분한 교육과정을 구성하여 제공하는 데 한계가 있으며, 교육실습은 이러한 대학 측의 부족한 부분을 보충하고 보완하는데 그 기회를 제공하고자 한다. 교원양성 교육기관들의 교육과정은 여러 가지 이유로 한정된 범위에서 내용과 경험이 선정 · 조직될 수밖에 없으며, 교직의 세계에서 필요한 내용과 기술을 습득시키는 데는 부족한 점이 있다. 특히 교과교육에 관한 내용, 교육경영과 학생 지도에 관한 실제적 내용, 문서관리와 처리에 관한 내용, 교육법규와 윤리에 관한 내용, 학부모와의 관계 형성 등에 관한 내용은 대학에서 제공하기에는 한계가 있다. 물론 교육실습 과정에서 이러한 내용을 충분히 익히는 것은 불가능하며 교직에 몸담고 생활해 나가면서 익히게 되기도 한다. 그러나 이와 같이 대학에서 제공하지 못한 교직 생활에 필요한 내용과 기술을 익히는 기회를 미리 제공하여 경험하게 하는 것도 중요한 교육실습의 목적이다.

넷째, 단편적으로 익힌 지식과 기술을 통합적으로 재구성하여 교육 작용 전반에 걸쳐 적절히 활용할 수 있는 능력을 갖게 한다. 교육 작용은 단편적으로 이루어지는 것이 아니라 전체적이고 통합적으로 이루어진다. 교육활동은 의도적이고 계획적으로 수행되지만 흔히 무의도적인 것이 커다란 교육적 영향력을 행사할 수도 있다. 교육실습을 통하여 교육 작용의 통합적인 특성과 교육활동의 다양한 성과에 대한 이해를 하게 하며 교사에게 통합적인 능력의 중요성을 인식시키는 것도 주요 목적의 하나이다.

다섯째, 교육실습을 통하여 자신이 가지고 있는 교육자적 소양을 재검토함으로써 진로 선택에 대하여 다시 생각할 기회를 갖게 하고자 한다. 교육실습을 통하여 교직에 대한 매력을 한층 강화하게 되는 경우가 있는가 하면, 도저히 교사로서의 적성이나 자질이 맞지 않음을 인식하게 되는 경우도 있다. 적성에 맞지 않거나 능력도 없으면서 교직을 일시적 생계수단이나 목적의식 없이 택하는 것은 다른 어느 직업에 비하여 윤리적 문제가 심각하지 않을 수 없다. 교육실습은 교사로서의 자신의 장단점을 살펴보고 과연 교직에 보람과 긍지를 가지고 종사할 수 있겠는가를 진지하게 생각해 볼 기회를 제공해 준다.

여섯째, 교사로서의 직업을 선택하기 전에 보완해야 할 지식이나 기술은 무엇이며, 관심을 가지고 연구해 볼 과제는 무엇인지를 발견할 기회를 제공한다. 대학에서 배운 내용이 교사로서의 직업을 성공적으로 수행할 수 있을 정도로 다양하고 완벽하지는 못하다. 대학의 교육과정에 빠진 것도 있고 미흡한 점도 있다. 그러한 것들을 정리해 보고 남은 교사준비 교육기간 동안 수정 · 보완 및 연구할 수 있도록 교육실습 기간은 자기반성의 기회를 제공해 준다.

마지막으로, 교직이라는 직업을 포함하여 한 사람의 사회구성원으로서, 직업인으로서 자신의 삶을 점검하고 평가하는 기회를 갖는다. 공동체 생활에서 자신에게 부족한 것은 무엇이며, 민주시민으로서 지녀야 할 교양수준은 적절한가, 책임 있는 사회구성원으로서 생애를 발달시켜 갈 수 있는지를 생각해 보는 기회를 제공하는 것도 교육실습의 중요한 목적이 된다.

교육실습을 통하여 점검해 보아야 할 자질

- 나에게 교직은 참으로 알맞은 직업인가?
- 내가 생각하고 있는 교직과 현실적인 교직의 세계는 얼마나 일치하며, 어떤 점이 불일치하는가? 그러한 불일치는 나에게 어떤 의미를 부여하는가?
- 나는 교직에 대한 신념을 가질 수 있겠는가?
- 나는 교사로서 동료 및 학생들에게 신망을 얻을 수 있겠는가?
- 나는 교사로서 갖추어야 할 능력과 자질을 갖추고 있는가?
- 나는 한 인간으로서 학습자의 생애개발과 발전에 도움을 줄 수 있는 사람인가?

Ⅱ. 교육실습의 준비

1. 교육실습의 사전준비

교육실습을 나가기 위해서는 몇 가지 사전에 준비해야 할 사항들이 있다. 그 내용은 교육실습생의 자격, 교육실습의 시기와 기간, 교육실습 대상학교의 선정, 교육실습의 사전지도, 교육실습 학교의 예비방문 등이다.

교육실습의 시기는 해당 대학과 실습학교 간의 협의에 의해서 결정된다. 대체로 1학기에 실시하는 경우에는 4월 첫째 월요일부터 4주간 하거나, 5월 첫째 월요일부터 4주간 하는 경우가 일반적이다. 2학기에는 실시하는 경우에는 10월 첫째 월요일부터 4주간 실시한다. 4주간이라는 짧은 시간 동안 교육실습을 효과적으로 하기 위해서는 철저한 사전준비가 필요하다.

교육실습을 효과적으로 하기 위하여 교육실습의 의미, 목적, 계획, 내용, 방법 등에 관하여 종합적이고 체계적인 지도가 이루어져야 한다. 교육실습의 사전준비 내용은 넓게 보아서는 실습을 나가기 전까지 대학 재학 중의 교육과정을 말할 수 있다. 좁게 보아서는 교육실습에 나가 실습학교에서 교육실습생이 당면하게 될 중요한 사항들에 대한 사전준비를 말한다. 그 주요 내용은 다음과 같다.

- 교육실습 전반에 대한 이해와 그 실시 요령
- 교육실습 3대 영역인 관찰실습, 참가실습, 실제실습 등의 목적 내용 및 방법
- 교육실습생이 담당할 각 교과의 교육과정에 관한 이해
- 각 교과의 지도계획, 지도방법, 학습지도안의 작성 요령 및 수업연습의 실시
- 생활지도의 목표 및 내용과 그 실시 요령
- 학급경영의 목표 및 내용과 그 실시 요령
- 학교행정에 대비한 이해와 참여 한계
- 교육실습에 임하는 태도 및 유의사항

위와 같은 내용들은 평소에 전공과목과 교직과목 등에 대한 강의 수강을 통하여 익혀 두어야 할 내용들이다. 그 밖에 교육실습에 임하기에 앞서 다음과 같은 구체적인 사항들도 준비 점검하여 두어야 할 것이다.

- 교육실습에 필요한 서류는 대학의 지시에 따라 소정 기간 내에 제출할 수 있도록 갖추어 둔다.
- 실습학교가 결정되면 곧 그 학교에 대한 여러 사항들을 미리 알아 둔다.
- 교육실습에 나가서 담당할 교과목의 교육과정을 연구하여 둔다.
- 수업에 관한 여러 가지 기법을 습득하여 둔다.
- 교과목의 학습목표를 파악하고, 그에 따른 평가방법을 익혀 둔다.
- 신문, 교양지, 기타 정기간행물 등에 대한 독서를 통해 시사문제, 일반상식 및 학술적인 연구에 대해 관심을 갖는다.
- 용의, 복장, 명찰, 실내화, 기타 필수 휴대물에 대하여 점검한다.
- 실습일지, 기록물 등을 준비한다.
- 자기의 결점을 잘 알고 실습 중에 이를 고치려고 노력하며 다른 사람들로부터

주어지는 비판을 올바르게 받아들여 자기 향상을 위해 노력하고자 하는 마음을 갖춘다.

- 교육실습 중에 연구하고자 하는 문제를 미리 설정하여 둔다.

교육실습은 교원양성 대학의 교육과 학교현장의 교육을 연결하는 가교로서 교육실습생들로 하여금 학교현장에 대한 이해와 적응력을 높이는 역할을 한다. 교육실습의 효과적인 실시를 위해서는 교원양성 대학의 부속학교나 실습협력 학교를 활용하는 것이 필요하다. 바람직하기로는 교육실습은 대학 부속학교에 나가서 체계적으로 받는 것이 좋다. 그러나 현실적으로 대학 부속학교가 충분히 설치되어 있지 못하여 교육실습을 받고자 하는 학생들을 모두 수용하기가 어렵다. 따라서 일반 해당학교를 실습협력학교로 선정하여 해당학교에서 교육실습을 받는 것이 불가피하다. 교직과정을 이수하고 있는 학생들의 경우에는 대체로 일반 해당학교를 선정하여 교육실습에 관한 협조를 얻어야 한다.

1990학년도 이전에는 시 · 도 교육청이 교육실습생을 관내 학교에 배정했으나 1990학년부터는 각 대학이 일선학교와 직접 협의하여 배정하도록 하였다. 이런 상황에서 교원양성 대학은 일선학교의 협조를 구하는 것과 동시에 자율적으로 교육실습에 참가하는 학생들을 대하여 질적 관리를 강화해야 할 필요성이 높아지고 있다. 교육실습을 나가기 전, 그리고 교육실습 기간 중에 교육실습에 임하는 바람직한 자세나 태도 및 필요한 자식과 기술 등에 관해 충분한 준비가 되도록 해야 할 것이다.

교육실습 대상학교의 선정은 실습학교의 교육과정 운영 방침이나 계획을 존중하고 학교의 종류, 학교의 규모, 거리 및 교통수단 등을 포함한 제반 여건을 고려해야 한다. 대체로 다음과 같은 기준이 고려되어야 할 것이다.

- 교육실습생이 전공하고 있는 교과목이 개설되어 있는 학교를 선정한다.
- 학교의 교육과정 편성, 교직원의 구성, 학교의 여건 등이 교육실습생에 대한 지도를 효과적으로 수행할 수 있는 학교를 선정한다.

- 제2외국어 교과나 실업계 전문교과 등과 같이 고등학교 개설 교과목의 경우를 제외하고는 가능하면 교육실습의 부담이 적은 학교를 선정한다.
- 교육과정의 편성과 운영을 고려할 때, 과목별로 교육실습생의 수가 적절히 안내된 학교를 선정한다.
- 교육실습생의 거주지로부터 적절한 교통수단을 활용할 수 있는 학교를 선정한다.
- 대학에서 교수들의 현장 순회지도가 가능할 수 있는 지역의 학교를 선정한다.

교육실습 기간을 충실하게 보내기 위해서는 가급적 빠른 시일 내에 교육실습 학교의 교직원, 학생, 지역사회 환경, 교통 등 제반 여건에 적응하는 것이 필요하다. 이를 위하여 교육실습생은 실습이 시작되기 전에 자신이 배정된 실습학교를 반드시 예비 방문하여야 한다. 실습해야 할 학교의 정확한 위치와 교통편을 사전에 확인하여 첫날 출근에 차질이 없도록 해야 한다.

실습학교를 예비 방문할 때는 반드시 실습학교의 교육실습 담당교사와 사전에 약속을 하여 학교의 학사진행에 방해가 되지 않는 날짜와 시간을 정하도록 한다. 같은 실습학교에 배정된 학생들이 여러 명이라면 개별적으로가 아니라 함께 방문하는 것이 실습학교의 상황이나 담당자에게 부담감을 주지 않는다.

일반적으로 실습학교에서는 이미 오게 될 교육실습생에 대하여 담당할 학년과 학급이 배정되어 있고 지도교사도 배정된 상태이다. 실습학교에 대한 예비방문을 통하여 교육실습 담당 교사와 지도교사를 찾아뵙고 인사를 드리고 우선적으로 필요한 최소한의 지도와 조언을 듣도록 한다.

2. 교육실습생의 임무

실습생의 임무와 역할은 교사가 되기 위한 준비과정이다. 따라서 실습기간 동안에 해야 할 일과 해서는 안 될 일을 포함하여 실습생으로서의 자세와 임무 및 역할을 지각하지 않으면 안 된다. 실습학교나 지도교사, 학생과의 관계, 그리고 실습생 스스로의 교육실습에 임하는 자세 등 실습생으로서 지켜야 할 일반적인 임무를 열거하면 다음과 같다.

- 배정된 실습학교의 교육방침을 존중한다.
- 실습학교에 대해 실습생은 손님이라는 사실을 잊어서는 안 된다.
- 실습학교의 제반 규칙과 규정을 인정하고 준수한다. 교육실습 오리엔테이션을 통해서 학교 측에서 이를 주지하는 수도 있으나 그렇지 않은 경우는 지도교사를 통해 물어 보거나 예규나 규정집을 구해서 읽어 본다.
- 시간을 엄수한다. 출퇴근 시간은 물론 수업시간의 시작과 끝, 기타 여러 가지 교내 모임이나 행사에 참여하는 데 시간을 잘 지켜야 한다.
- 단정한 옷차림과 교사로서 적절한 용모를 갖추어야 한다. 그 학교 교사들의 옷차림을 잘 보고 참고한다. 머리모양이나 화장은 지나치게 해서는 안 되고, 대학캠퍼스에서처럼 자유분방한 학생차림과 같아서는 안 되기 때문에 이에 관해서 미리 알아보는 것이 좋다.
- 지도교사를 믿고 신뢰해야 하며 정중하게 예의를 지킨다. 지도교사는 동료이자 지도교사이며 상담자이자 비판 및 평가자가 된다는 사실을 알아야 한다. 또한 관심사항이나 알고 싶은 정보, 받고 싶은 지원이나 조언이 있으면 지도교사와 반드시 먼저 상의한다.
- 수업지도안, 실습록, 기타 서류나 장부는 일차적으로 지도교사의 승인을 받도록 하며, 주어진 사무 처리는 신속하고 정확하게 하되 반드시 그 학교의 행정 체계를 존중한다.
- 학생들의 이름을 최대한 빨리 기억할 수 있도록 해야 하며, 학생들에게 관심

과 열의를 보여야 한다.

- 학생지도에 있어서 일관성 있는 기준을 유지하고 공정하면서 열성을 보이고, 특정 학생에게만 지나치게 친절을 베풀어서 다른 학생으로부터 논총을 사는 일이 없도록 한다.
- 경우에 따라서 학생을 개별적이며 비공식적으로 만나서 이야기를 나눈다. 친밀한 분위기를 조성하고, 학생의 긍정적인 측면을 찾아 격려한다.
- 학습지도시에는 세밀한 사전계획과 교재 연구 및 충분한 자료를 준비한다.
- 학생과 교직원에 대한 정보는 비밀을 지키고 존중해야 한다. 학생의 성적, 일신상의 비밀, 학생의 가정 사정, 학교의 기밀이나 각 교사의 사적 사항 등은 실습이 끝난 다음에도 비밀을 유지한다.
- 언제나 교생 전체 집단의 한 사람으로서 협동적이어야 하며, 실습과정을 통해서 가능한 한 많은 것을 배운다는 긍정적이고도 적극적인 태도를 가진다.

3. 교육실습생의 유의사항

실습생으로서 실습기간 중 유의사항을 교과지도, 수업참관, 학급 경영의 영역으로 나누어 간단히 제시하면 다음과 같다.

1) 교과지도상의 유의사항

- 창의적이고 책임 있는 수업을 위해 사전 준비에 만전을 기한다.
- 학습지도안은 지도교사의 지도 조언에 의하여 작성하고 수업 하루 전에 결재를 거쳐 수업에 임한다.
- 실습생의 실제 수업에 대한 평가회는 매일 갖되 동지적 입장에서 서로 장점을 격려하고 단점을 일깨우며 자기반성의 계기로 삼는다.
- 교재에 대한 충분한 연구와 열성적인 자세로 수업에 임하며 학생들로부터 신뢰를 받도록 한다.

- 수업 진행 도중에 발생된 오류는 평가회 때 지적해서 다음 수업 시간에 학생들에게 정정해 주도록 한다.

2) 수업참관상의 유의사항

- 지도교사가 지정한 수업을 빠짐없이 참관한다.
- 수업 시작 전에 입실하고, 수업 도중에 출입, 잡담, 의견 교환 등 수업분위기를 해치는 행동을 삼간다.
- 시종 자기반성의 기회로 삼아 진지하고 연구하는 자세로 임하며 동료 실습생에 대한 지나친 비판은 삼간다.
- 타 교과의 수업참관을 원할 때에는 해당 교과 지도교사의 사전 양해를 구한다.

3) 학급 근무상의 유의사항

- 배정된 학급의 조회, 종례에 참석하고 학급 지도교사의 지시에 따라 효율적으로 학급 운영이 되도록 한다.
- 학급 환경 구성, 면학 분위기 조성에 힘쓰고 학생 위생, 청소, 정리 정돈, 자습 등을 솔선해서 지도한다.
- 학생들에게 솔선수범하고 사제 동행하는 자세를 보인다.
- 청소를 함께 하며 학생 관찰 기회로 삼는다.
- 학급 경영의 영역과 담임의 의무를 숙지한다.

Ⅲ. 교육실습의 전개

대부분의 교육활동과 마찬가지로 교육실습도 체계적이고 계획적인 활동이다. 교육실습은 무턱대로 열심히만 하면 본래의 목적이 달성되는 무계획적이고 부질서한 활동이 아니다. 한 과목, 한 단원, 그리고 한 시간의 수업을 진행시키는 것처럼 교육실습 또한 사전에 치밀한 계획과 준비로부터 시작하여 조직적이고 체계적으로 진행되어 최종 마무리 활동이 전개되어야 한다.

교육실습의 과정은 기계적인 단계로 진술하는 것은 적절하지 않으나 대체로 관찰실습, 참가실습 그리고 실제실습의 단계로 구분하여 진행하는 것이 보편적이다.

1. 관찰실습

법적으로 규정하고 있는 최소 교육실습 기간을 4주로 볼 때, 관찰실습은 대략 1주일 정도의 기간에 이루어진다. 그러나 실습학교의 학교운영 방식에 따라서는 더

줄어들 수도 있고 늘어날 수도 있다. 관찰실습이란 말 그대로 학교 현장 교육의 실제에 참가하여 실습 학교 현장의 여러 측면을 관찰하는 것이다. 즉, 교직생활의 영역이라고 할 수 있는 교과지도와 생활지도, 학급경영과 학교경영 전반을 실제적으로 있는 그대로 관찰하여 교육현장에 대한 감을 잡으면서 교육실습을 원활히 수행해 내기 위해서 필요한 정보를 수집하는 단계이다.

교육실습생으로서의 관찰은 그저 눈으로 보이는 우연적이고, 일상적이고, 무의도적으로 해서는 안 된다. 관찰에 필요한 항목들을 자세히 정리하여 기록한 후 그에 대한 정보를 철저히 수집하도록 하기 위해서 계획적이면서 의도적인 그리고 능동적인 관찰을 실시해야 한다. 그리고 관찰한 내용을 교생 실습록이나 개인적 기록장을 만들어 관찰의 결과를 객관적으로 기록해 두는 것도 잊어서는 안 된다. 관찰이 학교 현장을 직접 보듯이, 기록도 그때 그때 즉시적으로 해야 한다.

실습단계에서 이루어지는 관찰은 학교에서 행해지고 있는 모든 것을 관찰의 대상으로 삼는다. 교육장면 뿐만 아니라 그 이외의 모든 사건이나 상황에 대해서는 주의 깊게 살펴보아야 한다. 교육실습생이 구체적으로 관찰해야 할 항목은 교육실습 학교의 교육목표 체계〈표 1〉, 학생 실태〈표 2〉, 가정환경 실태〈표 3〉, 교실 및 학교 환경 실태, 교육과정 구성 및 운영, 교사와 학생의 교과 수업활동, 학생활동〈표 4〉, 학교 운영 계획과 업무 분장 사항의 관찰〈표 5〉 등이다.

〈표 1〉 교육실습 학교의 교육목표 체계

관찰 항목	관찰 내용
1. 교육이념	
2. 시 · 도 교육청의 교육목표	
3. 교육목적	
4. 교훈	
5. 교육목표	
6. 학교운영 방침	
7. 급훈	
8. 학급 교육목표	
9. 학급운영 방침	
10. 담임교사의 교육적 인간상	
교육목표 체계상의 특징	

〈표 2〉 학생 실태

구분	학생수	주거형태					통학거리(단위 : km)			
		단독주택	아파트	하숙	자취	기타	~1.0	1.1~2.0	2.1~4.0	4.1~
남										
여										
계										

구분	학생수	지능지수 범위								
		140 이상	130~139	120~129	110~119	100~109	90~99	80~89	70~79	69 이하
남										
여										
계										

구분	학생수	한글 미해독자			산수연산능력 부족자		
		지적 특성	정의적 특성	신체 기능적 특성	지적	정의적	신체 기능적
남							
여							
계							

〈표 3〉 가정 환경 실태

구분	학생수	학력						
		초졸	중졸	고졸	전문대졸	대졸	석사	박사
남								
여								
계								

구분	보호자 직업							
	농,어,임업	상업	공업	공무원	회사원	전문직	건축업	군인
부형수								
%								
구분	교직	언론및출판	연예방송	노동	임시	기타		
부형수								
%								

구분	학생수	가족구성				형제관계		
		조부모	부모	외동	외동	2형제	3형제	4형제이상
남								
여								
계								

구분	가정의 사회 경제적 수준				
	상의 상	상의 하	중	하의 상	하의 하
부형수					
%					

〈표 4〉 학생 활동

관찰 착안점	행동 관찰의 주안점	평가 및 특기사항
적극성	1. 학생들은 학급회의 등에서 자신의 의견을 적극적으로 제시하는가? 2. 대소의 비정규 활동에 적극적으로 참여하는가? 3. 표정이 명랑 쾌활한가? 4. 어려운 일이라도 시도해 보려고 하는가?	
협동성	1. 학급 일에 협조적인가? 2. 이기적인 행동을 하는가, 이타적 봉사적인가? 3. 서로 돕는 분위기인가, 경쟁적인가?	
인간관계	1. 소수의 친구끼리 어울리는가, 폭넓은 인간관계를 형성하고 있는가? 2. 학급으로부터 고립된 학생은 없는가? 3. 학급 내 특수한 집단은 없는가? 4 집단따돌림을 당하거나 따돌림하는 학생은 없는가?	
사회성	1. 예절 바른가? 2. 친철한가? 3. 부지런하고 성실한가? 4. 말씨가 고운가? 5. 침착하고 안정적인가? 6. 단정한가?	
좋아하는 활동		
싫어하는 활동		
전체적인 평가 및 의견		

〈표 5〉 학교 운영 계획과 업무 분장 사항의 관찰

항목	내용	관찰 및 특기사항
1	교육계획서	
2	업무분장 조직과 편성	
3	문서 및 관리 상황	
4	사무처리의 절차와 방법	
5	각종 행사 계획과 지역사회와의 관계	
6	행정실의 조직과 운영	
7	학교운영협의회(학부모회 조직과 운영)	
8	교육행정기관과의 관계	
9	지역사회 유관기관과의 관계	
10	학교 주요 시설과 설비(도서관, 특별교실 등)	

한편, 관찰실습을 통하여 유의해야 할 사항을 살펴보자. 교육실습에서 중요한 것은 실습, 즉 배우는 학습활동이라는 점이다. 교육실습의 과정을 통하여 실습생은 교사와는 달리 교사의 교육활동, 교직생활, 학생들의 학교생활, 그리고 학교 및 학급운영에 대하여 면밀하게 관찰하고 그 결과에 따라서 장차 교직자로서의 능력과 적성을 검토하고 개선해 나갈 정보를 수집하고 이에 대하여 학습하는 데에 초점이 있다.

구체적으로 유의해야 할 사항은 첫째, 교육실습생의 신분임을 망각해서는 안 된다. 학교 현장에 대한 적극적인 관찰자로서 방관적이거나 지나치게 교사의 신분을 지니고 있는 양 학교 교육활동과 학생지도에 관여해서는 안 된다. 둘째, 관찰실습은 반드시 지도교사의 지도와 안내를 받으면서 이루어져야 하며, 지도교사의 허락 없이 아무 곳이나 출입해서는 안 된다. 셋째, 관찰실습의 내용을 모두 관찰할 수 있는 시간이나 여건이 여의치 않을 때는 지도교사의 지도를 받아 특정 분야를 관찰하되, 교사와 학생의 수업 관찰에 초점을 두고 관찰실습을 하도록 한다. 넷째, 관찰 대상인 학교, 학급 교육활동의 문제점을 찾아 비판하거나 학교 구성원에게 시정을 요구하는 입장을 취해서는 안 된다. 관찰 내용은 자신이 교직자로서의 역량을 점검하고 평가하는 자료로 활용하는 그 이상도 그 이하의 자료도 아니다. 다섯째, 지도교사의 요청이 있을 경우 지도교사를 지원하여 그 업무의 일부를 보조할 수 있다. 여섯째, 관찰실습 내용은 반드시 관찰 실습록에 사실대로 기록하여 지도교사에게 제출하고 피드백을 받고 지도교사로부터 평가받은 관찰 실습록은 지도교수에게 제출하여 평가를 받아야 한다.

이상과 같은 점을 유의하면서 관찰실습을 하여야 한다. 특히 학생, 교사, 학교의 부정적인 측면보다는 긍정적인 측면을 발견하려는 태도와 자세를 지니면서 관찰을 실시해야 한다. 도한 교사와 학교의 어려운 여건 혹은 실태가 무엇인가를 관찰하고 현실 가능한 개선 방안이 무엇인가를 부단히 찾으려고 노력해야 한다.

2. 참가실습

참가실습은 실습 초반의 관찰실습과 본격적으로 교사의 역할을 수행하는 실제실습의 중간 부분에 해당한다. 관찰실습과 참가실습의 차이를 엄밀하게 규정하면 차이가 있으나 관찰과 참가실습은 동시에 이루어지는 것이 보통이다. 관찰실습이 보면서 배우는 것이라면, 참가실습은 행하면서 배우는 것이라고 할 수 있다.

참가실습은 관찰실습보다 한 단계 더 나아가서 교사의 조력자로서 교육현장에 참가하여 다음 단계인 실제실습을 위한 본격적인 연구와 준비를 하는 실습활동이다. 참가실습은 직접 교단에 서서 학생의 학습지도를 하거나 생활지도 및 경영활동을 하지는 않지만 교사가 수행하는 제반 교육활동에 직접 참여하여 직접 체험해 보고 실습생 자신이 교사라면 혹은 부분적인 실제실습에서 어떻게 할 것인가를 연구하고 구상하는 단계이다. 즉, 참가실습의 목적은 관찰실습의 결과 얻어진 교육현장에 대한 이해를 바탕으로 교육현장에 실제로 관여하여 학교와 학급경영 및 교사가 수행하는 실제를 구체적으로 파악하며, 교육실습의 다음 단계인 실제 수업을 준비하는 데에 그 목적이 있다. 참가실습의 목적을 좀 더 구체적으로 열거하면 다음과 같다.

첫째, 교수-학습의 계획과 수업의 전개 및 평가에 이르는 교육의 구체적 과정에서 교사가 수행할 기능을 익힌다.

둘째, 교육실습 과정에서 조사하고 연구할 사항(교우관계, 가정환경, 학생 학습 특성, 학업성취도 등)을 수행함으로써 자료 수집 방법을 익힌다.

셋째, 교육이론의 실제적 적용을 시도하고 이론이나 원리의 적절성과 타당성을 검토한다.

넷째, 학교의 행사와 행사교육에 대한 의의와 교육적 가치를 발견한다.

다섯째, 교사로서 수행해야 할 직무 수행능력을 습득하고 근무부담과 근무조건을 이해한다.

여섯째, 교사들이 계획하여 사용하고 있는 다양한 학습지도안의 특징을 검토하고 효율적인 작성 방법을 익힌다.

참가실습을 통하여 이러한 목적을 달성함으로써 궁극적으로는 실제실습의 준비 기회를 가져야 한다.

한편 참가실습의 내용은 관찰실습의 내용과 거의 동일하지만 참가실습 내용이 관찰실습의 내용에 비하여 축소된다는 점이 다르다. 즉, 관찰실습은 학교 교육 상황 혹은 다양한 자료를 객관적인 상태로 있는 그대로를 '보는 것' 이라면, 참가실습은 그것들을 '행하는 것 혹은 연구하는 것' 이라고 할 수 있다. 참가실습의 내용은 각 학교 특성에 따라 차이를 보이지만 대체적으로는 학교나 학급의 일상적 활동, 교과나 학습지도, 생활지도와 특별활동, 학급경영의 분야로 나누어 볼 수 있다.

학교의 일상적 활동 내용으로는 학급경영이나 교과지도를 위한 계획에 필요한 자료를 수집하여 정리하기, 각종 사무 처리의 절차와 서류양식의 이해 및 서류 작성하기, 학급 및 학교에 비치하는 각종 장부의 기입 및 검토하기, 각종 행사의 준비와 공동 참여하기, 학생 조력하기, 일숙직 근무나 학교 순회하기 등이 참가실습의 내용이다.

교과나 학습지도의 참가실습 내용으로는 학교에 비치되어 활용하고 있는 교사들의 학습지도안, 혹은 모범 학습지도안들을 수집하여 학습지도안의 형식과 주요 항목, 각 항목의 주요 내용 기술 및 방법들을 검토하고 연구한다. 대단원의 개괄적인 학습지도안의 구성 방법과 본시 학습지도안의 구성 방법에 대하여 치밀한 분석과 연구를 해야 한다. 연구에서 연구란 학습지도안의 특징을 밝혀 보고 실습생 자신의 전공 과목의 해당 단원의 학습지도안을 작성한다면, 어떤 내용을 개선할 수 있으며, 실습생이 미처 이해하고 있지 못한 기술 내용은 무엇인가 등을 밝히는 것이다. 이러한 기존 학습지도안의 검토와 연구를 통하여 실제실습에서 학습지도안의 작성의 준비를 철저히 한다.

생활지도와 특별활동의 참가실습 내용으로는 등하교 및 교문 지도하기, 주변 근무 지도, 교내 및 교외 생활지도에 대한 담임교사 보조하기, 특별활동의 참가지도와 개별지도와 상담지도, 학생과의 의사소통과 친밀한 관계형성하기 그리고 사례연구 및 교우도 조사하기 등이 있다. 또 지도대상이 되는 학급 혹은 특수한 학생의 학습 특성이나 성격, 자아개념, 태도 등의 개인적 특성에 대하여 다양한 자료수집 방법을 통하여 정보를 수집하고 분석하여 활용하는 것도 포함된다.

학급경영의 참가실습 내용으로는 학급 경영계획의 수립과 학급 경영안의 작성, 학급 환경의 구성과 정리, 출석 · 결석 · 조퇴 · 외출 · 전출입 상황 등 학생 이동에 관한 사항 점검하기, 표준화검사와 각종 조사의 실시 및 처리, 학습평가의 실시와 처리, 학급 학생의 안전과 건강 및 복지에 대한 배려와 관리, 학급의 각종 일지 작성, 조회 및 종례의 운영 등이다.

관찰실습과 달리 참가실습은 본격적으로 학교 교육과 학생 학습 활동에 영향을 미치는 과정이다. 관찰실습이 비교적 수동적으로 학교 교육 활동의 전개과정이나 기존의 자료를 살펴보고 검토하는 활동임에 비하여 참가실습은 실습의 본령이라고 할 수 있는 실제실습의 준비와 연구 활동이 전개되기 때문이다. 교육실습생으로서 보편적으로 지켜야 할 행동준칙 외에 참가실습시 유의해야 할 사항을 제시하면 다음과 같다.

첫째, 교육실습생도 당해 실습학교의 교사에 준하는 위치와 역할을 지니므로 실습 학교의 제반 규칙에 따라서 행동해야 한다.

둘째, 모든 참가활동은 지도교사의 지도와 협력하에 계획을 세우고, 이를 학교 당국, 혹은 지도교사의 승인을 얻은 후에 실행에 옮기도록 한다. 예컨대, 사례연구나 학생 특성 조사를 할 경우 실습생 임의대로 실행에 옮겨서는 안 된다.

셋째, 실습생은 교사에 준하는 역할을 수행하기는 하지만 교사 그 자체는 아니다. 실습생으로서의 품위와 예의를 지키며 행동과 언행에 있어서 조심해야 한다.

넷째, 실습학교와 지도교사의 지도 아래 모든 참가실습의 내용에 있어서 적극성과 협조성을 보여야 하며, 마지못해 하는 식의 소극성을 나타내서는 안 된다.

다섯째, 교내에서 논의되는 일이나 취급 자료 혹은 문서는 교내에 한정시킬 것이며, 이를 교외에까지 연장시키거나 유출해서는 안 된다. 만약에 그럴 필요가 있는 경우에는 사전에 학교 당국이나 지도교사의 승인을 받아야 한다.

여섯째, 참가실습의 효율성을 앞세워 학교의 정상적인 교육활동이 방해받지 않도록 미리 계획을 세워 계획대로 실행한다.

일곱째, 모든 보고서는 적극적이고 생산적인 방향에서 작성할 것이며, 개인적 혹은 학교의 결함이나 문제점을 노출시키는 방식은 지양한다.

마지막으로 평가회나 협의회, 연수회 등의 목적과 내용을 미리 확인하여 준비하며 모든 사항을 기록하는 습관을 지닌다.

3. 실제실습

교육실습 시간 중 관찰실습과 참가실습을 거쳐 마지막 단계에서 해야 할 일이 실제실습이다. 실제실습은 학생을 가르치고 지도하는 교사의 역할을 실습하는 과정으로 교단실습이라고도 부른다. 즉, 단위시간의 수업을 단독으로 실시하여 교사로서 가장 중요한 역할인 교수경험을 쌓는 것이다.

실습생은 실제 수업을 통해서 교사로서의 자질이 어떠한가, 교사로서의 장점과 단점은 어디에 있으며 단점을 보완하여 더욱 훌륭한 교사로서의 자질과 기능을 갖추려면 어떤 노력을 해야 하는가, 실습생 자신의 수업에 대한 학생들의 반응은 어떠하며, 실습생 수업의 결과가 학생들에게 주는 의미와 영향은 무엇인가 등을 체험하여 교사로서 수행능력을 신장시키는 데 그 목적이 있다.

실제실습의 실제는 수업계획이나 학습지도안을 실천하는 과정이 된다. 학습지도안은 특정 교과의 학습지도를 위한 체계적이고 구조화된 계획서이다. 건물을 짓기 위해서 건축 설계가 필요하듯이 학습이 통하여 달성하고자 하는 목표를 설정하는 일에서부터 목표를 충실하게 달성하기 위해서는 치밀한 학습지도안이 작성되어야 한다. 따라서 학습지도안에는 수업의 목표와 내용, 지도단계별 활동, 그리고 실제 수업에 필요한 교재 · 교구, 설비의 동원, 학습의 평가가 포함되어야 한다.

수업계획 및 학습지도안의 실천 이외에도 교육실습생으로서 실습해야 할 영역으로는 생활지도와 상담, 학교와 학급경영, 학부모와 지역사회와의 관계 유지, 각종 협의회와 연수회 운영 등이 포함된다. 이 중에서 교사의 가장 중핵적인 교육활동이 수업이기 때문에 교육실습을 교과 학습지도 실습으로 인식하기도 한다. 하지만 교사로서 해야 할 활동으로 실제실습 이외의 여러 활동도 있으므로 수업 이외의 내용에도 열의를 다하여 실습하여야 한다.

교육실습의 실제실습에 해당하는 수업실시와 생활지도 및 상담, 학교와 학급 경영 등이 중요한 실습 대상이기 때문에 이에 대한 구체적인 사항은 교육실습의 실제편의 각 장에서 다룬다.

한편 교육실습생으로서 실제로 수업을 실습하는데 있어서 유의해야 할 사항은 살펴보면 다음과 같다.

첫째, 수업계획을 철저히 수립하면서 특히 수업의 목표에 대한 인식을 분명하게 하여야 한다.

둘째, 계획된 내용을 배정된 시간 내에 다룰 수 있도록 범위를 한정하여야 한다. 흔히 실습생은 계획안에 담긴 내용을 다 다루지 못하고 시간이 끝나기 쉬운 것이 일반적이므로 수업지도안을 계획하고 작성하는 과정에서 그 분량을 잘 조절해야 한다.

셋째, 수업의 단계별 활동이 유리되지 않도록 하면서 그 구분이 분명한 것이 좋다. 예컨대, 수업지도안의 도입단계에서 의도하는 성과를 본 다음에 전개단계로 넘어가야 하는 것이다.

넷째, 실제로 수업을 실시하는 데 있어서 사용하는 말은 경어 사용을 원칙으로 하되, 학생들의 언어수준에 맞게 번역해서 사용해야 한다. 대학에서 전공과목의 수업 내용에서 학습한 내용과 단어 등을 그대로 실습학교 학생들에게 사용해서는 안 된다. 또한 표준어를 사용하는 것을 원칙으로 하면서 수업내용이나 그 중요도에 따라 음성의 고저, 억양, 강약 등을 잘 조화시켜 천편일률적으로 지루한 수업이 되지 않도록 유의해야 한다.

다섯째, 실습생의 일방적인 수업이나 학생과 유리되는 수업이 되지 않고 실습생과 학생들이 공동 참여하는 역동적이고 상호작용적인 집단과정이 되도록 해야 한다.

여섯째, 수업 중 예기하지 못했던 문제나 질문에 대해 불분명하거나 확실히 모를 경우에 머뭇거리거나, 불확실한 것을 확실한 것처럼, 모르는 것을 아는 것처럼 답해서는 안 된다. 있는 상황 그대로를 받아들이면서 솔직하게 학생들에게 표현하는 것이 최선의 방법이다. 하나의 수업 방법으로만 일관하지 말고 다양한 학습방법을 혼용하여 수업이 단조롭지 않도록 한다.

Ⅳ. 교육실습의 평가

1. 교육실습 평가의 의의, 과정 및 영역

교육실습에서의 평가는 실습 초기에 정한 소정의 목적에 비추어 실습생의 실습과정 및 실습 후 그 성취 정도를 확인함으로써 실습경험의 효과를 극대화하고, 교육실습 과정에 대한 반성을 통해 추후 교육실습 과정을 개선시켜 나가는데 기여한다.

교육실습의 평가는 교육실습의 실제 실습에 임했던 실습생이나 실습생을 담당한 학교와 지도교사의 측면에서도 의의를 갖는다. 우선 실습생들은 교육실습을 통해 유능하며 진정한 교사가 되는데 필요한 역할을 학습하고, 교사로서의 자기 능력과 적성을 확인하면서 자기 성장의 기회를 가질 수 있다. 또한 실습을 통해 소정의 학점을 이수하는 것은 교사자격을 얻기 위한 기본 요건을 충족시키는 것으로 교사자격의 필수 요건을 갖추었다는 증거가 된다.

실습학교의 지도교사는 예비교사인 실습생의 실습 경과를 판단하여 점수를 부여하고, 교사역할에 대한 시범과 모범을 보이면서 이들을 지도했다는 보람과 긍지를 체험하며, 차기의 교육실습 지도 계획에 중요한 자료로 삼고, 실습 지도의 수준을 향상시키는 계기로 삼는다. 때로는 교사로서의 역할과 예비교사에 대한 지도교사로서의 역할에 대해 생각하면서 교사로서 자신의 자질을 향상시키는 계기를 마련하기도 한다.

대학에서의 교육실습 지도 교수들은 예비교사들의 실습 평가과정을 통해 그 동안 지도한 학생들이 실습과정에서 실제 교사로서의 역할을 얼마나 잘 수행해냈는지를 확인할 수 있으며, 평가과정에서 수정하고 보완할 사항들을 확인한 후에 실습 지도에 반영하면서 교육실습을 개선시켜 나가게 된다.

한편 교육실습의 평가과정은 일반적인 평가과정과 마찬가지로 초기에 설정한 목적과 목표가 실습과정을 통해 어느 정도 달성되었는지를 확인하고, 이에 대해 평가자가 가치적 평가를 내리는 과정이라고 할 수 있다. 교육실습 평가를 위해서는 우선 교육실습 목적을 확인하고, 그 목적을 달성하기 위한 실습의 구체적 내용과 범위를 선정한 다음, 평가의 내용별 비중과 기준을 설정하고, 기준에 관련된 여러 가지 자료를 수집하며, 수집된 자료를 객관적으로 분석 측정하고 해석하여 결론을 내리게 된다.

교육실습의 평가에는 형성평가와 종합평가가 있다. 형성평가는 실습이 진행되는 과정에서 일어나고 있는 바를 그때 그때 실습학교 지도교사와 실습 지도교수에 의해 평가되는 것을 말한다. 종합평가는 실습 지도교사가 실습시간 동안 실습생이 행한 모든 활동을 비롯하여, 실습생이 작성한 실습결과 보고서와 각종 제출물을 근거로 평가하고, 대학의 실습 지도교수는 실습기관에서 평가한 실습결과 보고서, 실습생이 제출한 각종 기록물, 실습기간 동안 실시한 순회지도 등의 결과를 종합하여 평가한다. 경우에 따라서는 실습이 끝난 후 협의회를 개최하여 실습생, 실습학교 지도교사, 실습 지도교수가 모두 함께 교육실습 전반에 걸쳐 협의하고 토론하면서 실습에 대한 최종 평가를 내리는 과정을 거치기도 한다.

교육실습의 평가 영역은 일반적인 수준에서 교육실습의 목적이 교사로서의 기본적 능력과 기술, 교사로서의 기본적 자질이나 태도를 기른다고 보면, 대체적으로 다음과 같은 사항이 평가 영역 결정에 지침이 될 수 있다.

1) 교사로서의 일반적 능력이나 기술

- 학생에 대한 개성이나 적성 등을 이해하고 파악하여 학습동기를 유발할 수 있다.
- 학생의 생활문제를 제대로 파악하고, 이에 적절히 대응하고 지도 및 조언할 수 있다.
- 학생의 진로문제에 대해 상담하고 조언할 수 있다.
- 교과지도 계획을 상세히 수립할 수 있다.
- 교과나 교재에 대한 준비와 연구를 하여 학습지도를 충실히 할 수 있다.
- 학습지도의 방법이나 기법을 연구 심화하여 다양하고 참신한 수업을 할 수 있다.
- 학습평가를 포함하여 학생들의 활동을 적절하게 평가할 수 있다.
- 학급 내에서나 학교 내에서 학생이나 교사들과 좋은 인간관계를 형성하고 유지할 수 있다.
- 학급의 분위기를 조성하고 학급경영과 관리에 제반 사항을 잘 처리할 수 있다.
- 학교경영과 학급경영상의 제반 사무를 적절히 처리할 수 있다.
- 효과적인 의사소통 능력과 문장 표현력이 있다.

2) 교사로서의 기본적 태도나 자질

- 교육의 목표를 내면화하여 사명의식을 가지고 실천한다.
- 학생의 정신적, 정서적, 신체적 성장 발달에 개별적 관심을 가진다.
- 학생에 대한 신뢰감을 가지고, 학생을 긍정적이고 수용적으로 대한다.
- 교육상의 문제를 이해하고, 해결하려는 탐구심과 연구적인 노력이 강하다.
- 정서적으로 안정되고 학생 지도에 일관성을 견지한다.
- 교양이 풍부하고 매사에 공정하고 긍정적이며 의욕적이다.
- 자기의 장점과 단점을 알고 단점을 고치려고 노력한다.
- 교육에 대한 열의와 교직에 대한 자부심을 가지고 있다.

2. 교육실습 평가 주체에 따른 평가

교육실습에서 평가의 주체는 누가 되는가는 중요한 문제이다. 대학에서의 평가권은 우선 대학의 담당 교수에게 있지만 교육실습의 경우 실습기간 중 대학을 떠나 전적으로 실습학교의 지도교사의 주도하에 대부분의 활동이 이루어지기 때문에 교육실습의 평가권이 대학에게 있다고 단정지을 수는 없다. 대학의 교수들은 실습기간 동안 실습생의 실습학교를 순회하면서 실습생을 지도한다. 이 순회지도는 단회로 끝나는 경우가 대부분이며 지도의 목적도 예비교사를 평가하기 위한 자료를 수집하는데 있기보다는 실습생들을 격려하고, 조언해 주며, 실습학교에 인사를 하는데 그 목적을 둔다. 그러다 보니 교육실습의 평가 주체는 실습학교의 실습 지도교사에 의해 이루어지는 것이 일반적이다.

실습학교의 실습 지도교사가 실습생들을 평가하더라도 평가의 구체적인 항목과 배점 등은 대학에서 사전에 결정하여 실습학교에 제공하고, 실습학교에서는 대학에서 제공한 기준에 따라 실습생을 평가하고 그 결과를 대학에 보고한다. 또한 실습생은 스스로 자신의 실습과정과 그 결과를 평가해 봄으로써, 실습 전 계획이 어느 정도 달성되었는지, 교사로서의 자신의 적성과 자질이 어느 정도인지를 확인해 볼 수 있다.

교육실습이 끝난 후에는 실습생이 대학으로 돌아와 대학 자체적으로 간담회를 개최하여, 실습 지도교수, 실습학교 장 및 지도교사, 실습생이 모두 한자리에 모여 실습과정에서의 경험을 함께 이야기하는 기회를 가질 수 있다. 이런 간담회를 통해 실습생이 작성한 실습결과보고서를 검토하면서 마련된 기준에 따라 실습생의 실습에 대해 객관적이고 공정한 평가를 내릴 수 있게 된다.

이렇듯 실습에 대한 평가는 대학의 지도교수, 실습학교의 지도교사 및 실습생 자신의 관점에서 살펴볼 수 있으며, 교육실습 평가 주체의 관점이 누구인가에 따라서 그 평가의 내용은 차이가 있다.

우선, 실습생은 교육실습의 과정을 통하여 예비교사의 관점에서 교사로서의 자질과 능력 및 적성에 대해 스스로 평가할 수 있는 기회를 직접 체험하고 그 결과를 스스로 평가하는 기회를 가져야 한다. 교사가 되기 위해 교직준비 과정을 통해 배운 지식들을 근거로 교육의 현장에서 부딪치는 많은 상황들을 최선의 방향으로 해결해 나가는 과정을 경험하는 것은 매우 중요하다. 교육실습의 경험 과정에서 스스로를 반성적으로 평가해 보는 경험을 갖는 것은 경험의 효과를 극대화하여 유능한 교사가 되는데 도움을 주게 된다. 다음의 항목들이 실습생의 자기평가를 위한 내용이므로, 실습을 마친 후에 점검의 기회를 가져보는 것도 필요하다.

1) 학습자 이해

- 학급 전체 학생들의 이름을 알고 있다.
- 개별 학생들의 특징을 파악하고, 관련 상담 자료를 작성하여 참고하였다.
- 개별 학생들의 행동을 관찰하고 기록하였다.
- 개별 학생듵의 개인적인 문제를 파악하고, 지도교사와 협의하였다.

2) 교수-학습 기술 향상

- 실습학교의 교육목표를 바르게 이해하였다.
- 목표에 맞는 수업지도안을 구체적으로 작성하였다.
- 교수-학습에서 새로운 교수법을 시도하였다.
- 수업활동에서 사용될 수업자료는 학습자들의 흥미와 관심을 충분히 이끌어 내었다.
- 수업시간에 정확한 용어와 발음으로 이야기하였으며, 학습자들의 말을 적극적으로 듣고 반응해 주었다.
- 수업활동 내용과 방법을 분석하고 문제점을 수정하고자 노력하였다.
- 교수-학습활동을 계획하고 수업자료를 준비하는데 충분한 시간을 활용하였다.

3) 개인차 고려

- 적절한 방법을 사용하여 학습자들의 동기를 유발시키고자 하였다.

- 학습자 개개인의 요구를 파악하였다.
- 발달이 느리거나 이해 속도가 늦은 학습자들에게 개별적인 도움을 제공해 주었다.
- 대학에서 학습한 심리학적 지식을 교육실제에 적용하고자 노력하였다.
- 개인차를 고려하여 수업지도를 하였다.

4) 감정조절

- 학습을 방해하거나 바람직하지 않은 행동에 대해 감정적으로 반응하지 않았다.
- 실습학교의 기관장, 실습 지도교사의 충고를 적극적으로 수용하고 실천하였다.

5) 학급 내의 집단구조 이해

- 학급 내에서 인기, 고립, 배척되는 학습자들을 찾아내고, 그 이유를 알아내고자 하였다.
- 학급 내에서 고립되고 배척되는 학습자들을 개별 지도하여 집단 속에 잘 어울릴 수 있도록 지도하였다.

6) 교수-학습 자료의 효율적 사용

- 학습효과를 높이기 위해 교수-학습 자료를 스스로 제작하여 사용하였다.
- 교수-학습 자료를 실제 수업활동에서 적절하게 사용하였다.
- 교육목적에 맞는 교수-학습 자료를 선정하여 사용하였다.

7) 학급 경영 기술의 향상

- 하루일과 운영계획을 실천에 옮기고자 노력하였다.
- 학습자들에게 다양한 경험을 제공해 주고자 하였다.
- 학급의 통풍, 채광 등을 최적의 상태로 유지하고, 청소를 통해 위생적인 환경

을 조성하였다.

- 실내외 환경정리를 충실히 하였다.
- 각종 서류 및 장부를 정리하고 잘 보관하였다.

8) 조화로운 발달지원

- 학습자 개개인의 학습활동 목표 선정에 도움을 주었다.
- 학습자가 목표를 달성할 수 있도록 도움을 주었다.
- 학습자가 스스로의 활동에 대한 평가를 내릴 수 있도록 도왔다.
- 개개인의 능력을 파악하고 부족한 면을 보완해 주기 위해 노력하였다.

9) 적절한 평가

- 다양한 평가 방법을 적절한 시기에 사용하였다.
- 평가 결과를 토대로 학습자를 지도하였다.
- 학습자의 행동특성을 지속적으로 기록하여 축적하였다.
- 교사로서 자기평가 수행의 중요성을 알게 되었다.
- 유능한 교사가 되기 위해 비판을 겸허히 수용하고, 이를 수정해 나가고자 노력하였다.

10) 실습학교와의 유대관계

- 실습학교의 조직구조를 잘 이해하였다.
- 실습학교의 기관장, 지도교사와 원만한 인간관계를 유지하였다.
- 실습기간 동안 웃는 얼굴로 먼저 인사하는 태도를 유지하였다.
- 학급 내에서 일어난 일은 지도교사 이외의 사람들에게 함부로 이야기하지 않았다.

11) 교사로서의 성장과 발달

- 교육실습이 교사로서의 나의 성장과 발달에 도움이 되었다.
- 교육실습을 통해 교사로서의 자질과 기술을 향상시키게 되었다.
- 모든 학습자들을 사랑하며 이들로부터 존경을 받았다.

12) 기관 운영에의 참여

- 실습기관에서 운영하는 부모교육을 비롯한 각종 행사에 적극적으로 참여하였다.
- 교직원회의, 연수회, 사례발표 등에 적극적으로 참여하였다.
- 지도교사의 생활지도와 상담활동을 관찰하였다.
- 실습기관에서 실시하는 각종 행사의 목적, 내용, 방법을 충분히 이해하였다.

한편, 실습학교에서는 실습생의 교사로서의 자질, 능력, 성실성 등에 대한 평가를 실시한다. 평가를 위해 실습생을 관찰하고 분석하고 이를 토대로 평가하는 과정이 반복된다. 실습학교에서는 실습기간 동안 실습생의 수업활동과 수업 외 실무활동을 관찰하고 평가하며, 수시로 조언하는 형성평가를 통해 실습이 바람직한 방향으로 진행되어 가도록 지도한다. 그리고 실습이 끝난 후에 실습생이 초기에 설정한 목표를 어느 정도 달성했는지를 확인하는 종합평가를 실시하는데, 이 종합평가에서는 실습생이 교사로서의 자질을 어느 정도 갖추었는지를 종합적으로 평가한다.

실습학교에서 실습생에 대한 평가를 실시할 때는 대학에서 제공한 평가준거를 근거로 평가한다. 대학에서 제공하는 평가준거는 교육부에서 제안하는 교육실습 평가를 위한 5개 영역과 각 영역별 배점에 의한 것으로 평가영역과 구체적인 평정척도는 다음 〈표 6〉, 〈표 7〉과 같다.

이처럼 교육실습 평정척도를 활용하여 평가를 실시할 때는 평가항목에 제시된 사항들과 관련된 실습생의 행동을 지속적으로 면밀하게 관찰하고, 관련된 자료들을 충분히 검토한 후 객관저이고 엄격하게 평가를 수행한다. 그리고 실습학교에서 교육실습 보고서에 실습평가 결과를 정확하게 기재하고 날인한 후, 대학에 송부하여 대학의 지도교수는 실습학교로부터 받은 교육실습 결과보고서에 준하여 교육실습 점수를 부여한다.

대학에서는 교육실습이 종료되면 평가회를 열게 되는데, 이 평가회에는 실습생과 실습 지도교수, 실습학교 지도교사 그리고 후배들이 함께 모여 실습결과를 상호 평가하고 개선점을 마련하는 자리를 갖는다. 평가회에서는 실습학교의 물리적 환경 및 프로그램의 특성, 실습학교 교직원들과의 관계, 실습 과정에서 가장 어려웠던 점, 보람 있었던 점, 아쉬웠던 점 등을 자유롭게 이야기한다. 그리고 그 후에 후배들을 위해서 보다 나은 교육실습이 되기 위한 개선점을 실습학교, 대학, 실습생의 측면에서 논의하면서 이후 교육실습이 개선되어 나갈 수 있도록 평가회를 이끈다.

교육실습 평가의 궁극적인 목적은 실습의 효과를 극대화하고, 교사로서의 자신의 실습 경험을 반성함으로써 진정한 교사가 되는데 필요한 자질과 능력을 충실화할 수 있는 기회를 갖도록 도와 주는 것이다. 그러므로 이 실습경험에 대한 평가는 개개 실습생들에게 국한될 것이 아니라, 이후 실습을 나가야 하는 후배들과 경험을 공유함으로써 실습이 지속적으로 개선되어 나갈 수 있는 토대가 될 수 있도록 해야 한다.

〈표 6〉 교육부 교육실습 평가 영역

영역	배점	구체적 평가 항목
근무태도	10%	근무상태(출석, 결석, 지각, 조퇴 등), 성실성
일반 자질	15%	직무에 대한 책임감과 열의, 인성 및 교사로서의 품위, 신념, 학습자에 대한 태도
학습지도 능력	50%	교재연구, 활동계획 및 계획안 작성, 자료준비, 지도기술, 평가기술
연구조사 활동	15%	연구태도 및 자세, 연구능력, 자료 수집 및 분석
학급경영 및 사무처리 능력	10%	생활지도, 환경정리, 사물처리, 학습자 관리

〈표 7〉 교육부 교육실습 평정 척도

영역	평가내용	평정	점수계산	점수
근무태도(10%)	1. 출근일 ( ) 2. 결근일 ( ) 3. 지각,조퇴,외출횟수 ( )	10점에서 결근 1회 2점, 지각·조퇴·외출 각 1점 감점		
일반 자질(15%)	1. 직무에 대한 책임감과 열의		( )/4	
	① 직무에 대한 책임감이 강하며, 매사에 성실하게 임한다.	1 2 3 4 5		
	② 동료교사, 학습자로부터 신뢰를 받는다.	1 2 3 4 5		
	③ 교사라는 직업에 흥미를 느끼고 있으며 제반활동에 적극적이다.	1 2 3 4 5		
	④ 직무수행에 열의를 갖고 있다.	1 2 3 4 5		
	2. 용모, 언행, 교양		( )/3	
	① 용모가 단정하다.	1 2 3 4 5		
	② 언행이 예의바르다.	1 2 3 4 5		
	③ 일반교양이 풍부하며 교사로서의 품위를 갖추고 있다.	1 2 3 4 5		
	3. 교육신념		( )/2	
	① 바람직한 교육관과 아동관을 갖고 있다.	1 2 3 4 5		
	② 교직을 천직으로 생각한다.	1 2 3 4 5		
학습지도 능력(50%)	1. 활동계획 및 준비		( )	
	① 교육계획안은 수업에 도움이 되도록 적절하고 충실하게 작성하였다.	1 2 3 4 5		
	② 교재연구 및 준비를 충실히 하였다.	1 2 3 4 5		
	③ 수업에 필요한 자료를 충분히 준비하였다.	1 2 3 4 5		
	2. 지도기술		( )	
	① 지도에 자신있게 임하며 학습자 개개인에 유의하며 수업활동을 진행하였다.	1 2 3 4 5		
	② 학습자의 심리를 잘 파악하여 교사와 학습자 상호간에 협력적인 수업을 전개하였다.	1 2 3 4 5		
	③ 교사가 사용하는 용어 및 설명은 적절하였다.	1 2 3 4 5		
	④ 자료 제시는 적절하며 조리있게 되었다.	1 2 3 4 5		
	⑤ 학습자는 즐거운 분위기에서 높은 학습욕구로 수업에 참여하였다.	1 2 3 4 5		

〈표 7〉 계속

영역	평가내용	평정	점수계산	점수
학습지도 능력	3. 평가기술			
	① 학습자의 활동에 대한 평가방법은 적절하였다.	1 2 3 4 5	( )	
	② 평가시에 학습자가 참여하고 있는 활동에 지속적으로 관심을 갖도록 지도하였다.	1 2 3 4 5		
연구조사 활동 (15%)	1. 연구능력			
	① 업무에 창의성을 발휘하였다.	1 2 3 4 5	( )/2	
	② 제반사항을 면밀하게 관찰하고, 비판적으로 해석하였다.	1 2 3 4 5		
	2. 연구태도			
	① 교직과 관련된 제반 사항을 스스로 알고자 노력하였다.	1 2 3 4 5	( )/2	
	② 제반사항을 면밀하게 기록하여 반성적으로 검토하였다.	1 2 3 4 5		
	3. 교육이론 적용			
	① 교직과 관련된 이론적 기반이 잘 갖추어져 있다.	1 2 3 4 5	( )/2	
	② 알고있는 이론을 적용하고자 노력하며, 현상과 관련된 이론을 검토하고자 하였다.	1 2 3 4 5		
학급경영 및 사무처리 능력 (10%)	1. 학급경영 기획 및 사무처리			
	① 학급 환경 구성을 창의적으로 하였다.	1 2 3 4 5	( )/4	
	② 학급경영안의 작성 요령 및 경영방침 등을 잘 습득하였다.	1 2 3 4 5		
	③ 제반 지시사항을 기한 내에 수행하였다.	1 2 3 4 5		
	④ 지도교사와 동료 실습생 및 기타 교직원에게 협조적이었다.	1 2 3 4 5		
	2. 학습자 관리 및 지도력			
	① 학습자의 개성을 잘 파악하고, 그에 맞는 지도를 수행하였다.	1 2 3 4 5	( )/2	
	② 학급 내 학습자들을 잘 지도하여 바람직한 분위기를 조성하였다.	1 2 3 4 5		
계			100	( )

V. 교사와 교직윤리

1. 교사의 이상적인 조건

교사는 학생을 교육하는 사람이기 때문에 교육하기에 적합한 사람이어야 한다. 그러나 어떤 교사가 학생을 교육하기에 적합한 교사인지를 한 마디로 규정하기란 쉽지 않다. 한 마디로 규정하기란 쉽지 않아도 이상적인 교사의 조건을 설명하는 방법으로는 성향적 접근, 유형적 접근 그리고 기능적 접근 방법으로 나누어 볼 수 있다. 성향적 접근에서 이상적인 교사란 어떤 특정한 가치관, 태도, 흥미, 적응형태 등의 인간의 내재적인 특성을 지니고 있으므로 그 특성을 들어 설명하며, 유형적 접근에서는 훌륭한 교사가 수업장면에서 보여 주는 행동양식에 의거하여 설명하고, 기능적 접근에서는 내용, 대상, 수업환경 특성 등에 따라서 교사의 이상적인 조건은 달라진다고 설명하고 있다. 이러한 접근방법에 따라 이상적인 교사의 자질 요건을 살펴보기도 한다.

성향적 접근에서 설명하고 있는 교사의 이상적인 조건을 정리하면 다음과 같다.

첫째, 인간에 대한 사랑이다. 교육은 사람을 대상으로 하는 만큼 사람을 사랑하는 마음이 없으면 교사가 될 수 없다. 사람을 사랑하는 사람은 사람과 함께 있기를 좋아하며, 사람을 이해하고자 힘쓰며, 다른 사람의 고통을 덜어 주고자 노력한다. 즉 학생은 교사를 존경하는 입장에서 사랑하고 교사는 학생을 존엄성 있는 사람으로 존중하고 사랑함과 동시에 그 발전 가능성을 존중하고 아끼는 입장에서 사랑하며, 교사와 학생 다같이 높은 가치와 이상을 추구하고 동경함으로써 가치지향적인 인간형성을 촉진한다.

둘째, 교사에게 요구되는 필수적인 조건은 교육애이다. 인간을 사랑하는 인간애가 있는 사람이라고 하더라도 교육에 있어서는 적합하지 않은 경우가 있다. 교육은 자기희생과 인내가 필요하다. 남을 가르치기를 좋아하는 교육적인 사랑 없이 교육이 이루어진다면 그것은 단순한 지식의 전달자에 불과하다. 교육애를 지니고 있는 교사를 흔히 천직의식을 지닌 교사 또는 사명감 있는 교사라고 부른다. 교육애를 지닌 교사는 평생을 교육에 몸 바쳐도 보람을 느끼는 확고한 교육적인 신념을 가지고 있다.

셋째, 이상적인 교사는 진리애를 갖고 있어야 한다. 교육의 내용에 있어서 궁극적인 주안점은 진리이다. 진리를 탐구하는 일에 스스로 흥미를 갖고 있지 않고서는 그것을 남에게 가르칠 수 없다. 진리를 탐구하는 일에 열정과 사랑을 가지고 있어야만이 날로 새로워지는 학문적인 변화에 적응할 수 있고, 학생들에게 새로운 내용을 전달할 수 있는 것이다.

넷째, 교사는 자기 자신에 대한 긍지와 사랑을 갖고 있어야 한다. 교사는 자아정체감이 확립된 사람이어야 하며, 여기에 대한 자긍심을 가지고 있어야 한다. 그러기 위해서는 교사는 늘 긍정적으로 생각하고, 자신을 새롭게 가꾸며, 자기 발전에 힘써야 한다. 이와 같을 때 비로소 교사로서 자신에 대한 희망과 용기를 가질 수 있을 것이다.

이상의 네 가지 교사의 성향적 특성의 조건 중에서도 교육애와 진리애는 교사에게 특히 요구되는 것이라고 할 수 있겠다. 즉 배우며 가르치는 일은 함께 병행해야 하는 것으로 교사는 이것을 즐길 줄 아는 성향을 지니고 있어야 할 것이다.

유형적 접근에서의 이상적인 교사는 어떤 유형의 교사가 보다 효과적인 수업을 하느냐에 관심을 갖는다. 즉 학생들의 학습효과를 높이고 실력을 향상시키는데 어떤 수업방법을 주로 사용하는 교사인가를 밝혀 보려는 것이다. 따라서 유형적 접근에서 이상적인 교사란 수업을 잘하는 교사이며, 수업을 잘하는 교사의 공통적인 특성을 발견하여 그 특성을 제시하였다. 특히 교실에서 학생들과 상호작용의 특징을 조사하여 통합적 상호작용의 특징과 민주적 지도방식을 보이는 교사를 이상적인 교사의 준거로 설명하였다.

통합적 상호작용의 특징이란 학생들 개개인에게 인정, 보상 및 호의를 보여주며, 그들의 개인차를 인정해 주는 모습을 보인다. 또한 학습자의 흥미사항이나 활동에 대한 질문과 진술을 보여주며, 학생들을 수업 이외의 다양한 활동에 참여시키면서 교사 또한 학생들의 다양한 활동에 같이 참여하고, 학생들의 요구에 대하여 교사가 허락해 주는 모습 등을 설명한다. 그리고 민주적 지도방식이란 지도자의 격려와 도움 속의 집단 토론과 결정에 의한 정책과 앞으로의 활동이 처음 토론시에 정해지고 대체적인 활동단계가 확립되며 선택의 여지가 있는 몇 가지 방법을 제시되고, 구성원들이 원하는 어느 누구와도 일할 수 있으며 과제의 분담은 집단에 의하여 결정하며, 지도자의 칭찬과 비판은 객관적이면서 사실에 근거를 두고 행해지는 운영방식을 의미한다.

기능적 접근에서 설명하고 있는 이상적인 교사의 조건은 교과목의 특징, 학습자의 특징, 수업현장의 과정적 특징에 따라서 학습효과에 영향을 미치는 교사의 행동이 달라져야 한다는 것을 전제하고 있다. 말하자면 훌륭한 교사의 조건은 여건에 따라 서로 다를 수 있다는 것이다. 예를 들면, 과학교사와 국어교사는 서로 그 자질요건이 달라질 수 있다는 것이다. 즉 모든 상황에서 적절히 교수방법을 바꾸어 가면서 가장 효과적인 교육을 할 수 있는 융통성과 창의성을 지닌 교사가 좋은 교사라고 할 수 있다.

2. 교사의 역할

교육의 기능과 역할은 크게 교수와 지도라는 두 영역으로 나누어 볼 수 있다. 교수에 있어서 교사는 가르치는 내용에 정통함과 동시에 학생을 충분히 이해하여 그들의 준비도에 따라서 지도해야 하며, 지도에 있어서 교사는 학생들보다도 곤란한 문제에 대해서 정확한 지식과 이해를 가질 것을 전제한다. 따라서 교육활동의 원천은 바로 교육적 지식이 되는 것이다.

교육적 지식과 이해를 기초로 하여 교수와 지도에 있어서 내용의 적절성, 기회의 적시성을 통찰하는 교사의 능력 곧 교육기술이 교사에게는 요구된다. 교육기술이란 교육목적을 효과적으로 달성하기 위하여 직접 · 간접적으로 필요한 교육과정의 합리적 방법과 순서를 말한다. 교사의 역할을 효과적으로 수행하기 위해서는 교육방법, 학습지도, 교육평가, 조사연구, 학교조직, 학교경영, 교육계획, 학급운영 등에 대하여 정확하고 효율적인 기술이 필요하다. 교사의 역할을 좀더 구체적으로 설명하면 다음과 같다.

첫째, 교사는 학습을 인도하는 지도자이다. 그러므로 학습계획을 세우고 학급을 경영하며 이들을 평가할 수 있는 능력과 자질을 갖추어야 한다.

둘째, 교사는 학생의 직접 · 간접적인 상담에 응하고 지도할 수 있는 자이어야 한다. 그러므로 학생을 이해하고 연구하는 태도를 가져야 한다.

셋째, 교사는 인생의 안내자로서 학생들에게 사랑과 친절을 베풀어 줄 수 있어야 하며 신뢰성이 있어야 한다.

넷째, 교사는 학생사회의 일원으로서 교육의 커다란 목적을 위해서 상호 협동할 수 있는 마음을 가져야 한다.

다섯째, 교사는 문화의 전수자로서 민주주의가 바라고 지향하는 이상과 가치를 익혀 실천해야 한다.

여섯째, 교사는 학교와 지역사회의 연락인으로서 효과적인 유대관계를 유지해야 하며 이를 위해서는 의견의 상호교환이 이루어져야 한다.

마지막으로 교사는 교직자의 한 동료로서 민중의 복지와 자질의 향상을 위해 계획하고 실천하는데 직접 참여해야 한다.

3. 교직윤리

교사의 윤리란 교직자의 교직실천 규범이다. 교사의 행동규범으로써 윤리가 왜 교직에서 중요시되어야 하는지에 대해서 진지하게 생각해 보아야 한다.

전문직에 종사하는 자는 그 직무와 관련하여 행동의 재량 폭이 매우 크다. 교직 또한 전문직이며 전문직적 성격을 유지 발전시키고 교직의 권익과 그 사회적 지위의 확보와 아울러 그 신장을 위하여 반드시 윤리문제가 요구된다. 교직은 교원의 직무를 말한다. 교원의 직무는 교육하는 일로서 가르치는 직무를 말한다. 교육하는 일이란 사람을 가르쳐 사람을 만드는 일로서 개인적인 입장에서 볼 때는 개인의 능력과 자질, 그리고 도덕적인 품성을 형성하는 일이며, 국가사회적인 입장에서는 시민정신의 함양과 국가경쟁력의 제고 및 국민의 도덕적인 자질을 만드는 일이다.

결국 교직은 개인의 일생에 영향을 미치며, 국가 · 사회의 미래에 막중한 영향을 미치는 시민의 도덕적인 품성과 자질을 형성하는 일이다. 따라서 교사는 다른 어떤 직종의 사람보다도 높은 도덕관과 표준적인 윤리관을 가지고 있어야 한다. 교사의 교육실천 행위는 누구의 간섭도 받지 않지만 사회적 요구와 기대라는 보이지 않는 윤리적 규제의 대상이 된다. 물론 교사의 행동을 규제하는 것으로서의 성문법적인 법규인 헌법, 교육기본법, 교육공무원법, 동법 시행령 등의 각종 법률과 명령에 의해 규제를 받는다. 그러나 교사의 행동의 적절성 여부는 공식적인 법적인 규제뿐만이 아니라 내면적이고, 자발적인 규제가 전제되어야 한다.

인간형성을 본질로 하고 있는 교사의 직무는 정형화되어 있는 것이 아니고 다양하며, 자유재량의 폭이 크기 때문에 교사의 내적, 심리적, 자율적 동기와 자발적이며 능동적인 규율이 더 중요한 것이다. 자발적이고 능동적인 규율이 바로 윤리이며, 교직의 현장에서는 교직윤리가 되는 것이다. 이러한 교직윤리는 크게 자기수양의 윤리, 학생과의 윤리, 교사 상호간의 윤리, 가정과 사회와의 윤리 그리고 직무수행상의 윤리 영역으로 나누어 볼 수 있다.

교사는 먼저 인격적인 자기수양을 하지 않으면 안 된다. 수기치인 이란 말이 의미하는 것처럼 자기관리를 하고 난 다음에야 남을 다스릴 수 있듯이 교사는 자기 자신의 인격을 닦고 나서야 남을 가르칠 수가 있다는 사실을 망각해서는 안 된다. 교사는 학생의 본이 되기 때문에 학생의 사표이며, 귀감이 되어야 한다. 그러므로 교사는 자기수양을 위해서 자기가치관의 확립, 확고한 국가관의 확립, 건전한 교육관과 원만한 인격의 수양, 차원 높은 교양의 함양, 건강한 심신의 단련, 교과목 능력의 배양, 정치와 종교의 중립성 유지, 건실한 가정생활 유지 등을 관리해야 한다. 이에 대하여 좀 더 구체적으로 살펴보자.

첫째, 교사는 자기가치관이 건전하게 확립되어 있어야 한다. 이러한 가치관은 민주적인 인간관에 기초한 것이어야 한다. 교사는 민주적인 가치관과 철학이 체질화되어 교직의 실천을 통해 그것이 구체적으로 구현되어야 한다. 민주적인 가치관과 철학이란 자유, 평등, 박애를 존중하는 사고와 행동의 실천을 말한다. 민주주의에서는 인간의 존엄성을 신봉하고 개인을 존중한다. 개인의 인권도 존중되고 학생의 학습권도 존중되어야 한다. 이러한 민주적인 가치를 신뢰하고 실천하는 책임이 교사에게 있음을 항상 명심하고 교직에 임해야 한다.

둘째, 21세기를 살고 있는 오늘날 우리는 근대화의 과업을 안고 있다. 이러한 과제는 자라나는 세대, 즉 교육받고 있는 세대에게 달려 있다. 교사는 이들에게 사명감 있는 확고한 국가관을 심어 주고 민족사관을 확립해야 한다. 따라서 교사는 확고한 국가관 확립이야 말로 교직자의 자기수양 윤리의 중요한 실천덕목인 것이다.

셋째, 교사는 학생들에게 인간다운 전형을 보여주는 사람이다. 그러므로 교사는 인간다운 인간이 되기 위하여 자기 자신의 수양을 부단히 하면서 건전한 교직관을 가져야 한다. 또한 교육의 질은 교사의 질을 넘지 못한다. 때문에 교사는 최고의 인격 · 덕망 · 학식을 갖추도록 노력해야 한다. 교사가 바르고 건강한 인격으로 무장되고 확고한 신념의 교육관이 확립된다는 것은 학생의 교수-학습 및 생활지도를 위해서 필수 불가결한 것이다.

넷째, 교사의 사고와 행동은 학생의 사표로서 모방의 대상이 되어야 하므로 교사의 교직 실천행위는 교양이 풍부하고 품격이 있어야 한다. 교사가 사용하는 언어는 분명하고 세련된 것이어야 하며 거칠거나 저속하지 않아야 된다. 행동 또한 무게 있고 품위가 있어야 하며 깊이 생각하고 난 연후에 나타난 것이 되어야 한다.

다섯째, 교사는 정신적인 것뿐만 아니라 신체적으로도 건강해야 한다. 교사가 신체적으로나 정신적으로 건강하지 못하다면 학생들 또한 건강하게 지도하지 못한다. 신체적 건강은 인간행복의 원천이고 인간행동의 근본이다. 따라서 건강한 신체와 정신을 유지하기 위해서라도 교사는 끊임없는 심신의 단련을 위해 노력하는 것도 자기수양을 위한 중요한 덕목이다.

여섯째, 실력 있는 교사란 전공 교과목과 관련과목에 대하여 끊임없이 연구하고 노력하는 데서 이루어지는 것이다. 실력이 없다고 인정되는 교사는 교권이 서지 않는다. 교사는 전공 교과에 대한 지식의 구조와 내용, 그 교수 및 평가 방법을 통달하고 있어야 하며, 교과 능력의 배양은 교직에 몸담고 있는 평생 동안 지속되어야 한다.

일곱째, 교사는 교육실천의 행동에서 정치 종교적인 면에 있어서 중립적인 태도를 견지해야 한다. 민주주의 사회는 종교의 자유를 침해하는 일이 있어서는 안 되나 교육실천에 있어서 특정 종교를 선전하거나 강요하는 일이 있어서는 안 된다. 정치적으로도 교사는 불편부당해야 하며, 교직자의 정치활동은 성문법으로도 금지되어 있다.

여덟째, 교사는 가정생활이 모범적이고 가족관계가 원만해야 한다. 행복한 가정생활을 영위하면서 자녀를 낳고 길러본 경험이 있게 되면 자녀에 대한 사랑을 쉽게 이해하듯이, 이것이 교육의 장면에서 학생에 대한 사랑과 교육에 대한 사랑애로 발전하게 된다. 건실한 가정을 유지해야 하는 것이 꼭 교직자에게 유지되어야 하는 것은 아니지만 모든 윤리의 기초가 가정에서 출발하기 때문에 교사의 자기수양에 있어서 더 없이 필요한 덕목이다.

교사가 가르치는 학생은 미성숙자이다. 성숙자로서의 교사의 행동은 학생의 모범 대상이 되므로 교사는 학생의 본보기가 되는 것이다. 교사의 행동이 학생에게 크게 영향을 미친다는 사실을 명심하고 교사는 학생과의 관계를 사려 깊게 대처해야 한다. 학생들과의 관계에 있어서 교사의 행동규범에는 솔선수범, 인격과 개성의 존중, 그리고 편견 없는 학생지도의 항목이 있다.

첫째, 교사의 모든 행동은 학생들에게 직·간접적으로 학습의 기준이 된다. 즉 학생들은 교사의 말씨부터 표정에 이르기까지의 모든 것을 듣고 배운다. 교사는 학생행동의 본이며 수범자임을 항상 의식하고 학생과의 관계에서 감정적인 행동이나 경거망동한 행동이 있어서는 안 된다. 교사의 실수는 학생들에게 실망과 함께 선생님에 대한 존경심을 잃게 할 뿐만 아니라 이후의 교육적 효과에도 영향을 미친다는 사실을 기억하고 모든 행동에 솔선수범하는 자세를 견지해야 한다.

둘째, 학생 개개인은 각자의 개성과 인격을 지닌 존재이므로 학생 각각의 인격체에 대하여 가치 있는 존재로 바라봐야 한다. 교사는 학생을 진실로 좋아해야 하며 학생과 친숙한 관계를 유지해야 한다. 그래야만이 학생을 이해할 수 있고, 학생의 인격과 개성을 제대로 발견할 수 있는 것이다.

셋째, 교사는 학생에 대한 편애나 편견 없이 그들과의 관계에 있어서 모든 학생에게 공평해야 한다. 학생을 대함에 있어서 공평무사하지 못하다고 인식되면 교사의 교권은 서지 못하며 학급집단의 반목과 갈등을 초래할 우려가 있다. 감정의 편애 없이 객관적인 평가의 눈으로 학생들 개개인에게 관심을 갖는 것이 중요하므로 교육자적 양심으로 편애에 빠져 들지 않게 노력해야 한다.

현대의 학교체제는 대부분 대규모의 조직체제 속에서 분업화되어 수행되고 있다. 학교의 대외적인 관계는 교육행정의 수직 체제인 교육부, 시·도 교육청, 시·군 교육청과 같은 행정체제에서 나타나는 인간관계와 대내적으로는 학교 내에서 교장-교감-부장교사와 학급, 학년담당 교사간의 인간관계가 얽혀져 있다. 따라서 학교 내의 수직적 관계, 수평적 관계, 그리고 일반 사무직원과의 관계 속에서 지켜야 할 행동규범이 있다.

첫째, 학교의 최고 책임자는 교장이며, 교장은 교무를 통할하고 소속직원을 감독하며 학생을 교육한다. 교감은 교장 유고시에 교장을 대리하고 교사는 법령이 정하는 바에 따라 학생을 교육한다. 이들의 관계는 일반적으로 상사와 부하의 관계를 의미하지만 기계적인 복종관계를 말하는 것은 아니다. 합리적이라고 판단되지 않는 상사에 의한 복종의 강요는 진정한 의미의 순종이 이루어지지 않는다. 교장과 교사의 관계가 인격적으로 형성되어야 학교 분위기가 화목해지고 교장은 교사를 믿고 교사는 교장을 존중하게 되어 학교의 교육력이 증진된다.

둘째, 학교에서의 수평적인 관계는 교사들 상호간의 협력과 화합의 관계이다. 학교는 다양한 특성을 지닌 다양한 교사들이 모여 조직적으로 학생을 지도하는 곳이다 보니 동일 직종 안에서 서로 다른 관계가 성립되기 마련이다. 친구지만 선배이고, 학교 선배이지만 직장에서 동료이고 등의 관계가 형성된다. 그러나 교사 상호간에 상호존중의 풍토가 조성되어야 하며 서로의 권위를 존중하고 예의가 지켜져야 한다. 교사 상호간에 서로 협력하고 화합하는 관계를 발전시켜 나가기 위해 교사들은 신의, 겸손, 양보, 의리, 단결의 윤리를 실천해야 한다.

셋째, 학교조직은 가르치는 교사 외에 관리행정을 담당하는 직원이 있으며, 그들과의 관계 또한 대단히 중요하다. 행정은 교육의 목적을 효과적으로 달성하기 위한 조건 정비의 성격을 갖는 것으로 그 궁극적인 목표가 어디까지나 학생들의 보다 나은 성장과 발전을 돕는 데 있다. 학교에서 학생들을 위한 행정 서비스가 원활히 운영되어야 결국 학생들에게 도움이 되기 때문에 교사 또한 학교 행정 담당 직원들과 원활한 관계를 이루어야 한다.

교육은 학교를 주축으로 생각할 때, 가정과 사회의 상호 연계 속에서 이루어지는 활동이므로 교사는 가정과 사회와의 관계를 고려해야 한다. 교사는 각 가정의 귀중한 자녀들을 위탁받아서 교육하기 때문에 학부모의 관계를 무시할 수 없다. 또한 자녀교육에 대한 부모와의 공동책임이 확대되어진 의미에서 사회적인 책임과 관련된다.

첫째, 교사는 학생을 매개로 하여 학부모와의 관계가 성립된다. 교사는 학부모의 의견을 잘 수렴해야 하면서 긴밀한 연락을 유지하여 학생의 상황을 잘 파악하고, 부모의 의견을 가급적 충분히 반영하여 학생을 지도해야 한다. 또한 교사는 평가결과를 그때 그때 가정에 통보하여 부모와 같이 학생의 성장과 발달과 진로에 대해

협의를 하고 부모의 협조를 받아야 한다.

둘째, 학교는 지역사회의 영향을 받는 곳이기 때문에 교사는 지역사회가 어떤 특징을 갖는 사회인가를 잘 파악하여 지역사회에 어울리는 행동을 해야 한다. 서로 다른 지역사회의 문화적 전통은 그 안에서 살고 있는 사람들의 관습이나 행동에 영향을 미치게 된다. 따라서 교사는 그 지역에 맞는 행동을 해야 할 필요가 있다. 지역의 주민들과 어울리는 사람이 되면서 교직 수행에 있어서 지역사회의 협조를 얻을 수 있어야 한다.

교직은 영리를 추구하는 집단이 아니다. 교사는 물질적 보수에 우선하는 도덕적인 보수의 직업이기 때문에 도덕적인 보수를 충족하기 위해서 교사는 주어진 직무에 충실해야 한다. 도덕적 보수란 교사의 양심에 부끄러움이 없이 떳떳할 수 있는 자기 자신에 대한 만족감이며 훌륭한 제자를 길러낸 것에 대한 보람이다. 교사는 교사의 직무를 충실히 수행함으로써 얻어지는 교직에 대한 자긍심과 보람에 큰 만족을 느낄 수 있어야 하며, 끊임없이 도덕적 보수를 추구할 수 있어야 한다.

이상에서 교사의 윤리를 개인적 측면, 학생과의 관계 측면, 교사 상호간의 측면, 가정과 사회와의 연계 측면 그리고 직무수행상의 측면에서 살펴보았다. 그러나 교사들이 이와 같은 윤리를 실천한다고 하여 교육이 무조건 다 잘되는 것은 아니지만 교육에 앞서 가장 기본이 전제되어야 함은 대단히 중요한 일임을 잊어서는 안 된다.

2 교육실습의 실제

교육실습의 가장 큰 비중을 차지하는 것은 교과지도 실습이다. 실제로 교육실습에 대한 평가 항목에서 교과지도 비율이 50%를 차지하고 있다. 교과지도 실습은 단순히 실습의 차원을 넘어 현장 교사들의 수업의 연장선상에서 이루어지기 마련이므로 교과 수업지도를 제대로 수행해 내기 위해서는 수업의 의미와 그 수업을 실습하는 방법론적인 측면에 대한 학습을 전제하고 교육실습에 임해야 한다.

Ⅰ. 수업의 이해와 실습

1. 수업의 의미와 단계

교육실습 기간 동안 교육실습생이 수행해야 하는 활동으로는 학생생활지도 실습, 학교 및 학급 행정업무 실습, 실제실습과 같은 다양한 업무를 수행하게 된다. 그 가운데 가장 중요하고 큰 비중을 차지하는 것이 실제실습일 것이다. 교육실습 기간 동안 대부분의 시간을 수업관찰, 실제실습에 참여하게 되므로 교육실습이 곧 실제실습이라고도 볼 수 있다.

훌륭하고 좋은 수업이란 어떤 것인가? 수업은 대단히 복잡하고 어려운 활동이기 때문에 단정적이며 확실하게 대답하기는 곤란하다. 하지만 '교사가 교과내용을 학생들에게 설명해 주는 활동이다' 라고만 생각하면 수업은 간단하고 쉽게 설명할 수도 있다. 그러나 수업활동을 통한 최대한의 효과성을 기대한다면 그리 간단하지 않다. 수업을 준비하고 계획하면서 학생들의 발전적인 학업성취 수준을 이루기를 바라고, 학생들에게 제공되는 학습활동들이 즐거운 것으로 생각되게 하려면 수업은 대단히 어렵고 까다로운 활동임을 느끼게 된다. 이러한 많은 요소들을 고려하여 수업에 대한 의미를 설명해야 하기 때문에 획일적이며 공식적으로 표현하기가 어렵다.

우리는 흔히 교수와 수업을 혼동하여 사용하는 경우가 있을 뿐만 아니라 교수가 수업의 전부인 것으로 생각하기도 한다. 그러나 교수는 교사의 가르침으로 수업의 한 부분일 뿐 전부는 아니다. 본래 의미의 교수는 교사가 중심이 되어 교과내용을 학생에게 주입하는 것이 주 역할이며 학생은 전적으로 주어진 지식을 수동적으로 기억하는 데 지나지 않는다.

이와 같은 교수만으로는 교육이 의도하는 학생의 바람직한 행동변화는 이루어질 수 없게 된다. 따라서 수업이란 의도한 목표를 설정하고, 이 목표를 달성하기 위한 교사의 교수활동과 학생의 학습활동이 수업내용이나 교수매체를 통한 상호작용으로 이루어지는 일련의 과정을 말한다. 교수와 학습활동으로 형성되는 수업의 개념 속에는 몇 가지 공통적인 요소들을 포함하고 있다.

첫째, 수업이란 목표를 달성하기 위해 교사의 교수활동과 학생의 학습활동이 교실에서 실제적이고도 구체적으로 이루어지는 것이다.

둘째, 수업이란 학습활동이 일어나도록 학습자의 내 · 외적 조건을 체계적으로 조성하는 것이다.

셋째, 수업이란 학습을 통해서 행동이 변화되도록 일련의 상황을 통제하거나 조작하는 수단이다.

넷째, 수업이란 학생이 특정한 조건하에서 특정하게 행동하는 것을 배울 수 있도록 학생 개인의 환경을 조정하는 과정이다.

다섯째, 수업이란 학생이 의도된 지식, 기능, 신념을 합리적으로 조정하는 과정이다.

여섯째, 수업이란 교수와 학업을 줄인 용어로, 교학상장(敎學相長)의 상호작용 상황을 의미한다.

수업활동은 직접 학생에게 지식, 기능, 생활적응 능력 등을 위해 무엇을 가르칠 것인지, 좋은 수업활동이 되기 위해서는 사고력과 창의력, 문제해결 능력 등 고등정신 능력을 신장시키는 수업목표와 능동적이고 자율적인 수업방법, 목표지향적인 평가과정이 조화롭게 이루어져야 한다.

교육실습생으로써 수업에 임하는 태도로 다음의 것들을 염두에 둘 수 있다.

첫째, 표준화된 수업 계획은 없으므로 교육실습생은 학생을 대상으로 실제의 학습수준에 맞는 구체적이고도 특수한 계획을 수립해야 한다.

둘째, 수업계획이 너무 번잡하거나 단조로우면 형식적이 되거나 실제로 혼란을 초래하기 쉬우므로 그 중간을 택하여 수업 전개에 필요한 내용이 누락되지 않도록 주의해야 한다.

셋째, 수업의 단조로움을 피하기 위하여 다양한 자료와 방법을 사용하도록 노력하여 학습경험을 풍부히 하며 학급의 모든 학생들에게 기대와 만족을 주도록 배려해야 한다.

넷째, 교육실습생이 교과서에만 너무 의존한다는 것은 하나의 약점이지만 새로운 수업계획에 있어서는 교과서의 재료 중 중요한 것을 선택하면서 보충자료를 풍부히 이용하여 수업운영에 적합하도록 교육실습생 스스로 노력해야 한다.

다섯째, 교육실습생이 생각하는 것보다 학생의 진도는 완만하기 때문에 과중한 수업계획으로 일시적으로 효과를 거두려함으로써 의도한 효과를 이루지 못하는 과오를 범하지 않도록 유의해야 할 것이다.

한편, 수업을 진행하는 절차에 대해서 살펴보자. 수업이 진행되는 절차에 관한 견해는 다양하다. 브라우디와 팔머는 수업을 준비하는 데부터 평가하는 단계까지 교사가 하는 행위 일체를 포함하여 수업의 준비 → 동기의 유발 → 학습과제의 제시 → 반응의 유발 → 반응의 교정 → 반응의 고착화 → 검사반응 및 평가 등의 7단계로 제시하였다. 가네는 동기의 활성화 → 수업목표의 제시 → 주의집중 → 선수요건의 기억 → 수업지침서의 제공 → 기억의 강화 → 전이의 제공 → 과제의 수행의 과정으로 수업이 진행되어야 하였으며, 글래이저는 수업목표의 설정과 진술 → 출발점 행동의 진단과 확인 → 수업절차의 선정과 실행 → 학습 성과의 평가와 사정의 4단계로 구분하여 수업의 단계를 설명하였다. 한국교육개발원에서는 계획단계, 진단단계, 지도단계, 발전단계, 평가단계의 다섯 단계를 거쳐 수업이 진행되어야 한다고 제시하였다.

여기에서는 이들 관점을 종합하여 수업의 과정을 수업동기 유발 → 수업목표설정 → 출발점 행동의 진단 → 수업내용의 전개 → 수업의 평가 5단계로 나누어 각각의 단계를 설명하고자 한다.

2. 수업 동기 유발

모든 학생들이 학교 학습에서 진행되는 학습활동에 집중해 주기를 모든 교사는 바란다. 하지만 진행되는 수업에 관심을 보이는 학생이 있는가 하면 수업에 전혀 관심을 보이지 않는 학생이 있게 마련이다. 이들의 차이는 과연 무엇을 설명할 수 있는가? 많은 요인들이 작용하겠지만 동기의 차이도 그 원인 중의 하나이다. 특히 성취동기의 차이는 학생들의 학습 결과 차이를 만들어 낸다. 성취동기가 높은 학생들은 그렇지 않은 학생들보다 성취를 위해 자발적으로 노력하며 그 노력의 과정은 더욱 집중적이고, 어떤 실패에 당면할지라도 더 오래 인내하며 어느 정도 어려운 과제를 선택하게 된다.

그런데 우리 학생들 모두가 높은 성취동기를 가지고 있는 것은 아니다. 학생들의 성취동기를 어떻게 높여줄 것이냐 하는 것은 교사로서 매우 중요한 과제이다. 따라서 교사들은 학생들의 성취동기를 높일 수 있는 전략을 모색하기 위하여 많은 시도와 연구를 해 왔으며, 그 방안을 제시하면 다음과 같다.

첫째, 학습의 목표를 제시하는 것이다. 그리고 그 목표는 학생들에게 현실성 있는 목표를 설정하도록 해야 한다.

둘째, 학습의 과정에서 경쟁과 협동의 활동형태를 적절히 적용해야 한다.

셋째, 학생들의 긍정적인 자아개념을 형성할 수 있도록 도와 주어야 한다.

넷째, 학습 활동의 결과를 자기의 책임으로 보게 하도록 해야 한다.

다섯째, 학생들의 지도과정에서 칭찬과 질책을 적절히 사용해야 한다.

그리고 마지막으로 무력감에 빠지지 않도록 지도해야 한다.

학습 활동의 동기를 유발시키기 위해서는 수업시간마다 학습의 목표가 제시되어야 한다. 그리고 그 목표는 교사가 일방적으로 제시하기보다는 학습자 스스로 탐색하여 설정하는 것이 보다 효과적이다. 일반적으로 학습 과제가 분명하고 색다르며 합리적이고 도전할 만한 것이어서 비교적 짧은 시간 내에 달성할 수 있을 것으로 생각될 때 학생들은 그것을 학습하려는 목표를 설정하게 된다. 그러므로 교사는 학습과제의 제시나 학습목표의 설정에 있어서 이 같은 사실을 충분히 고려하여 성취된 결과에 대해서는 그것을 인정해 주고 적절히 보상하는데 인색하지 않아야 한다. 결론적으로 설정된 목표가 언제가 무엇인가를 배우고 향상을 가져오는 것이어야 하며, 다만 수행하고 있다는 사실에 의미를 부여하는 것 또는 좋게 보이려는 것이어서는 안 된다는 것이다. 또한 학생들이 보다 실현가능한 현실적인 목표를 세우도록 돕고, 비록 교사에게는 하찮은 것으로 여겨질지라도 적은 진전을 보이면 그것을 인정해 주고 학생들이 그것을 느끼게 하는 것도 중요하다.

학습 활동의 동기를 유발시키기 위해서는 경쟁과 협동의 두 방법을 적절하게 활용하는 것이다. 경쟁과 협동은 어떤 사람들을 대상으로 하느냐, 적용되는 과제가 무엇인가, 또는 어떠한 사회적 환경에서의 일이냐에 따라 그 효과는 다르다. 경쟁은 개인의 노력과 그 결과를 자극하여 기대수준을 높여주면서 성취안의 간격을 좁혀 준다. 그리고 자신의 한계점을 확인하게 만들면서 단조로운 학습활동을 흥미롭게 만들어 준다. 그러나 불안감을 일으켜 학습을 저해시킬 수 있으며, 극단적으로 운영되면 열등감을 만들어 학습활동에 무기력하게 만들면서 자기과시에만 몰두하게 되어 인간가치에 대한 의식을 상실하게 만들 수 있다. 협동은 다른 사람들도 잘해 주어야만 자기도 목표를 달성할 수 있는 학습의 형태로 학습자들끼리의 상호간에 좋은 대인관계를 발전시킨다. 협동학습은 교사와 학생 간의 상호 존중과 이해를 바탕으로 자유롭고 효율적인 의사소통을 할 수 있게 만들며, 서로의 학습을 촉진하면서, 갈등을 건설적으로 관리하고 서로의 성취를 격려할 수 있는 분위기에서 최고의 학습 결과를 이끌어 낼 수 있다. 물론 모든 학습의 상황을 협동적 상황만 만들어서는 안 된다. 경쟁의 방법이 가지고 있는 긍정적 측면도 있으므로 경쟁을 완전히 제외시켜서도 안 된다.

학습 활동의 동기를 유발시키기 위해서는 학습자의 자아개념을 긍정적으로 형성해야 한다. 자아개념이란 자기가 어떠한 타입의 사람인가에 대한 개인의 신념이다. 특히 긍정적 자아개념은 그 자체가 가치 있는 교육의 결과일 뿐 아니라 학업성취를 비롯한 다른 활동의 결과도 향상시키는 수단이 되기도 한다. 또한 학생들의 자아개념은 학습과제를 대하는 태도를 이해하는 데 도움이 된다. 어떤 과목의 공부는 잘 할 수 없다고 믿기 때문에 그 과목을 멀리 하게 되고, 그러다 보면 그 과목을 잘 할 수 있는 가능성은 더욱 낮아지게 되는 악순환을 반복하게 되는 것이다. 학생들의 자기능력에 대한 개념이 주로 학업을 통해서 형성된다는 것은 교사가 항상 유념해야 할 사실이다. 학생을 이해하고 우수한 학생과 비교함이 없이 그 개인의 입장에서 학습상황을 판단하고 작은 성공이라도 인정하며 격려하는 것은 학생들의 긍정적인 자아개념의 발달에 많은 영향을 미친다.

학습 활동의 동기를 유발시키기 위해서는 학습 활동의 결과를 자기의 책임으로 보게 하는 것이다. 성공의 경험은 성취동기나 기대수준을 높여주며 실패의 경험은 이와는 반대이다. 그러나 이 같은 현상은 언제나 일정하게 나타나는 것이 아니고 나타난 결과에 영향을 미친 것이 무엇이라고 생각하느냐에 따라 다르다. 성공의 원인으로서 자신의 노력으로 볼 수도 있지만 행운이라고 설명하기도 하며, 실패의 원인으로서 노력의 부족으로 보기도 하지만 사건이나 상황의 탓으로 설명할 수도 있다. 즉 성공과 실패가 어떠한 영향을 미치느냐 하는 것은 개인이 그 성공이나 실패의 원인을 무엇이라고 생각하느냐에 따라 다르며 이를 귀인성향이라고 한다.

교사는 귀인성향이 행동 또는 노력에 영향을 미친다는 사실은 학생들로 하여금 그들이 얻은 결과를 성공의 것이든, 실패의 것이든 자기의 책임으로 내적 귀인하도록 지도할 필요가 있다. 학생들의 학업결과에 대한 책임을 강조하는 것은 중요하며 특히 긍정적인 지도, 즉 "이것은 네 능력이 부족해서가 아니라 노력이 부족해서 일거야. 좀 더 노력해야겠지!", 혹은 "이것은 네가 노력했기 때문이야. 지난번보다 나아졌잖아! 노력을 하면 반드시 그 대가가 있지!" 등으로 노력을 강조하는 지도가 무엇보다도 전제되어야 한다.

학습 활동의 동기를 유발시키기 위해서는 칭찬과 견책의 방법을 적절하게 사용해야 한다. 칭찬과 견책은 인간사회에서 오랫동안 그리고 여러 가지 방법으로 활용되어 왔으며 교육과 학습의 상황에서도 가장 빈번하게 지도 방법으로 사용되어 왔다. 학습의 환경에서 학습과제의 성격에 따라 학습자에 따라, 그 때의 상황에 따라, 그리고 대상자의 성격적 특성에 따라 칭찬이나 견책을 어떻게 줄 것인가 하는 것은 달라야 할 것이며 교사는 그 판단을 잘 해야 한다. 특히 학습의 결과를 평가하는 경우 교사의 개인적 관심의 표현과 결과에 대한 지식을 제공해 줄 때 칭찬의 방법으로 사용하는 것은 학생들의 학업성취를 향상시킨다.

학습 활동의 동기를 유발시키기 위해서는 학습자들이 무력감이나 불안에 사로잡히지 않도록 해야 한다. 많은 노력을 해도 좋은 결과를 얻을 수 없었던 경험이 반복되면 다시 비슷한 과제에 당면할 때 그것을 시도해 보지도 않고 포기하게, 즉 무기력하게 만들 수 있다. 자기에게 일어나는 일에 대해 자기는 어떠한 영향도 미칠 수 없다고 생각하여 냉담하고 흥미를 잃어 포기하게 만드는 것이다. 그런데 우리의 교육 현장에서 학생들에게 많은 무력감을 무의식적으로 주입하고 있다. 의도적으로 그렇게 하는 교사는 물론 없을 것이다. 그러나 교사의 일방적이고 매정한 비교 · 평가 · 질책 · 강요 속에서 교수자의 기대에 미치지 못하는 학습자들은 자기 무력을 느낄 수밖에 없다는 사실을 명심해야 한다.

3. 수업목표 진술

1) 수업목표의 진술

인간이 의도적으로 하는 모든 일에는 반드시 목적의식이 있게 마련이며 교육도 그 예외가 아니다. 교사가 학생을 교육시킨다는 것은 교사니까 가르치고, 교과서에 있으니까 가르치는 것이 아니라 어떤 목적, 또는 목표를 달성하기 위하여 교과내용을 가르치는 것이다.

따라서 교사는 아무리 늦어도 교실에 들어가지 직전까지는 45~50분 수업의 목표의식이 분명해야 한다. 오늘 차시수업이 끝났을 때 학생은 무엇을 얻을 것인가, 그들은 무엇을 새로 할 수 있게 될 것인가, 그들은 무엇을 느끼고 생각할 수 있게 될 것인가 등에 관한 분명한 생각을 가져야 한다. 이러한 구체적인 목표의식이 없이 수업이 진행될 때는 애매모호한 수업내용이 전달될 것이며, 교육평가 또한 혼돈에 빠지게 될 것임은 자명하다.

수업은 하나의 구체적이며 실천적 행동이기 때문에 수업하고자 하는 단원이나 내용을 성공적으로 가르치기 위해서는 교사는 달성하고자 하는 결과가 무엇인지를 정확히 알아야 한다. 분명하고 구체적인 수업목표는 수업활동을 계획하고, 학생들에게 학습동기를, 교사에게는 수업활동을 촉진시키게 하는 길잡이가 된다.

수업목표는 특정한 수업절차를 통하여 학생이 달성하는 성취행동이다. 즉 수업활동을 통하여 도달하고자 하는 학생 행동의 변화 내지는 그 성취점이다. 수업을 통하여 달성하고자 하는 것이 수업목표이기 때문에, 수업목표가 보다 분명하면 할수록 수업은 목표에 보다 접근되도록 충실한 수업활동이 가능하다. 수업을 과학적이고 능률적으로 하며 수업의 성과를 보다 분명히 파악하기 위해서는 분명하고 상세한 수업목표의 진술이 전제되어야 한다.

수업목표의 상세화란 목표가 의미하는 바가 구체적으로 무엇인지가 분명하도록 진술된 상태를 의미한다. 구체적으로 무엇을 의미하는지가 분명하도록 진술된 상태란 학생에게 기대되는 행동이 무엇이며 또 어느 정도라는 것이 분명한 상태를 의미한다. 이러한 수업목표를 진술하는 방법에는 여러 형태들이 있는데 이를 좀 더 자세히 살펴보자.

(1) 교과중심 · 교사중심 · 학생중심 목표진술 방법

수업목표를 진술하는 일에 있어서 진술된 목표가 누구를 위한 것이며, 그것은 어떤 역할을 해야 하는가에 관한 생각의 차에 따라, 진술은 교과중심 · 교사중심 · 학생중심의 입장을 취할 수가 있다. 교과중심 목표진술은 가르칠 내용영역 또는 요소를 메모해 놓는 것과 같은 일이다. '삼각함수', '시조감상', '화학적 변화' 등이 그 예이다. 교사중심 목표진술은 교사가 스스로 할 일을 메모해 둔 것이라고 할 수 있다. '자원의 여러 가지 형태의 예를 들어준다', '인과관계의 원리를 강조한다' 등이 그 예가 된다. 학생중심 목표진술은 진술된 목표가 교사나 학생에게 교수-학습을 통해 달성해야 할 것이 무엇인지가 분명히 나타나도록 한 구체적 진술문이다. 수업이 끝나면 학생에게 어떤 변화가 있기를 기대하는 것인지에 관해 의미가 분명한 용어로 진술된 목표를 말한다.

학생중심의 상세화된 수업목표의 장점과 구비요건에 관한 이해를 돕기 위하여 세 가지 목표 진술방식에 의한 예시를 들고 비교 분석하면 다음과 같다.

교과중심 · 교사중심 · 학생중심 목표진술의 예

♣ 교과중심 목표진술 예 : 행정부의 조직

♣ 교사중심 목표진술 예 : 행정부의 조직과 기능을 알도록 한다.

♣ 학생중심 목표진술 예 : 대한민국 행정부에 속한 부를 8개 이상 열거하고 그들이 필요한 이유를 각각 세 개씩 제시할 수 있다.

교과중심 목표진술의 예인 '행정부의 조직'은 내용영역은 될망정 그 영역에 속한 많은 내용요소 중 무엇을 가르칠 것인지조차도 막연하다. 이에 비하면 교사중심 목표진술의 예인 '행정부의 조직과 기능을 알도록 한다'는 교과중심에 비하여 훨씬 시사적이다. 그러나 여전히 행정부의 조직을 안다는 말이 그 내용면에서나 학생 행동면에서 가르치는 사람에 따라 다양한 것을 의미할 정도로 넓은 의미를 갖고 있어서 수업목표로 적절치가 않다. 조직을 안다는 것은 그 구성원리를 아는 것일 수도 있고 그 구성요소를 아는 것일 수도 있다. 또 '안다'는 말의 의미도 사람에 따라 얼마든지 다르게 해석될 수 있다. 그 명칭을 암기하는 것일 수도 있고, 그 구성원리가 근거하고 있는 철학적 기본전제를 이해하는 것일 수도 있다. '안다'는 말이 교사나 학생에게 분명하고 일치된 의미를 전달하지 못하는 문제는 '안다'는 증거로 무엇을 어떻게 잡아서 평가문항을 만드느냐는 문제를 야기시킨다.

교과중심과 교사중심에 비하면 '대한민국 행정부에 속한 부를 8개 이상 열거하고 그들이 필요한 이유를 각각 세 개씩 제시할 수 있다' 의 학생중심 목표진술의 예는 그 의미가 내용면으로 행동면으로 훨씬 분명하다. 이렇게 진술된 목표는 교사에 따라 달리 해석될 수 없음은 물론 거기서 교사는 그것을 달성하는 데 필요한 학생들의 학습경험이 어떤 것이며, 학생들의 경험을 돕기 위하여 어떤 것을 도와줘야 할 것인지를 쉽게 암시받는다. 뿐만 아니라 열거하고 이유를 제시하는 평가문항의 구성에 어려움이 없다.

(2) 타일러의 수업목표 상세화 및 진술 방법

타일러는 수업목표를 진술할 때 반드시 '행동목표' 의 형태로 진술할 것을 권장하였다. '행동목표' 란 목표의 수행 결과, 즉 종착점 행동을 관찰 가능한 용어로 진술하는 것을 말한다. 다음의 인용문(정범모, 1955: 257-261)을 읽어 보자.

> 수업목표를 우리는 기르고자 하는 어떤 학생의 행동형이라고 규정해 왔다. 그 행동형의 의미는 그 행동이 적용되는 생활 내용의 영역 혹은 그 행동을 어떤 생활 내용면에서 기르고자 하느냐를 아울러 지시하는 것이 훨씬 더 유효하다. 예컨대, '문제해결력' 이라고 하느니보다는 '경제문제에 대한 문제해결력' 이라고 진술하는 것이 더 유효 유용하다. 여기에 우리는 수업목표를 내용 + 행동이라는 형식으로 진술 입언코저 하는 것이다.
>
> 교육서, 교육과정안, 단원안에서 나오는 '목적' 혹은 '목표' 에 흔히 교사가 할 일 혹은 활동을 목표라고 해 둔 것이 많다. 예를 들면, '대한민국 정부조직의 설명', '진화론의 이야기를 한다', '발전 원리의 시범 실험', '생산진흥의 필요성을 강조한다' 등등이다. 이러한 진술은 교사가 할 교육활동계획의 개요는 될망정, 수업목표는 되지 못한다. 수업목표는 교사가 어떤 연극을 하겠느냐가 아니라, 학생에게 무엇을 기르겠느냐이다. …… 수업목표의 관점은 '교사가 할 어떤 일' 에 있는 것이 아니라 '학생이 할 어떤 일' 에 있는 것이다.
>
> 다음에 또 흔한 목표 제시 방식에 그 과목에서 다룰 제목, 개념, 원리 등의 내용 요목만을 똑똑 따서 목적 또는 목표라고 표시하는 경우다. 예컨대, 역사교육에서는 목표라고 하여 주요한 제목만 들어서, '고대조선, 삼국시대, 고려, 조선' 혹은 '조선시대의 정치와 문화', 혹은 '사색당쟁의 유래' 등의 식으로 목표를 표시한다. …… 이런 목표 표시는 기실 수업목표 표시

는 아니다. 학생에게 어떤 내용을 다루게 하겠느냐가 지시되어 있으나, 그것을 다루게 함으로써 학생에게 어떤 종류의 행동 변화 내지 성장이 있기를 바라느냐는 전연 지시되어 있지 않다. ……

수업목표가 일반적인 행동형으로만 진술되어 있고, 그 행동이 적용되는 생활 내용면을 지시하지 않는 경우가 있다. 예컨대, 그냥 '이해를 기른다', '문제해결력을 배양한다', '감상력', '비판적 사고력의 함양' 등은 행동형은 지시되어 있으나 어떤 면의 이해고, 어떤 면의 문제해결력이고, 무엇의 감상력인지 ……가 표시되어 있지 않은 것이 난감이다. …… 이런 일반적인 행동형만의 지시는 다음의 두 점에서 결함이 있다. 우선 생활영역 혹은 내용이 서로 차이가 넓은 것일 경우에는 한 곳에서의 행동형이 다른 곳에서의 행동형을 확약하지는 않는다. 즉 자연문제에 관한 사고력이 사회문제에 관한 사고력을 보장하지는 않는다는 것이다. 그 다음 어떤 행동이든 그것을 다루는 내용이 있는데, 이 지시가 없으면 학생의 학습과정에서 무슨 자료를 다루게 할지가 극히 모호해진다. 따라서 수업목표로서 다만 목표를 행동형만 진술하는 것은 불충분하고, 그 행동이 적용되고 그 행동이 다룰 생활 내용, 학과 내용도 지시되어야 한다. ……

따라서 수업목표에는 내용면과 행동면이 있어야 한다. 교육실천에 도움이 되는 수업목표의 고찰에서는 이 두 가지의 요인을 생각하지 않을 수 없는 것이다. 예컨대, 다음의 몇몇 수업목표 진술을 살펴보고, 이런 목표 표시의 방법에 대하여 생각해 보자.

- 현대 한국문학을 → 감상하는 능력
- 영양에 관한 → 원리의 이해
- 자연현상에서의 → 여러 문제를 푸는 힘
- 사회문제에 관한 → 자료를 수입하는 힘
- 인간의 경제생활에 대한 → 연구보고서를 꾸미는 능력

타일러식 수업목표를 진술하는 기본적인 방법은 이처럼 구체적인 내용과 관찰가능한 행동 동사를 사용하는 것이다. 구체적인 내용은 단위 시간안에 도달될 수 있는 분량의 학급 내용이며, 행동 동사는 학급의 결과를 객관적으로 측정 가능한 동사이다. 그리고 타일러는 수업목표를 진술하는 데 포함되는 행동형으로 다음과 같

은 일곱 가지를 들고 있다(이홍우, 1992: 55에서 재인용).

- 중요한 사실 및 원리의 이해
- 믿을 만한 정보원에 익숙할 것
- 자료의 해석력
- 원리의 적용력
- 학습연구 및 그 결과 보고의 기능
- 넓고 원숙한 흥미
- 사회적 태도

(3) 블룸의 수업목표 세분화 및 진술 방법

수업목표를 상세화하기 위하여 타일러가 자세하게 작업을 했음에도 불구하고, 블룸에 의하여 문제가 제기되었다. 다음의 인용문을 읽어 보자.

…… 예컨대, 사회생활과에서 흔히 볼 수 있는 목표로서, '인권선언서를 이해하기' 라는 것이 있다. 여기서 추구되는 행동은 이해이며, 내용은 인권선언서이다. 그러나 다수의 사회생활과 교사에게 이 목표를 보여 주고, 무엇을 증거로 하여 학생들이 '이해하고 있다' 는 인정을 할 수 있는가를 물어 본다면, 아마 교사의 수만큼이나 다량의 해석을 듣게 될 것이다. 어떤 교사는 인권선어서의 암송을 이해의 증거로 받아들이는가 하면, 어떤 교사는 학생이 이전에 학급에서 겪어 보지 못했던 상황에서 인권선언서의 원리를 적용하기를 요구하기도 할 것이다. '이해한다' 라고 하는 말이 그 이상의 설명없이 사용된다면, 이웃 교실의 두 교사가 각각 동일한 목표를 실현하려 하고 있다고 생각하더라도, 사실상 학생들에게서 바라는 학습성과도 실제로 달성된 학습성과도 이 두 학급에서 서로 전혀 다른 것이 되고 있는 셈이다 …… 이런 의사전달이 실패하는 이유는 교사가 학생들의 행동을 서술할 때에 사용하는 많은 용어가, 다양한 해석을 불러일으키는 것이기 때문이다. 이런 용어의 예를 다음과 같이 열거하였다.

지식, 해석, 비판적 사고, 이해, 감상, 흥미를 가지다, 충분히 음미하다, 의미를 파악하다, 학습하다, 존중하다, 시야를 넓히다, 효과적으로 공부하다, 효과적으로 말하다, 바르게 말하다,

쉽게 읽다, 기초기능을 사용하다, ……

이와 같이 이해한다, 감상한다, 학습한다 등의 말은 처음의 일반적인 목표진술을 위해서는 용어들이지만, 좀 더 오해를 일으키지 않는 행위적 또는 조작적 동사를 사용하여 수업목표를 더욱 명확히 해야 한다. 그가 제시한 명확한 동사의 예를 들면 다음과 같다.

서술하기, 인식하기, 올바른 진술과 그릇된 진술을 구별하기, 자기 자신의 말로 고쳐서 서술하기, 평가하가, 예측하기, 자진해서 답하기, 실용적인 문법형식을 사용하기, 실용적인 규칙에 따라 구두점을 달기, 계산하기, 몇 개의 선택지 중에서 정답을 선택하기, 도서관에서 남북전쟁에 관한 책을 대출하기, 악연의 악기 이름 말하기, 자료간에 존재하는 관계 서술하기, 어떤 일련의 행위의 결과를 열거하기……

블룸은 그 동료들과 수업목표를 아주 세분화할 필요성을 느끼고 지적 영역에 대한 수업목표를 여섯 항목으로, 정의적 영역에 대한 수업목표를 분류하여 제시하였다. 지적 영역의 항목을 지식, 이해, 적용, 분석, 종합, 평가로 정의적 영역의 항목을 감수, 반응, 가치화, 조직화, 가치 또는 가치 복합에 의한 인격화 5영역으로 분류하고, 각 항목을 평가하는 시험문제의 예까지도 다양하고 구체적으로 제시하여, 수업목표를 둘러싸고 교사들간에 혼선이 일어나지 않도록 하였다.

(4) 메이거의 수업목표 진술방법

타일러의 블룸의 작업은 '수업목표를 어떻게 진술하면 서로 다른 교사들간에 그 해석에 있어 상이한 해석이 발생하지 않아, 결과적으로 그 목표에 도달한 사람과 도달하지 못한 사람을 정확히 가려 낼 수 있을까?' 에 초점이 맞추어져 있었다. 즉, 평가를 염두에 둔 수업목표 진술이라 할 수 있다.

한편, 메이거는 타일러나 블룸과 같이 수업목표의 행동적 특성을 강조하고 있다는 점에서 근본적으로 그들과 같은 입장을 취한다. 그러나 메이거는 수업목표가 교수-학습 활동에 그리고 평가활동에 보다 분명하게 해 주기 위해서는 행동 이외에도 두 가지를 더 추가하고 있다. 즉, 일련의 수업 끝에 학생이 할 수 있게 될 행동,

즉 도착점행동만으로는 아직도 분명한 수업목표가 될 수 없다는 것이다. 또 블룸이 제시하고 있는 여러 가지 의미가 적재한 행동용어를 피하고 다른 뜻으로 해석될 수 없는 용어를 사용할 것을 강력히 주장하면서도 목표가 교수-학습과 평가에 도움이 되기 위해서는 그 행동을 시현하는 데 주어지는 조건이 무엇이며, 학생이 보여야 행동이 어느 정도 또는 어떤 수준이라야 만족할 수 있는 것인지를 따지는 기준이 필요하다고 주장한다. 즉, 수업목표가 지녀야 할 특성으로 어떤 행동(도착점 행동)을 어떤 조건에서, 어느 정도 보일 수 있어야 한다는 기준을 포함해야 하는 것이다.

〈표 8〉 메이거의 수업목표 진술방법

예	조건	도착점 행동	준거
예 1	현미경과 양파를 제시했을 때 이를 들여다 보면서	양파 세포를 확인하여 그릴 수 있다.	핵, 세포막, 세포질, 원형질, 액포
예 2	역사적 사건의 목록을 제시했을 때	1929년의 경제공황에 영향을 준 요인을 선택한다.	적어도 5개 이상
예 3	30개로 된 화학원소의 목록을 제시했을 때	원자가를 상기해서 쓸 수 있다.	최소한 25개를
예 4	7개의 1차 방정식을 제시했을 때	해결할 수 있다.	30분 이내에

이처럼 수업목표가 교수 및 평가에 중요한 지침이 되기 위해서는 그것이 지녀야 할 특성 또는 구비요건을 갖추고 있다. 즉 어떤 내용과 어떤 행동이 어느 정도 학습되기를 바라는 것인지 목표에 분명하고 구체적으로 담겨져 있어야 한다. 그렇다고 해서 모든 수업목표가 다 그런 식으로 공식처럼 진술되어야 할 필요는 없다. 각각의 목표 진술은 그것이 어떤 내용, 어떤 행동을 학습할 것을 요구하고 있는지가 분명하기만 하면 그 형식은 자유스러울 수 있다.

2) 수업목표 상세화 절차

교육과정에 의하면 학교급별 교육목표가 있고 뒤이어 교과별, 학년별, 단원별 목표가 제시되어 있다. 한 단원에서 다루어질 내용 요소가 소개되고 교수상의 유의점이 제시되어 있다. 그나마 교사들에게는 교육과정이라는 책자가 보급되고 있지 않

〈표 9〉 수업목표 상세화 절차

1단계	단원목표를 확인한다.
2단계	단원에 제시된 학습과제를 확인하고 각 과제를 구성하고 있는 학습요소를 규명하고 그들 사이의 관계를 파악한다.
3단계	위에서 얻어진 분석결과에 대해 시간계획을 작성한다.
4단계	차시별 배당된 학습내용을 검토하고 그것들이 단원목표의 어떤 것과 어떻게 관계되는지를 규명한다.
5단계	차시별로 2 ~ 4개의 목표를 진술한다.
6단계	진술된 목표는 어떤 내용, 어떤 행동을 학생이 학습하기를 기대하는지가 분명한가를 검토한다.
7단계	그 목표의 달성 여부를 재는 평가문항을 즉석에서 만든다고 가정했을 때 그 목표 진술문에서 아이디어를 얻을 수 있는지 확인해 본다.
8단계	이때 곤란을 느끼면 목표 진술이 아직 막연하고 추상적이라고 보고 다시 분석적으로 그 목표를 음미해 본다.
9단계	7단계에서 곤란을 안 느끼면 '학생이 그러한 행동을 할 수 있게 하려면 무엇을 어떻게 도와줘야 할 것인가?' 에 대한 필요한 자료나 방편들은 무엇인가 등을 생각해 본다.
10단계	9단계에서 곤란을 느끼면 내용과 행동을 더 세분해서 진술한다.

아 좀처럼 구경조차 못하는 실정인데, 교사는 매주 학습지도계획안을 작성 제출하게 되어 있다. 여기서 교사는 차시별 수업목표를 상세화시킬 것을 요구받는 셈이다. 이 때부터 상세한 수업목표가 얻어질 때까지 다음과 같은 순서에 의하여 작업을 하게 된다.

이상의 일에서 교사가 가장 곤란을 느낄 곳은 아마도 2단계의 학습과제를 분석하는 일일 것이다. 교과교육에 관한 전문서적이나 전문연구기관에서 발행하는 교사용 자료에 단원학습 과제가 분석 · 제시되어 있는 경우가 있다. 또한 같은 전공과목을 가르치는 교사들과 협력하여 연구 · 토의하여 분석한다.

4. 출발점 행동의 진단

출발점 행동(entering behavior)이란 새로운 주제나 학습과제를 학습하기 전에 학생이 이미 획득하고 있는 지식, 기능, 태도 등을 의미한다. 한 주제의 수업이 시작될 때 학생이 가지고 있는 능력, 태도, 흥미 등은 본시 수업 주제의 학습을 위한 출발점 행동이 되며, 그 주제의 학습을 위한 투입행동이다. 그러므로 출발점 행동이라 할 때는 신체적 준비성이나 성숙, 또는 정서의 발달과는 다르다. 어디까지나 특정분야에 있어서의 교육적 성취 정도, 다시 말하면 어떤 학습에서 요구되는 기본 학력이 어느 정도인가를 의미하는 것이다.

예를 들어, 5×7을 학습시키는 수업을 한다고 할 때는 학습자들은 적어도 다섯씩 묶어서 셀 수 있는 기본 능력과 두 자리 수의 덧셈은 할 수 있는 기본 능력이 있어야 한다. 그 기본 능력이 있느냐 없느냐, 있다면 어느 정도이냐 하는 것이, 곧 출발점 행동인 것이다.

블룸은 선수 학습 능력이 후속 학습의 성공을 50% 가량 예언할 수 있다고 하였다. 그렇게 볼 때, 학습이 끝난 후 학업성취에 있어서 학습자의 개인차가 크게 벌어지는 원인의 하나가 그 과제의 학습에 필요한 출발점 행동, 즉 사전 학습의 결핍 때문인 것이다. 그러므로 출발점 행동에 미달된 학생들을 진단, 발견하여 이들에게 보충학습이나 그 밖의 방법으로 출발점까지 이끌어 주면 학습이 끝난 후 개인차가 벌어지는 정도는 상당히 감소되어 이 감소의 정도는 약 50%까지라고 보고 있는 것이다. 즉, 출발점 행동을 진단 처치하지 않는 수업에 비하여 50%까지 개인차를 줄일 수 있음을 시사하고 있는 것이다. 그런 의미에서, 출발점 행동을 진단하여 그 결손 부분을 발견, 처치하는 노력은 학습 성과를 높이는데 중요한 일인 것이다.

1) 출발점 행동의 진단요소

출발점 행동은 학습자 개인이나 주어진 수업 목표에 따라서 차이가 있기 마련이다. 따라서 출발점 행동의 진단에는 선수학습 능력, 학습 과제 이해력, 학습방법 적응력 등의 요소를 포함하고 있다.

선수학습 능력이란 출발점 행동의 한 요소로써 선수학습 능력이 있느냐 없느냐 하는 것이 포함된다. 선수학습 능력의 유무는 학습자 개인에 따라서 차이가 생기는 출발점 행동으로써 어떤 단원이나 학습과제를 학습하려고 할 때, 그 수업이 이루어지기 전에 기본적으로 갖추고 있어야 할 능력이 있느냐 없느냐 하는 요소이다. 선수학습 능력을 다음과 같이 두 가지로 구분할 수 있다. 하나는 읽기, 쓰기 그리고 셈하기 등 모든 학습 활동의 기초가 되는 능력을 의미한다. 이와 같은 기초학습 능력이 부족한 학생은 학습의 부적격자로서 특별한 교정 프로그램이 제공되어야 한다. 다른 하나는 기초학습 능력은 갖추고 있으면서도 선수학습 결손으로 말미암아 교과 진도를 정상적으로 따라가지 못하는 경우이다. 이러한 학습 결손자는 간단한 교정 학습이 필요하다.

출발점 행동의 다른 하나의 요소로써 학습과제를 이해하는 능력이 어느 정도이냐 하는 것이 포함된다. 학습과제 이해력은 주어진 학습 목표에 따라서 차이가 생기는 출발점 행동으로써 어떤 단원이나 학습 과제를 가르치려고 할 때, 그에 대하여 어느 정도 이해하고 있느냐 하는 요소이다. 학습 요소간의 위계 관계가 분명하지 않거나 일상생활 과정에서 학습 기회가 많은 도덕, 국어, 사회 교과목 등의 내용에 대해서는 반드시 수업 시간에 가르치지 않았더라도 학습자들이 이미 습득을 이해하고 있는 경우가 흔히 있다. 그러한 경우에는 학습 목표 수준을 좀더 높이거나 수업 소요 시간을 단축할 필요가 있다.

출발점 행동의 또 하나의 요소로써 학습 방법에 대하여 적응하는 능력이 어느 정도이냐 하는 것이 포함된다. 학습 방법 적응력은 학습자 개인에 따라서 차이가 생기는 출발점 행동으로써 학습자에 따라서 어떤 학습 방법에 잘 적응하느냐 하는 요소를 말한다. 학습 지도 방법은 교사 나름대로 그 지도 유형이 각각 다르다. 설명위주의 방법에 익숙한 교사가 있는가 하면, 판서 위주로 지도하는 교사도 있고, 탐구활동 위주의 지도 방법에 유능한 교사도 있다. 이러한, 여러 가지 학습지도 유형은 학생들의 학습 활동에 영향을 주게 된다. 그런가 하면, 학생들의 학습활동 유형에도 어떤 교과에 더 흥미가 있다든지, 탐구 학습을 더 좋아한다든지, 또는 청각적 이해력이 더 우수하다든지 하는 개인차가 있다. 이러한 학습자의 학습활동 유형의 차이는 교사의 학습지도 유형과 관련해서 학습자의 학습 성과에 영향을 미치게 된다. 따라서 학습자의 능력, 흥미, 적성, 인지 유형 등에 따라 각각 학습지도 방법을 강구할 필요가 있다.

2) 진단의 실시

새 학년이나 학기 초, 그리고 새로운 단원의 학습에 있어서 모든 학생의 학습 능력이 똑같다고 생각하고, 똑같은 방법으로 가르치는 것은 잘못이다. 그것은 학생에 따라 출발점 행동이 각자 다르기 때문이다. 그러므로 출발점 행동의 차이에 대해서 그에 적절한 방법을 강구해야 한다. 그렇게 하기 위해서는 먼저 출발점 행동의 차이를 진단해야 한다. 그러면 출발점 행동을 진단하기 위해서는 무엇을 언제 어떤 방법으로 실시해야 하는가?

우선, 출발점 행동을 진단할 때는 그에 대한 처치 방법을 강구해야 한다. 선수학습 능력의 결핍 유무를 진단해야 하는 것은 그 결핍에 대하여 교정하기 위함이고, 학습과제에 대한 사전 이해 정도를 진단해야 하는 것은 그것이 수업목표나 수업 소요 시간을 조정하기 위함이고, 학습 방법에 대한 적응 여부를 진단해야 하는 것은 학습자의 학습 유형에 적절한 학습 방법을 강구하기 위함이다.

다음 출발점 행동 진단 시기는 진단의 목적에 따라 각기 다르다. 학년 정치를 위해서 학년 초에 진단해야 하고, 능력별 학급이나 분단의 편성을 위해서 역시 그 편성 시기에 맞추어 진단해야 하며, 단원 학습을 위해서는 매 단원의 학습에 들어가기 직전에 진단해야 하며, 매 시간의 수업을 위해서는 그것 또는 수업을 시작하면서 진단해야 한다.

출발점 행동의 진단에는 표준화 검사 도구를 이용하거나 자작 검사 도구를 사용할 수 있다. 그리고 선수학습 능력이나 학습과제의 이해 정도를 알아보는 진단에 있어서는 그 도구의 난이도가 65% 이상의 용이한 문항이라야 한다. 진단검사의 시행은 교과의 종류에 따라 다르고, 또 어떤 수업 방법을 강구할 것인가에 따라 다르다. 예를 들어, 수학의 경우는 매 단원마다 진단을 해 볼 필요가 있다. 그러나 도덕이나 국어의 경우는 그렇게 자주 할 필요가 없다. 그리고 진단의 목적에 따라 진단고사의 내용 추출을 달리해야 한다. 선수학습 능력에 대한 진단검사를 할 때는 선수학습 능력을 검사할 수 있는 내용을 추출해야 하고, 학습과제 이해도에 대한 진단검사를 할 때는 학습과제 이해도를 검사할 수 있는 내용을 추출해야 한다. 수업 방법을 강구하기 위한 진단검사를 한다면 수업 방법 강구와 관련되는 내용으로 검사를 구성해야 한다.

3) 진단결과의 분석

진단을 실시했으면, 이제 그 진단결과를 분석해야 한다. 진단결과의 분석 방법은 개인별 분석 방법, 결손율 분석 방법, 문항별 분석 방법 등을 생각할 수 있다.

개인별 분석 방법이란 진단의 결과를 개인별로 분석하여 그 처치 방법을 강구하고자 하는 분석 방법이다. 다음은 개인별 진단결과의 분석의 예이다.

〈표 10〉 개인별 진단결과 분석

진단요소 / 학생명	①	②	③	④	⑤	⑥	⑦	처치방법
김○○	○	○	○	○	○	○	○	심화 · 촉진학습
손○○	○	○	○	○		○	○	심화 · 촉진학습
이○○	○		○	○	○	○		교정학습 Ⅰ
박○○	○		○	○		○		교정학습 Ⅰ
홍○○			○		○			교정학습 Ⅱ
강○○				○				교정학습 Ⅱ
유○○								교정학습 Ⅱ

위와 같이 개인별로 진단 결과를 분석하여 그 처치 방법을 강구한다.

결손율 분석이란 진단을 한 후 결손율을 조사해서 무결손, 부분적 결손, 전반적 결손 등으로 분류하여 그 처치 방법을 강구하고자 하는 분석 방법이다.

위와 같이 결손율을 조사, 분류하여 그 처치 방법을 강구한다.

〈표 11〉 결손율 조사

결손구분	오답문항수(총 7개 문항중)	처치대책
① 무결손	0~3	심화 · 촉진학습
② 부분적 결손	4~5	교정학습 I
③ 전반적 결손	6~7	교정학습 II

문항별 분석이란 진단고사 실시 학생이 응답한 각 문항별 정 · 오답 수를 조사 분석하여 그 처치 방법을 강구하기 위한 분석 방법이다.

〈표 12〉 문항별 정 · 오답 조사

진단요소	①	②	③	④	⑤	⑥	⑦
정답자수							
오답자수							
처치방법	심화	심화	심화	교정 I	교정 I	교정 II	교정 II

위와 같이 각 문항별로 정 · 오답 수를 조사하여 그 처치 방법을 강구한다.

4) 진단결과의 처치

출발점 행동의 진단은 결국 학습의 결점이나 약점을 진단하여 그것을 적의하게 처치하기 위함이다. 그 처치 방법에는 심화, 또는 촉진학습, 교정학습 등의 방법이 있다.

심화 또는 촉진학습이란, 진단의 결과 무결손 곧 학습의 결손이 없는 학생으로 분류된 학생에게는 심화 또는 촉진학습을 실시한다. 심화학습이란 학습의 정도를 질적으로 좀더 깊이 학습시킨다는 뜻이며, 촉진학습이란 학습의 진도를 좀더 빨리 학습시킨다는 뜻이다. 그 방법으로는 학습속도나 예습의 촉진, 특별활동이나 학습 강화 방법이 있다. 앞의 개인별 분석 결과의 예에서 보는 김○○와 손○○ 등의 학생이나, 결손율 분석 결과의 예에서 보는 무결손으로 분석된 학생에게는 심화 또는 촉진학습을 실시한다.

교정학습 I 이란, 진단의 결과 부분적 결손으로 분류된 학생 곧, 학습 결손이 발견되었더라도 그 정도가 과히 심하지 않은 학생에게 실시한다. 교정학습이란 학습의 오류를 바로 잡아 지도한다는 뜻이며, 교정학습 I 의 구분은 부분적 결손자에게 단기간에 걸쳐 교정하는 학습과제를 의미한다. 그 방법으로는 프로그램 교재나 연습 교재를 활용하여 과제 학습을 시킬 수도 있고, 결손 없는 급우들의 도움을 받아 상호 학습을 시킬 수도 있다. 앞의 개인별 분석 결과에서 이○○, 박○○ 등의 학생이며, 결손율 분석 결과에서 부분적 결손으로 분류된 학생들에게 교정학습 I 을 실시한다.

교정학습 Ⅱ란 진단의 결과 전반적 결손으로 분류된 학생 곧, 학습 결손이 심한 학생에게 실시한다. 교정학습 Ⅱ는 학습 결손이 심하여 장기간에 걸쳐 교정을 요하는 학습 과제를 의미한다. 그 방법으로는 방과후에 소집단을 구성하여 교사가 별도의 특별 지도를 하거나, 읽기나 셈하기 등의 기초적 학습 기능을 지도하는 방법이 있다. 앞의 개인별 분석 결과에서 유○○, 강○○, 홍○○ 등의 학생이며, 결손율 분석 결과에서 전반적 결손으로 분류된 학생들에게 교정학습 Ⅱ를 실시한다.

개인별 분석 처치가 가장 이상적이고, 결손율 분석 처치가 바람직하기는 하나 그것이 실제면에서 어려운 일이다. 간편하게 실시할 수 있는 방법이 문항별 분석 처치 방법이다. 한 학급 학생 전체의 문항별 정 · 오답 수를 조사해서 많이 틀린 문항에 대한 그 요인을 밝혀 교정학습을 실시한다.

5. 수업내용의 전달

교육의 실제는 수업목표를 달성하기 위한 수단과 방법이다. 학습자에게 적절한 교수-학습 방법을 수업의 실제에 적용하는 일은 무엇보다도 중요하며, 수업은 학습활동에서 가장 활발하게 전개되는 지도단계이다. 수업목표가 잘 설정되었고 내용이 적절하게 선정되었다 하더라도 이러한 내용을 제대로 전달할 수 없다고 한다면 교육이 의도하는 있는 바를 효과적으로 달성하지 못한다. 따라서 학습자를 어떻게 가르치느냐 하는 것은 결국 교육의 핵심이라고 할 수 있다.

교수-학습에는 여러 가지 방법이 있으며 이러한 방법은 그 나름대로의 특징이 있기 때문에 어느 한 가지 방법이 어느 수업 상황에 제일 좋다고는 말할 수 없다.

교수방법은 결국 수업상황에 따라 결정되어야 할 것이지만 교수방법의 선정기준은 다음 몇 가지로 설명해 볼 수 있다.

- 교수방법은 교과의 능력, 교사의 지식, 흥미에 적합해야 한다. 즉 교사는 자기가 잘 아는 방법을 활용해야 한다. 그래야 수업진행을 마음 편히 할 수 있다. 이것은 교사가 새로운 방법을 시도하지 말라는 뜻이 아니라 자기의 능력 및 취향에 따라 계속해서 새로운 방법을 개발해야 함을 의미한다.
- 교수방법은 학습자의 능력에 맞아야 한다. 만일에 학습자가 자기의 능력을 올바르게 발휘할 수 있는 교수방법이 아니라면 이는 비효과적인 방법이다.
- 교수방법은 의도하고 있는 교수형태에서 지식, 기술 또는 가치 등을 맞추어야 한다. 교사가 학습자에게 쓰기를 가르친다면 교사는 학습자에게 글을 쓸 수 있는 기회를 제공해 주어야 한다.
- 교수방법은 수업상황 중 시간과 장소를 고려해야 한다. 내용에 적합한 방법이라고 할지라도 그것을 진행하는 시간이 너무 많이 걸리거나 학교와 교실의 상황을 많이 벗어나는 것은 효율적이지 못하다.
- 교수방법은 현재의 교과에 적합해야 한다. 만일에 학습자에게 화학약품이 인체에 미치는 영향에 대하여 가르치려고 한다면 학습자들에게 이 문제에 대한 토론을 하도록 요구하는 방법은 부적절한 것이다.
- 교수방법은 학습자의 수에 적합해야 한다. 학습자의 수가 80여 명이 넘는 상황에서 토론방법을 사용한다는 것은 적절치 못할 것이다.
- 교수방법은 학습자의 흥미와 경험에도 적합해야 한다. 수업이 어느 한 가지 방법으로 일관된다면 학습자들은 이에 싫증을 느낄 수도 있다. 따라서 학습자들의 흥미나 경험을 고려하여 여러 가지 수업방법을 다양하게 활용할 필요가 있다.
- 교수방법은 학습자와 교과와의 관계에 맞추어야 한다. 만일에 물리학 입문을 가르친다면 교사는 기본적인 용어나 기능을 잘 가르칠 수 있는 방법을 선택해야 한다.
- 교수방법은 교사와 학습자 간의 관계에 맞추어야 한다. 만일에 교사가 상호신

뢰를 수립하지 못했다면 선택된 교수방법은 이러한 신뢰에 이르도록 되어야 한다.

• 교수방법은 학습자의 학습양식과 교수자의 교수양식에 일치된 것이어야 한다.

이렇듯 어떠한 내용에 어느 방법이 적합한가를 결정함에 있어서 교사는 수업상황, 즉 시간, 장소, 학습자 수, 능력, 경험, 교사의 능력, 취향, 수업에서 강조하고자 하는 것 등을 고려하여 가장 적합한 방법을 선택하여 수업을 실시해야 한다.

수업은 교사의 교수와 학습자의 학습활동으로 이루어지며 교수와 학습의 특성에 따라서 수업의 구조적 유형을 이루게 된다. 수업을 계획하여 추진하는 교사는 수업내용이나 학습자 특성에 따라서 교수-학습활동을 조직하게 된다. 따라서 교수-학습의 방법은 수업내용이나 학습자의 특성에 따라 교사중심의 방법으로 이루어질 수도 있지만 학습자의 능동적이고 자발적인 참여를 강조하는 방법으로도 이루어진다. 여기에서는 수업방법의 다양한 형태를 간략하게 살펴본다.

1) 강의법

강의법이란 교사가 설명과 해설을 하면서 수업내용을 학습자에게 일방적으로 전달하는 방법이다. 과거부터 전통적으로 사용되어 온 방법이며 교사가 활동의 주가 되고 학습자는 피동적이어서 교사에 의한 주입식 방법이라는 특징을 가지고 있다.

(1) 강의법의 장점

① 짧은 시간에 많은 내용을 많은 학습자에게 체계적으로 전달할 수 있다.
② 흥미를 환기시키고 학습동기를 유발하는데 좋은 수단이다.
③ 언어만으로 모든 내용을 전할 수 있다.
④ 교과서에 없는 사실의 전달이나 이해하기 곤란한 사항의 설명에 유리하다.
⑤ 직접 교사와 학습자가 접촉하기 때문에 학습자의 감정을 자극할 수 있다.
⑥ 학습내용을 학습자의 상태에 알맞게 이야기를 조정하여 효과적으로 이끌 수 있다.
⑦ 듣고 쓰면서 생각하고 총괄하여 요점을 정리할 수 있는 힘을 기를 수 있다.

⑧ 기존의 사실이나 생활 상태를 생생하게 전개하는 데 적당하다.

(2) 강의법의 단점

① 학습자의 개성이나 능력이 무시되기 쉽다.

② 교사의 능력, 특히 지식에만 의존하게 되므로 교사의 지식이 절대적으로 영향을 주게 된다.

③ 자율적인 학습의 태도를 기를 수 없다.

④ 학습내용에서 이탈하기 쉽다.

⑤ 학습자의 능동적 참여의 기회가 없으므로 수동적 학습이 된다.

⑥ 교사의 일방적 강의에 의하므로 적용화, 사회화의 힘을 기를 수 없다.

⑦ 강의내용을 받아 적는 데 열중하게 되면 내용의 이해와 비판이 어렵다.

(3) 강의법의 유의사항

① 수업의 목표를 명확히 설정한다.

② 학습자의 입장에서 내용을 알기 쉽게 설명하고 흥미를 자극하도록 한다.

③ 구체적인 시례를 들며 도표 등의 자료를 함께 사용한다.

④ 친절하고 성의 있는 어법을 사용한다.

⑤ 내용 중에 중요한 개념은 판서하도록 한다.

⑥ 강의의 속도에 유의하고 학습자가 생각할 여유를 가지도록 한다.

⑦ 사전에 내용을 충분히 이해하고 수업과정을 계획하여 철저히 준비한다.

⑧ 일방적인 강의만 계속하지 말고 문답법, 토의법 등을 병용한다.

⑨ 학습자들에게 질문할 기회를 주고 요점을 정리해 준다.

2) 문답법

문답법은 교사와 학습자 간의 질의응답 과정을 통하여 수업내용을 전개하는 교수법이다. 문답법은 교사와 학습자 사이의 상호작용을 전제로 하여 교사의 지문에 학습자가 답변하고 학습자의 질문에 교사가 답변하는 지도과정을 통해 학습에 대한 주의를 집중시킬 수 있는 방법이다.

(1) 문답법의 장점

① 학습내용의 정리 및 정착에 효과적이다.

② 학습에 자극을 주어 활기 있고 적극적인 학습활동을 하게 한다.

③ 학습자 스스로가 생각하고 해결할 수 있는 기회를 줄 수 있다.

④ 학습자의 주체적인 학습이 가능하다.

⑤ 교사와 학습자 간의 의사소통의 기회가 많이 주어진다.

(2) 문답법의 단점

① 질문의 내용을 충분히 생각하지 않고 대답하게 된다.

② 교사의 계속적인 질문을 기대한다. 그러므로 해답은 연속성 없이 단답으로 대답하기 쉽다.

③ 교사중심이 되기 쉽다.

④ 자료나 의미에 중점을 두어 대답하기보다 교사의 관심에 초점을 두어 답하려고 한다.

⑤ 우수학습자 중심의 수업으로 되기 쉬우며 그 외의 학습자들에게 좌절감을 주기 쉽다.

(3) 문답법의 유의사항

① 학급 학생 전원에게 응답의 기회를 골고루 준다.

② 학습내용에서 이탈된 질문을 하지 않도록 한다.

③ 학습자가 당황하거나 공포심을 갖지 않도록 한다.

④ 질문의 요지가 명백하고 간결해야 한다.

⑤ 단편적인 질문이 아니고 연속성을 지닌 사고의 정리가 이루어지도록 해야 한다.

⑥ 학습자 상호간의 질의응답을 억제하지 않는다.

⑦ 질문은 학습자의 경험이나 지식의 범위 내에서 해야 한다.
⑧ 정답일 경우는 칭찬하고 오답일 경우라도 무시하는 태도를 취하지 말아야 한다.
⑨ 학습자의 질문을 언제나 환영해야 한다.

3) 시범

시범은 수업내용의 모범을 보여 주거나 운동기능적인 수업에 있어서 교사가 모델이 되어 학습자에게 본보기를 제시해 주는 방법이다. 시범은 다른 방법과 병행하여 사용되는 것으로 교사의 시범이나 강의와 학습자들의 실제 경험적 활동이 수반된다. 시범은 실험방법을 소개하고 실제를 가르치거나 학습자가 학습내용이나 기술을 쉽게 할 수 있다는 자신감을 심어 주고자 할 때 효과적이다.

(1) 시범의 장점

① 말이나 글로 설명하는 것보다 학습내용과 과정을 분명하게 전달할 수 있다.
② 단계별 학습내용의 요점이 쉽게 관찰되고 파악된다.
③ 학습자는 시범을 보고 직접 실행해 봄으로써 즉시 익힐 수 있다.

(2) 시범의 단점

① 시범 후에 모든 학습자가 실제로 해 볼 수 있는 장소와 시설이 준비되어야 한다.
② 추상적인 것은 다루기 어렵다.
③ 시범자인 교사는 정확하게 시범을 보이고 설명할 수 있어야 한다.
④ 서툰 시범은 학습자에게 불만의 반응을 일으킨다.

(3) 시범의 유의사항

① 시범자는 시범의 목적과 내용을 분명히 인식해야 한다.
② 시범은 학습자 전체가 잘 관찰할 수 있어야 한다.
③ 시범은 자세한 설명을 계획한 내용의 순서에 따라 진행하며 필요에 따라 반복한다.

④ 시범에 필요한 교재는 미리 준비한다.
⑤ 시범 후에 학습자들도 연습할 기회를 갖게 한다.
⑥ 시범에 앞서 지도방법을 모색한다.
⑦ 시험 후에는 평가를 실시한다.

4) 토의법

토의법은 공동학습의 형태로서 학습자 상호간의 의사교환을 통하여 이루어지는 수업방법이다. 토의란 대화나 회화와는 달리 비교적 다수가 어떠한 한 문제를 해결하는 데 서로 의견을 교환해 가면서 원만하고 바람직하게 해결해 가는 수업의 방법이다. 학습자들은 토의과정을 통해서 집단 속에서 개인 개인이 자유롭게 의견을 발표하고 타인의 의견을 수용하면서 가치 있는 결론으로 문제를 해결하는 태도와 습관을 기를 수 있다. 토의법은 다시 원탁식 토의, 배심토의, 공개토의, 심포지움, 대화식 토의 등의 방법으로 나누어 질 수 있다.

(1) 토의법의 장점

① 토의과정을 통하여 학습자의 사회화를 촉진할 수 있다.
② 자기의 생각과 의사를 분명히 할 수 있는 기회를 줄 수 있다.
③ 타인의 의견을 이해하고 비판적으로 받아들이는 태도를 길러 준다.
④ 주제에 관심과 흥미를 고취시켜 자발적인 학습활동이 가능하다.
⑤ 집단사고의 경험을 통해 민주적인 생활태도를 기를 수 있다.

(2) 토의법의 단점

① 발표내용보다 발표자에 중점을 두기 쉽고 감정이 개입되기 쉽다.
② 방관적인 태도를 갖는 사람이 많을 수 있다.
③ 소수 의견이 경시되거나 무시되기 쉽다.

(3) 토의법의 유의사항

① 토의과정에서 필요한 자료는 사전에 미리 준비되어야 한다.

② 토의는 우수학생 몇 명이 독점하지 않도록 유의해야 하며 모든 학습자가 열의를 가지고 참가하도록 배려한다.

③ 의견 발표가 자유롭게 될 수 있도록 분위기를 조성한다.

④ 토의는 소소의 의견도 존중되도록 진행되어야 한다.

⑤ 토의는 전체 질서를 존중하고 그릇된 토의가 되지 않도록 지도한다.

⑥ 토의의 목적은 설득하는 데에 있는 것이 아니고 협동적인 문제해결에 있음을 이해하도록 한다.

5) 문제해결법

문제해결법은 학습자에게 어떤 문제를 제시하고 그 해결과정을 통하여 지적, 기능, 태도 그리고 기술 등을 종합적으로 습득하도록 하는 방법이다. 즉 문제해결법은 문제를 매개로 하여 성립되는 수업의 형태로 주어진 문제를 반성적 사고의 과정을 통하여 의문이나 어려움을 해결하고 현실과 가능성의 대립을 없애 조화를 이루는 것이다. 이 문제해결법은 문제가 될 만한 상황을 주제로 시작하고 문제가 해결되면 검증을 통해 마치게 된다.

(1) 문제해결법의 장점

① 학습자의 자발적인 활동에 의한 자기 자신의 힘으로 학습을 해결하는 것은 자율성과 능동적인 능력을 기를 수 있다.

② 생활문제를 학습의 주제로 하기 때문에 구체적인 행동과 직접경험에 의해 수업이 진행된다.

③ 교재의 논리적 체계에 구애받지 않고 학습자의 심리적 단계에 따라 학습되기 때문에 흥미에 맞고 이해하기 쉬우며 실생활에 적응할 수 있는 학습이 된다.

④ 전인적인 발달을 위한 수업이 된다.

⑤ 협동적인 학습활동을 통해 민주적인 생활태도를 기른다.

⑵ 문제해결법의 단점

① 문제해결법은 체계적인 기초학력을 기르기 어렵다.

② 수업상황이 어수선하여 일관성있게 진행되기 어렵다.

③ 학습의 노력에 비하여 능률이 낮다.

④ 학문적인 지식을 조속히 학습할 수 없다.

⑶ 문제해결법의 유의사항

① 학습자가 문제를 명확히 파악하도록 지도한다.

② 그 문제에 관련되는 관념을 가능한 한 많이 활용하기 위해 상황을 분석, 검토하고 명료한 가설을 형성하여 적용할 수 있는 일반적 법칙이나 원리를 활용한다.

③ 문제해결에 대한 여러 가지 시사를 주의깊게 검토하게 한다. 편견을 피하고 조급한 결론을 내리지 않도록 하며 문제해결의 여러 시사 중에서 조직적으로 적절한 것을 선택하여 부당한 것은 배제한다.

④ 결론을 검증하게 한다.

⑤ 사고과정을 적절히 지도하여 문제해결을 위한 자료를 조직하게 한다.

6) 분단학습

분단학습은 한 학급의 학습자들을 학습내용이나 목적에 따라 몇 개의 소분단으로 나누어 분단별 학습문제를 해결할 때 사용되는 방법이다. 분단학습은 학습자의 개인차에 맞도륵 하고 일제 수업이나 획일적 수업에서 탈피하려는 방법이다. 수업을 하는데 수업내용이 너무 방대하여 일제히 하면 시간과 노력이 너무 많이 들 때에 몇 개의 분단으로 나누어 서로 일을 분담하여 조사나 활동을 하여 발표하도록 함으로써 시간과 노력을 줄일 수 있다.

⑴ 분단학습의 장점

① 많은 수를 동시에 학습하는 것보다 분단으로 나누어 학습하면 보다 효과가 크다.

② 개인차를 정확히 파악하여 학습할 수 있다.

③ 분단학습은 공동학습이기에 지도력이나 협동심 등의 자질을 육성하는데 유효하다.

④ 일반적으로 능력분단에 의한 학습은 학습자 개인의 지식이나 기능을 향상시키는 데 유효하다.

⑤ 학습자 전원이 학습문제 해결에 기여할 수 있는 기회가 주어진다.

(2) 분단학습의 단점

① 분단학습의 운영기술이 부족하면 시간적으로 보아 비능률적인 면이 생긴다.

② 능력별로 분단을 편성하는 경우 학습부진 학습자는 열등의식을 가지기 쉽고 우수한 학습자는 우월감을 갖기 쉽다.

(3) 분단학습의 유의사항

① 분단학습은 각자 맡은 일에 대해서는 충실하나 자기 분단의 일이 아닌 것에는 무관심하기 쉬우므로 특별한 관심을 갖도록 한다.

② 분담한 일의 결과는 반드시 분단이나 학급 전체에게 발표하도록 하고 자유롭게 질의 토론하는 기회를 주어 모든 학습자가 전체를 학습한 것과 같은 결과를 얻도록 해야 한다.

③ 분단학습을 할 때 분단의 지도자나 우수한 학습자가 독점하는 일이 없도록 배려해야 한다.

④ 각 분단 간에 경쟁의식으로 대항함으로써 사회성이나 협동성을 파괴할 수 있으므로 주의해야 한다.

⑤ 분단학습은 사회적 발달에 결함이 있는 학습자에게 도움이 된다. 따라서 결함이 있는 학습자가 있는지 관심을 가지고 지도해야 한다.

7) 버즈학습

버즈학습은 6.6법 또는 버즈집회법이라고 하며 소집단 토의법의 하나이다. 버즈

학습은 한 학급의 학습자를 7~8명씩 집단으로 나누어 학습하도록 하는 것인데, 분단학습과 비슷하나 버즈학습은 교사가 지도하지 않고 시간적으로 짧은 것이 분단학습과 다른 점이다. 6.6법은 6명씩 분단을 만들어 6분간 토의한 결과를 가지고 다시 전체가 모여서 토의한다는 데서 나온 것이다. 이것은 다인수의 토의에서 몇몇 학습자만이 토의를 좌우하고 대부분의 학습자는 발표의 기회를 가지지 못하며 수동적으로 따라가는 문제를 없애서 전원이 적극적인 태도로 토의에 참여하게 하는 데 의의가 있다.

(1) 버즈학습의 장점

① 그룹의 인원수가 적기 때문에 심리적 긴장감이 적다.
② 많은 사람의 발언을 기대할 수 있다.
③ 참가자 전원이 문제를 이해하는 데 참여한다.

(2) 버즈학습의 단점

① 그룹 사이에 분열이 생기기 쉽다.
② 그룹 의견에 구속을 받고 전체 회의에서 개인의 올바른 의견이 나오기 어렵다.
③ 각 그룹마다 고르게 적절한 지도를 하기 어렵다.
④ 어느 정도 자주적으로 토의를 진행할 수 있는 고학년의 경우가 아니면 혼란을 가져올 수 있다.

8) 프로그램 학습법

프로그램 학습법은 학습자가 하고자 해서 행동할 때 학습이 성립되는 것이라는 원리에 근거를 두고 있으며, 학습자 개개인이 자기에게 주어진 교재를 가지고 자기 스스로 하는 활동에 의하여 학습을 수행해 가는 방법이다.

(1) 프로그램 학습의 장점

① 학습자 각자의 개인차와 능력에 맞도록 지도할 수 있다.

② 착실하게 단계를 이수할 수 있기 때문에 학력의 공백을 없앨 수 있다.

③ 단순한 지식과 기계적 기술에는 효과적이다.

④ 교사는 일상적인 훈련식 교수에서 벗어나 창조적인 활동 및 학습자와의 상호작용에 보다 많은 시간을 투입할 수 있다.

⑤ 오답률이 낮으므로 효과적인 동기유발이 가능하다.

(2) 프로그램 학습의 단점

① 프로그램 작성에 많은 노력이 요구된다.

② 학습자의 작업 및 문제풀기가 개인적인 사고에 머물고 집단의 장에서 훈련되는 사회적 사고를 경험하지 못한다.

③ 단계의 계열이 단순 요소에서 복잡한 요소로 되어 있기 때문에 유연한 사고경험을 하지 못한다.

(3) 프로그램 학습의 유의사항

① 프로그램 학습을 실시하기 전에 그것의 장단점을 파악해야 한다.

② 프로그램 과정이나 단원의 성공 여부는 프로그램 작성자의 손에 달려 있음에 유의해야 한다.

③ 학습자의 개인차에 적절한 프로그램 자료를 사용해야 한다.

④ 학습지도에 사용될 자료를 선택하기 전에 그것을 사용함으로써 초래되는 효과에 대하여 예상해야 한다.

⑤ 프로그램 자료가 교사의 역할을 전적으로 대신할 수 있다고 단정해서는 안 된다.

6. 수업의 평가

학습지도의 효과를 높이기 위해서 학습 결과에 대한 객관적인 평가를 해야 한다. 수업 목표에 따라 수업이 진행되었는지 그리고 그 계획이 확실하게 수행되었는지,

학습자의 발달은 어느 점에서 인정할 수 있는가 등에 대하여 평가를 통하여 반성하고, 그 자료를 참고로 하여 다음 차시 수업을 계획하는데 효과적이다.

종전에 실시되던 수업의 평가는 정기적인 시험을 보는 것을 유일한 방법으로 삼았고, 평가의 결과는 성적표에 기록하는 것 이외에는 별로 이용되지 않았다. 그러나 점차로 수업평가는 학습자의 발달을 측정하되, 제반 측정 도구를 활용하여 다각적으로 수업의 효과를 판정할 것을 요구하고 있다. 평가의 대상은 지식의 유무나 정도를 조사는 것, 사고방식이나 이해의 정도를 조사하는 것, 기능 능력의 상태를 조사하는 것, 감상력을 조사하는 것 등 광범위하게 측정하여 인간 전체로서의 발달 정도를 파악할 수 있어야 한다. 그리고 이를 종합적으로 평가하여 얻을 결과를 정리해서 다음 사항을 기술할 수도 있도록 고려해 두어야 한다.

- 학습을 통하여 어떻게 성장 발달하였는가?
- 학습목표가 어느 정도로 해결되었는가?
- 특수한 학생의 경우 어떠한 현상이 나타나는가?

한편, 평가는 학교교육의 핵심적 부분이라고 할 수 있는 수업을 중심으로 세 가지의 형태를 취하는 것이 보통이다. 첫째, 현재의 학습단원에 대한 학습지도가 시작되기 직전에 실시하는 진단평가와, 둘째, 현재의 학습단원에 대한 본 수업이 진행되는 도중에 실시되는 형성평가, 셋째, 현재의 학습단원에 대한 학습지도가 끝난 후에 실시되는 총괄평가 등이 그것이다.

진단평가는 주어진 학습과제를 학습하려고 할 때 그 학습과제의 성공적인 학습을 위하여 필요한 조건, 즉 학습자의 출발점 행동이 되는 지적, 정서적인 수준을 알아보고 적절한 처방을 내리기 위하여 시행되는 평가를 말한다. 진단평가는 세 가지의 기능을 가지고 있는데, 학습할 과제와 관련하여 선행학습의 결손여부를 진단하고 교정학습이나 보충학습의 필요성을 가리는 평가적 기능과, 현재의 학습과제를 얼마나 달성하고 있는지를 밝히기 위한 평가적 기능 그리고 학습자의 흥미, 적성 및 성격과 아울러 학업성취 수준에 맞는 교육방법의 발견을 위한 평가적 기능을 한다.

형성평가는 설정된 교수목표의 달성을 위하여 학습이 진행되는 과정에서 그 학습이 보다 효율적으로 이루어질 수 있도록 하기 위한 평가유형이다. 이와 같은 형성평가는 흔히 주말고사, 월말고사 혹은 쪽지시험 등 학습 진행과정에서 실시된다는 점과 채점은 물론 이루어지는 것이나 그 결과가 학습의 결과에는 영향을 미치지 않는다는 점, 이를 통하여 동기유발이 되도록 한다는 점, 반드시 간단한 필답시험에만 의존되는 것은 아니고 형성평가의 기능만 가질 수 있는 것이면 그 형태에 구애 받지 않는다는 점이 그 특징으로 지적될 수 있다.

중간고사, 학기말 또는 학년말고사와 같이 **총괄평가**에서는 일정한 기간 동안의 수업이 종결되었을 때, 학생들의 학습성취도를 총괄적으로 평가하여 수업활동의 효율성에 대한 판단을 내린다. 즉, 일정한 과정을 통하여 주어진 학습과제나 하나의 교과목이 끝났을 때는 그것에 관하여 이미 설정되었던 교수목표의 달성여부를 알아보게 되는 것이다. 우리가 경험한 바와 같이 중간고사나 학기말고사 혹은 학년말 시험 등등이 이 총괄평가에 해당하는 것으로 다른 형태의 평가와는 그 목적이나 기능 혹은 범위 등에서 확실히 구별되는 것이다. 즉 총괄평가의 목적은 목표의 달성 수준에 따라서 성적이 주어지고 그것에 대한 평가가 이루어지며 학습자나 교사들 모두가 보다 높은 수준의 목표달성이나 좋은 평가를 받기를 항상 기대하게 된다. 따라서 이 결과는 그 학습자의 성취도를 대표하게 되며 기록으로 보존된다.

7. 학습지도안 작성

학습지도안이란 학습지도를 효과적으로 이끎으로써 수업목표를 최대로 달성하기 위한 실제 수업에 대한 사전 계획서를 일컫는다. 학습지도안이라는 용어 대신에 교수-학습지도안, 교수계획안, 수업지도안 등 여러 용어로 사용되고 있다.

교과 학습지도 계획의 차원은 크게 단기계획과 장기계획으로 나누어지며, 단기계획에는 주별계획, 일일계획, 시간계획 등이 포함된다. 그리고 장기계획에는 연간계획, 학기간 계획, 월별계획, 단원계획 등이 포함되며 특별히 대단원계획을 따로 분리시켜 중기계획이라고 한다.

여기서 단원이란 학습자의 특정 행동 변화를 위하여 학습내용과 경험의 공통요소를 묶어 놓은 것을 말하며, 단원의 종류에는 학습할 내용과 경험의 성격에 따라서 교과단원, 경험단원, 학문단원, 자료단원, 수업단원 등으로 나누어진다. 그러므로 일반적으로 학습지도안이란 각급 학교의 교과별 · 학년별 연간 수업계획, 교과서의 대단원의 학습지도계획, 매 시간 시간의 소단원 학습지도계획(본시 학습지도안)을 의미한다.

연간 학습지도계획은 각급 학교 교사들의 협의과정을 거쳐 수립한 교과별, 혹은 교사별로 매주별 학습지도계획, 월별 학습지도계획, 연간 학습지도계획을 일컫는다. 이 계획서는 각 교과별로 주별, 월별, 1년간 수업에서 다루려는 내용의 위계적 구조와 세부 주요 내용, 수업방법, 수업에서 활용하고자 하는 자료와 기자재 등을 일목요연하게 파악할 수 있도록 함으로써 전체적인 수업 모습을 조망할 수 있도록 하며, 매 시간의 학습지도계획 수립을 안내하는 역할을 수행한다.

1) 단원 학습지도안

일반적으로 단원 학습지도안을 구성하는 요소 혹은 내용은 학습지도를 할 학년 학급에 대한 사항, 교사의 성명, 학습지도 기간 혹은 날짜 등을 밝히는 것 외에 다음과 같은 요소들이 포함된다.

- 단원명 : 교과서의 해당 장의 제목
- 단원의 성격, 또는 단원 설정의 이유
- 단원 학습목표
- 단원 학습내용의 구조화
- 단원 학습지도계획
- 단원 학습지도상의 유의점
- 본시 학습지도 계획

(1) 단원의 성격 또는 단원 설정의 이유

이 항목에서 기술할 주요 내용은 다음과 같다.

- 이 단원의 내용을 학생들이 학습해야 하는 중요한 이유는 무엇인가를 학습자의 개인적 성장과 발달 측면, 국가와 사회생활상의 필요 측면에서 기술한다.
- 단원의 내용, 혹은 경험은 이 교과 교육의 목표와 어떤 관련을 맺는가? 그리고 교과교육, 혹은 교육활동 전반과 관련하여 어떤 맥락과 내용적 특징을 갖는가를 기술한다.
- 단원의 내용은 이 교과의 다른 단원 내용과 어떤 관련성을 갖기에 학습할 필요가 있는가?
- 이 단원을 학습하면 어떤 효과를 기대할 수 있는가?
- 이 단원의 내용은 학습자의 다양한 정보와는 어떤 관련성을 갖는가?
- 단원의 내용은 어떤 것으로 구성되어 있는가?

(2) 단원 학습목표

대단원의 학습목표는 본시 학습목표와는 달리 어느 정도 일반성, 추상성을 갖도록 진술하는 것이 보통이다. 그러나 목표 진술문에는 학습자가 학습할 내용(내용차원)과 그러한 내용을 학습했는지의 여부 혹은 목표가 달성되었는지 여부를 확인할 수 있는 학습자 행동이(행동차원) 동시에 드러나도록 2원적으로 진술해야 한다.

- …을 할 수 있다.
- …을 이해하도록 한다.
- …한 태도를 기른다.

한편 목표를 설정하는 근거 및 자원은 다음과 같다.

- 교육이념 혹은 교육목표 체계상 교과교육목표 이상의 목표 체계
- 사회에의 적응과 사회 발전적 요구 및 필요
- 학습자의 요구 및 필요
- 교과의 목표, 교과 설정의 근거와 이유

(3) 단원 학습지도계획

대단원 내에서 가르칠 내용의 분절(중단원, 소단원)에 따라 구조화하여 단위 시간(중학교 45분, 고등학교 50분)에 따라서 학습지도에서 다룰 내용의 시간을 배당해야 한다. 또한 차시별 주요 내용, 수업방법, 주요 수업매체 등을 요약하여 표로 제시하고, 본시 단원 혹은 본시 학습지도 주제도 동시에 제시하여 이 주제가 대단원에서 차지하는 위치를 파악할 수 있도록 한다.

(4) 단원 학습지도상의 유의점

- 사전 학습 정도를 어떻게 고려할 것인가?
- 학습자의 관심과 흥미를 어떻게 유발시킬 것인가?
- 단원 학습목표를 극대화시키기 위해 교사, 학습자, 환경 구성 등에 관련하여 어떤 사항이 요구되는가?
- 단원 학습목표를 극대화시키기 위해 학부모, 학교행정가 등의 협조를 구해야 할 사항은 없는가?
- 이 단원을 학습함에 있어서 안전사고의 예방과 같은 특수한 조치가 필요한 것은 없는가?
- 기타 수업목표 달성에 필요하거나 유의할 사항은 무엇인가?

단원 수업지도안 양식 Ⅰ

1. 단원명

2. 단원 설정의 이유

2.1 국가나 사회의 요구

2.2 교과의 계열적 요구

2.3 학습자의 목적과 필요

3. 단원의 학습목표

4. 지도상의 유의점

5. 단원 학습지도계획

차시	소단원	수업내용	수업형태	비고
1/6				
2/6				
3/6				
4/6				
5/6				
6/6				

단원 수업지도안 양식 II

1. 단원명

2. 단원의 학습목표

3. 단원 학습지도계획

소단원	수업내용	시간배당	비고

4. 평가계획

5. 기타 및 지도자료

2) 학습지도의 단계

학습지도의 단계는 도입, 전개, 정리 단계로 구분하고 있다. 이 3단계는 상호 밀접한 관련이 있을 뿐만 아니라 어느 단계이든 완전히 성공치 못하면 전체 학습의 효과는 기대할 수 없게 된다. 따라서 각 단계별 진행의 주요 요점을 살펴보고자 한다.

(1) 도입단계

도입단계는 학습의 준비단계 또는 동기유발단계라고 한다. 이 단계는 학습하고자 하는 내용을 전개시키려 할 때 학습자의 자주적 활동에 의해서 다음의 중심적 학습으로 옮겨 갈 수 있도록 학습의욕을 환기시키고 충분한 학습에 임할 수 있는 준비를 시키는 단계이다. 다시 말해서 학습의 지도 목표를 인식시키는 일에서부터 학습을 끝맺는 일까지의 활동을 강력히 추진시켜 갈 수 있는 의욕을 불러일으켜 학습의 진행을 효과적으로 이끌어 가도록 준비하는 단계이다.

사실상 한 시간의 수업을 성공적으로 이끌 수 있느냐 없느냐는 이 도입단계의 운영이 잘 되었느냐 못되었느냐에 달려 있다고 할 정도로 이 단계가 중요하다. 따라서 학습 동기유발의 도입단계에서는 공식에 의한 자극만으로는 진정한 의미의 학습 의욕은 일으키기 어렵다. 어디까지나 학습자 자신이 자기가 지닌 문제와 학습하고자 하는 목적을 뚜렷이 인식하고 파악해야 한다. 그런 다음 자신들의 구체적인 생활현실에서 자신이 문제를 정확히 발견하고 또는 주어진 문제를 자기 자신의 것으로서 받아들여 그 문제를 알아보고 해결해 보고 싶은 또는 해결하지 않고서는 견딜 수 없는 입장이 될 때 도입단계는 성공한다.

도입단계에서 도입의 방법은 여러 가지가 있다.

- 토의, 대화, 설명 등 주로 언어적 방법을 통한 도입방법
- 영화, 환등기, 도표, 지도, 모형 등 청각적 방법에 의한 도입방법
- 교실 환경을 언제나 실험할 수 있는 환경이나 생활의 장으로서의 적합한 환경을 마련하여 항상 학급 환경을 이용하여 학습의 도입을 이루는 방법
- 지역사회의 모든 자료와 환경을 이용하거나 지역사회의 자원을 견학하고, 조

사 방문하는 일을 통해 이루어지는 도입 방법

- 가정이나 지역사회 또는 의의있는 학교 행사의 참여 혹은 봉사함으로써 학습 동기가 유발되며 그로 인해 학습의 도입을 유효하게 하는 방법

한편 도입단계에서 중요한 것은 도입단계의 시간이다. 일반적으로 한 시간의 수업에서 2~3분 길어야 5분 정도를 도입단계 시간으로 활용한다. 도입단계에서 시간을 많이 소비하면 그만큼 학습의 의욕도 상실할 뿐만 아니라 전개 과정의 시간이 부족하게 된다. 그렇게 되면 전체 학습을 서두르게 되어 계획했던 대로 수업을 진행할 수 없게 되는 것이다.

도입단계에서 교사가 일단 실패하면 한 시간의 학습은 사실상 성공하기 어렵다. 따라서 도입단계에서는 우선 학습자 자신이 학습 내용에 관해서 명확한 목표, 문제의식, 방향성을 알고 왕성한 학습 의욕을 지니고 자발적으로 학습에 도전하고 추리해서 학습하려는 심리적 자세를 갖추도록 해야 한다. 따라서 도입의 방법은 공식적인 것은 없으나 대략 다음의 항목에서 학습내용 및 방법에 따라 적용시키는 것이 일반적이다.

첫째, 본시의 학습 내용에 직접 관련되는 학생들의 과거 경험을 상기시키는 설명으로서, 예를 들면 과거의 수학여행, 견학 등에 대해서 설명하고 과거의 경험을 현재의 학습내용에 직결시켜 동일해서 문제의식과 학습의욕을 일으킨다. 그 다음에 학습 내용을 제시하고 학습 목표를 확인시켜 나간다.

둘째, 학습 내용의 문제를 제시하고 그 개요를 설명한다. 이때의 설명은 학습자의 흥미, 관심, 요구와 결부시키고 직접 경험과 자발성을 촉구할 만한 내용이어야 한다.

셋째, 전시의 학습내용에 대해서 교사가 그 요점과 줄거리 등을 반복 설명하고 이해 불충분한 점이나 오해하고 있는 점을 고쳐 나가면서 학습의 목표나 방향을 바로 잡아간다. 이 때의 질문은 도입의 질문이기 때문에 너무 깊이 취급되어서는 안 된다.

넷째, 본시 학습 내용에 관련되는 이미 지니고 있는 지식이나 정도를 확인하는 질문을 하고 그 해답에 따라 지식의 유무, 정도, 문제점을 이해시키고 학습자로 하여금 문제의식을 높이고 학습의 방향을 결정케 한다.

다섯째, 전시의 학습내용에 대해 질문을 하고 학생의 해답을 통해서 이해의 정도나 범위 학습곤란의 문제점을 이해시키면서 전시에 계속되는 본시의 학습 내용에 대해서는 문제의식을 높이는 동시에 학습 목표를 확인시킨다.

여섯째, 가끔 특이한 질문을 해서 무지를 자각케 하거나 관심과 의욕을 일으킨다.

일곱째, 교사가 교과서 안에 있는 부분을 통독, 낭독해서 들여 주어 학습자로 하여금 학습 내용의 문제점의 소재나 학습의 전망을 확인케 한다.

여덟째, 학습자 자신의 활동에 의해서 학습의 도입이 될 때에는 자주적이고 자발적인 활동을 전개시켜서 문제의식이나 학습의욕을 환기시켜 간다.

한편 도입단계에서 주의할 사항은 다음과 같다.

- 도입의 지도방식은 어떤 단일 방식이 사용될 때도 있지만 대개는 여러 가지의 방식을 활용해서 역동적으로 도입해야 한다.
- 학습자 전체가 이미 문제 의욕을 가지고 학습의욕이 환기되어 있고 학습목표가 서 있으면 도입을 시간 들여서 할 필요가 없다. 바로 전개활동으로 들어가야 한다.
- 도입은 수단이지 목적이 아니다. 학습내용에 따라 시간 배당을 하는 것이 좋다. 일반적인 경우는 앞에서도 말했듯이 3~5분이 좋다.
- 도입에서 전개단계로 이행해 가는 과정은 학습자들이 인식하지 못할 정도로 자연스러워야 한다.
- 교사의 교재 연구가 불충분할 때에는 교사 자신이 학습방향을 잃고 학습목표를 올바르게 확인할 수 없다는 것을 명심해야 한다.

(2) 전개단계

도입의 단계에서 학습의 동기유발이 이루어지면 학습자는 학습목표를 명확히 인식하게 되고 이에 따라 설정된 계획에 의하여 학습을 진행시켜 가는 학습의 중심적 부분이 바로 전개단계이다. 전개단계에서 대부분의 학습활동이 이루어진다.

오늘날의 교육이 생활중심의 교육을 주장하기 때문에 이 단계의 특징은 인간의 종합적인 활동에 의해서 학습이 전개된다. 따라서 전개단계에서 교사는 학습내용이나 성질에 따라 학습형태를 선택하고 학습자들의 개인차에 따라 개별 지도에 대하여 유의해야 한다. 그리고 전체 학습자들의 학습 활동을 정확히 파악하여 그때그때 학습 형태의 변화, 학습문제의 조절을 통하여 학습문제에 대한 이해를 촉구해야 한다.

수업목표를 설정한 후에는 그 목표를 학생들에게 어떻게 소개할 것인가를 계획하고, 어떻게 그 목표에 도달할 것인가도 결정한다. 즉 교사는 교수내용을 학생들에게 전달할 수 있는 적절한 기법이나 방법을 선정하고, 그 교수내용을 적용시킬 수 있는 학습경험도 선정한다. 이 때 오직 하나의 교수법과 하나의 학습경험을 고집할 필요는 없다. 왜냐하면 여러 가지 교수법을 결합시켜 사용하는 것이 더 효과적일 수도 있고 학생들의 흥미를 지속시킬 수도 있기 때문이다. 학습경험이 학생의 필요, 흥미, 능력 등을 토대로 선정되어야 한다면 그 수업에 참여하는 다양한 학생들의 필요를 만족시키기 위해서는 여러 가지 학습경험을 마련해야 한다.

학습지도안의 내용 주제 또는 개념은 수업목표에 의해 정해지며 학습지도안을 작성하는 양식도 매우 다양하다. 학습지도안의 내용을 작성하는 양식에는 목록형과 문자형이 있는데 이는 활용할 교수법에 따라서 결정된다. 또한 사용하는 교수법이 어떤 것인지를 고려해서 어떻게 내용을 전개할 것인가를 결정한다. 예를 들어, 교사가 교수법으로 '시범'을 택했을 경우에는 시범의 단계를 수행 순서대로 자세히 열거할 필요가 있으며, 각 단계에 필요한 특별한 안전수칙을 설명해야 할 경우도 있을 것이다.

한편 수업을 진행시키기 위한 교수-학습 자료에는 수업매체 또는 시청각 영상자료, 읽기 자료, 기계류, 장비, 게시판, 그래프 등의 수업에 필요한 도구가 있다. 수업전개 부분을 완성하기 위해서는 수업의 보조물과 관련하여 두 가지 과제를 수행하여야 하는데 우선 수업목표와 내용을 보충해 줄 적절한 보조물을 선정하고, 그 다음 보조물을 마련할 계획을 세우는 것이다. 보조물은 수업전개 부분에서 뿐만 아니라 수업의 모든 단계에서 사용된다. 교사는 모든 단계에서 학생들이 목표에 도달할 수 있도록 도움을 줄 교수-학습 자료를 선정한 후, 그러한 자료를 구입하거나 제작할 계획을 세워야 하며 이를 학습지도안에 열거해야 한다.

(3) 정리단계

학습한 전체 내용을 통괄하여 조직하고 결론짓는 종결의 단계가 바로 정리단계이다. 이 단계에서는 교사 자신이 본시 학습내용을 요약하여 설명하는 경우와 학생들이 분단별 또는 내용별로 이해된 학습 내용을 요약 발표하는 방법, 그리고 학습한 내용을 그림이나 도표 등을 제작 전시함으로써 학습을 정리하는 동시에 상호 비교하는 방법 등이 있다. 정리단계의 시간은 도입단계에서와 같이 3~5분 정도를 소요하는 것이 무난하다.

정리단계에서 행해지는 두 가지 중요한 활동은 수업요약과 학생들에 대한 성취평가이다. 이 두 활동은 반드시 순서대로 진행되어야 할 필요는 없으며 평가가 정리에 앞서 행해질 때도 있다. 정리 부분은 교사가 수업을 마무리짓고, 결론을 내리고, 일반화하고, 주요한 개념을 설명하는 단계이다. 교사는 학생들에게 핵심적인 질문을 하고 그 반응을 파악해 봄으로써 수업목표가 달성되었는지의 여부를 알아볼 수 있다. 수업내용의 정리를 통해서 교사는 학생들에게 그들이 어디로 향하여 가고 있었고, 어디에 있었으며, 지금은 어디에 있어야 하고, 왜 그래야 하는가, 여기에서부터 어디로 갈 것인가에 대해서 재차 강조해야 한다.

정리단계에서 해야 하는 평가 부분은 학생들이 지금 있어야 할 곳에 실제로 와 있는가를 알아보기 위해 사용된다. 평가방법은 학생들이 성취하고자 하는 목표의 종류에 따라서 다르다. 예를 들어, 수업목표가 학생들에게 어떤 기능을 수행하는 능력을 습득하도록 하는 것이라면 필기시험만으로는 그 수행능력을 측정하지 못한다. 이보다는 기능 평가표를 만들어 학생이 그 기능을 수행하는 것을 관찰한 후, 숙달 정도를 평가해야 한다.

평가 기술의 유형	
기억력 평가	진위형, 선다형, 문장완성형, 괄호 넣기, 열거형, 논문형, 구두시험 등
성취검사	평가표, 평점척도, 표준화 검사 등

교사는 학생 개개인을 대상으로 하기 때문에 한 가지 종류의 평가 수단으로는 모든 학생들의 필요와 능력을 만족시키지 못한다는 점을 유의하여야 한다. 그러므로 교사는 이러한 학생들의 개인차를 고려하여 다양한 평가방법을 선택하여야 한다.

학습지도안에는 전술한 사항 이외에도 공지사항, 소요시간 및 주석을 달기 위한 여백이 마련되어야 한다. 공지사항은 본 수업의 내용과 직접적으로는 관련이 없는 사항이다. 수업시간을 방해하지 않으면서 공지사항을 빠짐없이 알리도록 하자면 모든 공지사항을 학습지도안에 적어 놓고 수업시간 내의 어느 특정한 시간에 공지하도록 해야 한다.

실습생은 학습지도안에 있는 모든 활동란 옆에 그 활동을 수행하는 데 얼마만큼의 시간이 소요될 것인가를 표시해 놓아야 한다. 예정했던 시간과 실제, 소요된 시간이 남아 잡담으로 시간을 허비하게 되거나 시간이 부족하여 내용을 마치기도 전에 수업을 끝내야 한다면 매우 불안하고 비효율적인 수업이 될 것이다. 훌륭한 수업계획은 이러한 난처한 사태를 미리 막을 수 있도록 준비되고 갖추어져 있어야 한다.

끝으로 좋은 학습지도안에는 주석을 달기 위한 여백이 있어야 한다. 수업을 끝내고 난 직후에 교사는 수업목표 달성에 대한 학습지도안의 효용성 여부에 관한 의견이나 의문사항을 주석난에 직접 적어 놓아야 한다. 어떤 것들이 계획대로 잘되었는가? 어떤 것들이 잘되지 않았는가? 어떤 것들을 취급하지 않았는가? 어떤 문제들이 제기되었으며, 그 질문들에 대하여 좀 더 명확하게 설명할 필요가 있었는가? 각 활동에 배당했던 시간은 얼마나 정확했는가? 이러한 주석은 교사가 다른 수업지도안을 작성하는 데 도움을 주며, 같은 수업을 나중에 다시 가르칠 필요가 있을 때에 이를 개선할 방안을 제시해 준다.

3) 본시 학습지도 계획

학습지도의 도입, 전개, 정리 3단계의 내용을 고려하여 본시 학습지도안의 계획하고 작성하는 절차를 살펴보자. 교수-학습 과정안의 양식에는 일정한 형식은 없으므로 수업내용이나 지도 형식에 따라서 창의적으로 작성하면 된다. 그러나 그 안에서 꼭 다루어져야 할 항목 분명하게 제시하여야 한다.

(1) 수업목표의 추출과 진술

단위 수업시간에 달성하기를 기대하는 수업목표를 진술하기 위해서는 먼저 수업목표가 될 만한 것들을 추출해야 한다. 수업목표를 추출하는 데 참고할 수 있는 사항을 소개하면 다음과 같다.

첫째, 새로 학습할 단원 혹은 주제가 담고 있는 학습요소를 확인하고, 단원의 전체적인 내용에 대하여 명확한 지식을 가져야 한다.

둘째, 단원의 내용을 가르치고 난 후에 학습자들에게서 변화되어 있어야 할 행동이 어떤 것인가를 모두 찾아낸다.

셋째, 현장 교사들이 진술해 놓은 수업목표를 참고한다.

이러한 과정을 통하여 수업목표가 될 만한 것이 추출되었다면, 이제 목표를 구체적으로 진술해야 한다. 수업목표를 구체적으로 진술하는 방법은 앞 장의 내용을 참고하기 바란다. 내용과 학습자 행동의 2차원적으로 진술하는 것을 기본으로 하면서, 특히 행동 차원은 다음과 같은 행위동사를 사용하여 구체적이고 분명하게 진술한다.

- ______ 을 기술할 수 있다.
- ______ 을 설명할 수 있다.
- ______ 과의 차이점을 지적할 수 있다.
- ______ 의 오류를 지적하고 수정할 수 있다.
- ______ 을 구분할 수 있다.
- ______ 행동을 나타내 보일 수 있다.
- ______ 을 열거할 수 있다.

(2) 출발점 행동 진단 항목 개발 진술

본시에 학습할 내용 혹은 경험을 제대로 학습하여 목표를 달성하기 위해서는 어떤 선수학습 요소가 필요한가, 무슨 내용을 먼저 알고 있어야 하는가, 이번 수업 시간을 성공적으로 이끌기 위해서는 학습자들이 미리 준비하고 있어야 할 것은 무엇인가를 규명하여 진술한다.

(3) 필요한 학습 보조 기자재와 매체 기술

교사의 교수 효율성을 높이고 학습자의 학습 효과성을 제고하기 위해서는 학습할 제재에 가장 적합한 다양한 학습보조 자료와 기자재가 적극 활용되어야 한다. 전통적인 학교교육 사태와는 달리 현대의 학교교육은 학습자의 심리적 특성, 즉 흥미와 관심, 필요, 동기유발의 특징 등에 적합한 학습조건을 구성하는 것이 중요하다.

오늘날의 학습자들은 컴퓨터 활용 기회의 확대, 인터넷을 통한 정보검색 및 활용 기회의 증가, 대중매체 시청 시간의 증가, 그 외에 다양한 전자매체에 접촉하는 시간과 기회가 확대됨에 따라서 말과 글자에 의존하는 수업으로는 학습의 효과를 기대하기 어렵게 되었다. 그러므로 학습지도안을 작성하는 과정에서는 학습목표 달성을 극대화하는 데 요구된다고 판단되는 경우 적합한 자료를 제작 또는 구입하거나 컴퓨터를 비롯한 각종 수업매체를 활용하기 위한 방안을 강구해야 한다.

그러나 어떤 수업사태에서든지 무조건 다양한 교수매체나 학습 자료가 활용되면 학습목표 달성에 도움이 된다고 생각해서는 안 된다. 또한 해당 학교에 사용하고자 하는 학습보조 기자재가 갖추어져 있는가, 그러한 기자재를 활용할 수 있는 환경이 마련되어 있는가 등을 사전에 검토하고 대비해야 한다.

(4) 학습지도 과정에 따른 수업시간 배정

학습지도의 과정은 대체로 도입, 전개, 정리 등 3단계의 흐름을 따라서 진행된다. 그리고 일반적으로 고등학교의 경우 50분 단위의 수업을 염두 해 둘 때 도입은 약 5분, 전개 약 40분, 정리 약 5분 등으로 시간을 배정한다. 그리고 45분을 수업 단위 시간으로 하고 있는 중학교 경우 5분, 35분, 5분의 시간 배정을 하게 된다. 그러나 이러한 시간 배정은 일반적인 방법이며, 수업목표의 특성, 학습할 내용의 성질, 학습자의 학습출발점으로서의 학습태세 및 준비도 등에 따라서 융통성 있게 배정하여야 한다. 예컨대, 도입단계에서의 학습동기 유발이 중요하다고 판단되는 경우 혹은 학습할 내용이 앞 단계에서의 기초적인 학습준비도가 매우 중요한 경우에는 도입에 7~8분을 사용할 수도 있다.

(5) 각 단계에서 다룰 주요 내용의 구조화

수업의 시작에서부터 종료시까지 다룰 주요 핵심적인 내용 혹은 활동을 일목요연하게 흐름을 알 수 있도록 구조화한다. 이 부분은 주요 내용은 사각형 혹은 타원형으로 나타내고, 흐름 혹은 단계는 화살표로 나타내는 것이 보통이며, 너무 복잡한 도형이나 표로 나타내는 것은 바람직하지 않다. 누가 보더라도 어떤 내용을 어떤 과정을 따라서 수업을 진행한다는 사실을 명료하게 알 수 있도록 작성하는 것이 바람직하다.

(6) 수업내용 단계별 교사활동과 학생활동의 상세화

각 단계에서 구조화한 내용의 전개(실제 학습지도 혹은 수업)는 교사의 지도활동과 학습자의 학습활동이 적극적으로 상호작용하여 학습목표가 달성되는 것이다. 교사의 일방적인 교수활동이나 학습자의 획일적인 학습활동으로만 일관해서는 안 된다.

학습자의 학습활동을 촉진하고 유의미한 학습을 전개하기 위해서 교사의 교수활동과 상호작용할 학습자 그리고 그들의 학습활동을 가능한 상세하게 밝혀야 한다. 이 과정은 학습지도에 경험이 풍부한 교사들의 경우 생략하거나 간략하게 기술하는 경우가 있기는 하다. 그러나 교육실습생들은 이 과정이 상세하게 기술되면 될수록 효과적인 수업, 학습목표 달성을 극대화하는 학습지도를 할 가능성이 높다.

교사활동과 학습자 활동의 기술의 예를 몇 가지 제시하면 〈표 13〉과 같다.

〈표 13〉 수업내용에 따른 교사활동과 학습자 활동의 예

진단요소	교사활동	학습자활동
전시 학습 내용 상기	· 언어의 4가지 기능에 대하여 질문한다.	· 질문에 답변한다. 보충할 내용을 답변한다.
본시 학습목표 제시	· 학습목표를 질문하고 판서한다.	· 학습목표를 말하고 판서내용을 노트에 적는다.
알타이어족 언어의 공통적인 특징	· T. P. 자료를 통하여 설명하고, 소집단별 모듬활동 방법을 안내한다.	· 기록한다. 소집단 모듬활동을 수행한다.

(7) 수업형태의 결정

특정 단원 혹은 단위 수업 시간의 학습내용을 어떤 방법을 적용하여 수업을 전개할 것인가를 결정하는 일은 교과 학습지도를 담당하는 교사에게 매우 중요한 과제이다. 학습지도안을 아무리 훌륭하게 작성했다고 하더라도 지도 방법이 부적절하거나 학습목표나 학습할 내용에 적합하지 않으면 학습의 효과를 기대하기 어렵다. 따라서 학습 내용에 가장 적절한 수업의 방법을 탐색해 보고 결정해야 한다. 수업의 내용에 적절한 수업의 형태를 결정 하는 요소는 다음과 같다.

- 학습목표의 성격 : 지적, 정의적, 신체 기능적 특성의 변화에 따라서
- 학습할 내용의 성격 : 개념의 이해인가, 관점이나 태도의 형성인가 ?
- 학습자의 특성 : 학습활동에 적극적인가, 소극적인가?
- 교사의 특성 : 설명이 훌륭한가, 토론이 훌륭한가, 소집단 지도가 훌륭한가?
- 학습장소의 특성 : 폐쇄적인가, 개방적이며 역동적인 변형이 가능한 장소인가?
- 학습보조 자료와 기자재 활용 가능성 : 불가능한가, 가능한가?

이러한 요소를 고려하여 수업의 형태를 결정해야 한다. 한편, 수업형태의 종류는 열거하기 어려울 정도로 다양하다. 형식적인 학교교육이 시작된 이래 학자나 연구자들 뿐만 아니라 교사들, 산업체의 연수담당자, 다양한 사회교육기관의 교육담당자들이 계속해서 새롭고 창의적인 수업형태들을 고안하고 검토해 왔다.

수많은 수업형태들이 교육의 현장, 연구 장면, 산업 장면 등에서 적용되고 연구되고 있으나 대별하면 교사중심 수업방법과 학습자중심 수업방법으로 나눌 수 있다. 그러나 학습자중심 수업방법이라고 해서 교사의 주도적인 역할이 생략되는 것은 아니며 수업을 이끌어가는 주체는 여전히 교사라는 점에서 교사중심의 수업방법의 변형들이 개발 적용되고 있다. 각급 학교에서 적용되고 있는 수업형태에는 강의법, 토의법, 문제해결법, 문답법, 분단학습법, 버즈학습법, 프로그램학습법 등이다.

이들 수업형태들은 학습목표의 성격이 어떠하며, 학습내용을 교사와 학습자가 어떤 방식의 상호작용을 통하여 어떻게 다룰 것인가의 문제뿐만 아니라 학습 집단의 조직 방식, 학습을 위한 보조 자료나 기자재의 활용 방식 등에 따라서 분류되고 있다.

(8) 지도상의 유의점

교수-학습 활동이 진행되는 과정에서 특히 학습자들이 학습상 곤란점을 해결하기 위한 특별한 방략이나 오류를 범할 가능성이 큰 부분의 해결 방법, 특별히 주의가 요구되는 사항, 학습자 행동 통제가 필요한 사항 등에 대하여 미리 대비하기 위한 내용을 기술한다.

(9) 형성평가 방안

수업목표 달성여부를 확인하기 위하여 수업 종료 전에 형성평가를 실시하기 위한 문항을 미리 개발하여 평가하고 피드백하기 위한 준비를 하여야 한다. 형성평가를 위한 문항의 수는 수업목표의 수와 일치되도록 하거나 1~2개 더 많이 하면 된다. 중요한 것은 형성평가 문항의 수가 아니라 학습내용 중 핵심적인 내용을 평가문항으로 진술해 내는 방법이다.

평가방법은 선다형 문항이나, 빈칸 채우기, 단답형, 간단한 의사 진술형 등으로 표현할 수 있으나 이것은 수업목표의 성격에 따라서 결정해야 한다. 수업 종료 전에 실시한 형성평가 방안은 학습지도안에 밝혀둠과 동시에 OHP 및 프로젝트를 이용하도록 자료를 제작 활용하는 것이 효과적이다.

(10) 다음 시간 학습할 내용과 학습과제 안내

교과 학습이란 체계적이고 연속적으로 이루어진다는 점을 염두해 두고 다음 시간에 공부할 내용을 개략적으로 안내하고, 개인적 혹은 소집단별로 미리 학습해 두어야 할 내용이나 준비할 자료에 대하여 안내할 사항을 기술한다. 학습과제는 단순히 학생들을 교과 학습활동에 묶어 두려는 데 의의가 있는 것이 아니라 학습준비도를 갖추도록 하는 것이 중요하다.

(11) 총괄평가 문항 개발

대단원의 수업목표를 면밀히 검토하여 총괄평가에서 출제할 평가문항을 미리 개발해 둔다. 이러한 문항들이 매 단원별로 축적되면 총괄평가를 위한 문항은행이 되는 것이다.

본시수업계획 양식

<table>
<tr><td>소단원명</td><td colspan="3"></td><td>쪽수</td><td></td><td>차시</td><td></td></tr>
<tr><td>대상</td><td>학년 반</td><td>일시</td><td></td><td>장소</td><td></td><td>교사명</td><td></td></tr>
<tr><td>수업목표</td><td colspan="3"></td><td>출발점행동</td><td colspan="3"></td></tr>
<tr><td rowspan="2">수업자료</td><td colspan="4">교사</td><td colspan="3">학생</td></tr>
<tr><td colspan="4">교과서, 프로젝트, OHP 등</td><td colspan="3">교과서, 조사표 등</td></tr>
</table>

<table>
<tr><td rowspan="2">수업단계</td><td rowspan="2">수업내용</td><td colspan="2">교수학습활동</td><td rowspan="2">교수 - 학습 형태</td><td rowspan="2">시간</td><td rowspan="2">지도상 유의점</td></tr>
<tr><td>교사</td><td>학습자</td></tr>
<tr><td>도입</td><td>1. 전시학습 내용 확인
2. 동기유발
3. 수업목표 제시</td><td></td><td></td><td></td><td></td><td></td></tr>
<tr><td>전개</td><td></td><td></td><td></td><td></td><td></td><td></td></tr>
<tr><td>정리</td><td>1. 수업내용 요약, 정리
2. 형성평가
3. 과제 및 해결 방법 안내
4. 차시예고</td><td></td><td></td><td></td><td></td><td></td></tr>
</table>

단원 수업지도안 작성 예

1. 단원명 : 학습지도안 작성 방법

2. 단원 설정의 이유

학습자의 효율적인 수업지도는 사전에 치밀하고 체계적인 계획을 요한다. 아무리 수업지도 방법이 훌륭한 교사라고 하더라도 학습할 내용에 대한 면밀한 검토와 조직, 학습자의 특성에 대한 이해, 그리고 수업과정에 대한 사전계획이 체계적으로 수립되지 않으면 학습의 효과를 기대하기 어렵다. 따라서 학습자 특성, 교과 및 단원 혹은 소단원의 내용 특성, 수업환경 및 매체의 특성을 고려한 수업지도안 작성 방법을 익히고 그 지도안에 따라서 수업을 전개하는 능력을 함양하는 일은 교사양성 교육과정에서 핵심적인 과제이다.

3. 단원의 학습목표

- 수업지도안 작성의 필요성과 중요성을 설명할 수 있다.
- 수업지도안 양식의 주요 항목을 기술할 수 있다.
- 수업지도안 양식은 창의적으로 변형이 가능하며, 어떤 요소를 고려하여 양식이 결정되어야 하는가를 기술할 수 있다.
- 특정 교과의 특정 단원을 가지고 학습지도안 양식에 따라서 수업지도안을 작성할 수 있다.
- 작성한 학습지도안의 적절성을 평가하는 기준을 설정할 수 있다.

4. 지도상의 유의점

- 수강자의 전공 교과를 고려하여 학습과제를 부과한다.
- 수업지도안 양식의 각 항목 내용 진술 방식이 획일적이지 않고 창의적으로 할 수 있도록 지도한다.
- 기존에 작성되어 있는 다양한 학습지도안을 참고로 하되, 모든 학생이 직접 학습지도안을 작성하도록 한다.
- 기존의 다양한 학습지도안의 평가기준을 학생들 스스로 설정하도록 지도한다.

5. 단원 학습 지도 계획

차시	소단원	수업내용	수업형태	비고
1/6	· 수업지도의 의미와 의의 · 단원의 뜻과 성격	1. 수업, 학습, 교수의 뜻 2. 수업의 의의 3. 단원이란? 4. 단원의 종류 강의법	강의법, 질문법	학생들이 이해하고 있는 자를 자연스럽게 표현하도록 한다.
2/6	학습지도안 양식의 내용	1. 단원명 2. 단원설정의 이유 3. 단원의 학습목표 4. 지도상의 유의점 5. 단원 수업지도 계획 6. 본시 수업지도안 강의법	강의법	프로젝트, OHP
3/6	학습지도안 양식 각 항목의 기술 1	1.단원명 2.단원설정의 이유 3.단원의 학습목표 4.지도상의 유의점 5.단원 수업지도계획	강의법, 토론법, 문답법	수업지도안 양식
4/6	학습지도안 양식 각 항목의 기술 2	1. 본시 수업지도안 1) 학습목표 설정방법 2) 출발점행동의 뜻과 진술방법 3) 학습단계에 따른 교사와 학습자의 활동 4) 교수-학습형태,시간설정,지도상의 유의점 기술 방법	강의법, 토론법, 문답법	수업지도안 양식
5/6	학습지도안 작성의 실제 1	개인별로 정한 단원으로 학습지도안 작성	실습,발표 토론	수업지도안 양식
6/6	학습지도안 작성의 실제 2	교수가 제시한 단원으로 학습지도안 작성	실습,발표 토론	수업지도안 양식

6. 본시 수업계획

소단원명	학습지도안 양식의 내용			쪽수	126~131	차시	2/6
대상	교육3학년	일시	08.03.25	장소	403	교사명	
수업목표	1. 단원 학습지도안 양식의 주요 내용을 기술할 수 있다. 2. 수업목표 진술방법을 설명할 수 있다. 3. 본시 학습지도안 양식의 내용을 기술할 수 있다.			출발점행동	1. 교수, 수업, 교수-학습, 학습 등의 개념의 뜻을 이해하고 있는가? 2. 단원의 의미와 종류 3. 학습지도 계획의 중요성		
수업자료	교사				학생		
	교과서, 프로젝트, OHP 등				교과서, 조사표 등		

수업단계	수업내용	교수학습활동		교수 - 학습 형태	시간	지도상 유의점
		교사	학습자			
도입	1. 전시학습 내용 확인 2. 동기유발 3. 수업목표제시	1. 수업, 학습, 교수의 뜻, 단원의 뜻과 종류에 대한 질문 2. 수업목표확인	1. 질문에 답한다. 2. 의사항에 대하여 질문한다.	강의법 질문법	5분	교사의 수업계획의 중요성을 인지하도록 한다.
전개	1. 단원명 2. 단원설정의 이유 3. 단원의 학습목표 4. 지도상의 유의점 5. 단원 수업지도 계획 6. 본시 수업지도안	1. 본 단원을 학습해야 하는 이유가 무엇인가를 묻는다. 2. 다양한 학습목표 진술의 예를 제시한다. 3. 학습지도안 양식을 제시한다.	1. 질문에 답한다. 2. 제시된 수업목표 진술문 중에서 적절한 것과 부적절한 것을 구별해 낸다. 3. 제시해 준 자료에 보충 기록한다.	강의법 문답법	40분	학습지도안 양식을 미리 인쇄로 제작하여 나누어 주고 적극 활용하도록 한다.
정리	1. 수업내용 요약, 정리 2. 형성평가 3. 과제 및 해결 방법 안내 4. 차시예고	1. 수업내용을 준비된 자료를 통하여 정리 2. 학습목표 설정 방법 질문 3. 차시 학습 내용 안내	질문에 답한다.	강의법	5분	과제를 구체적으로 안내한다.

8. 연구수업

1) 연구수업의 의미와 목적

연구수업은 수업자와 수업 참관자들이 수업 자체, 즉 구체적인 학습지도 방법에 대하여 연구하고 협의함으로써 보다 나은 수업을 계획하고 진행하기 위한 방안을 모색하기 위하여 여러 참관자들 앞에서 공개적으로 실시하는 수업을 말한다. 다시 말하면 연구수업이란 수업자가 수업에 대하여 연구 계획한 바를 공개적으로 발표하는 수업이라고 할 수 있다. 따라서 일종의 수업장학 과정이라고 할 수 있으며 교육실습의 종반부에 당해 학교의 교육실습 계획에 따라서 실시하게 된다.

현장 교사들에게 있어서 연구수업은 교사 상호간 수업에 대한 기술을 향상시키는 계기 혹은 연구기회가 되기도 하지만, 교육실습생들에게는 실습생들이 수업에 대한 준비와 계획 및 내용 조직의 방법 등 수업운영 역량을 향상시키는 기회를 갖는다는 데 의의가 있다. 일반 수업에서도 이러한 기회를 가질 수 있으나 공개적인 수업을 통해서 경험 많은 교사나 동료 실습생들로 하여금 조언과 평가를 받아보는 것은 매우 중요한 경험이 된다.

한편 교육실습생들로 하여금 연구수업의 기회를 부여하는 목적은 다음과 같다.

첫째, 학습의 효과 혹은 수업목표 달성을 극대화시킬 수 있는 수업기술을 개발한다. 연구수업의 일차적인 목적은 수업자가 연구하여 발표한 수업 자체에 대하여 여러 참관자들이 연구수업의 강점과 약점 및 개선할 점 등을 지적하고 협의과정을 거침으로써 수업자 뿐만 아니라 수업 참관자들의 수업운영 기술을 향상시키려는 것이다.

둘째, 수업에 관한 연구 분위기를 조성하는 것이다. 효과적인 수업은 단순히 교사의 경험과 통찰에만 의존하는 것이 아니며 꾸준한 연구와 개선 노력을 요구한다. 연구수업은 이렇듯 현장 교사 및 실습생들로 하여금 수업 자체에 대한 개별적 혹은 협동적인 연구 분위기를 조성하려는 것이다.

셋째, 실습생들로 하여금 수업의 다양한 측면에의 민감성을 기른다. 수업은 수업 상황을 예측하기 어려운 매우 복잡한 상황에서 전개되는 경우가 많다. 따라서 연구

수업을 통하여 복잡하고 가변적인 수업 상황에 대처하고 수업의 다양한 측면에 민감성을 기르도록 함으로써 수업의 위기관리 능력을 기르는 목적을 갖는다.

넷째, 실습생들의 수업평가 능력을 기른다. 동료 실습생의 연구수업에 참가하여 관찰한 바에 따라 수업에 대한 평가활동을 전개해 봄으로써 수업평가력을 기르는데 도움을 준다.

2) 연구수업의 실시

연구수업을 위한 별도의 학습지도안을 만들 필요는 없으나 작성한 학습지도안에 대하여 일반적인 수업에서와는 달리 철저한 이해와 준비가 필요하다. 수업직전에 해야 할 일을 살펴보면 다음과 같다.

첫째 연구수업이 계획된 날짜를 고려하여 충분한 여유를 갖고 학습지도안을 작성하고, 계속적인 수정과 보완과정을 거쳐 나가야 한다. 수업 상황은 고정되어 있는 것이 아니라 부단히 변하며 돌발적인 상황이 벌어지기도 하는 것이다. 이러한 상황에 적합하게 개선 수정해 나갈 필요가 있다.

둘째, 수업에서 활용한 각종 영상 및 매체(연습지, 인쇄물, 복사물, OHP, 컴퓨터, 프로젝트, 비디오, 녹음기, 스크린, 포인터 등)와 학습 자료들을 거듭 점검하고 필요한 것들을 보충한다.

셋째, 수업할 교실의 환경 구성, 전원 및 코드 사용 상태, 학생들의 학습의욕과 태도 등에 특별한 문제가 없는지 미리 점검 검토하고 필요한 사항을 조치한다.

넷째, 다른 참관자들 앞에서 공개적으로 수업을 진행한다는 것은 매우 부담스럽고 긴장되는 일이 아닐 수 없다. 따라서 연구수업에서는 연구수업자의 침착성과 용기가 절대적으로 필요하다. 이러한 수업자의 마음가짐은 학습지도 계획이 충실해야 하며, 진행과정에 따른 내용들을 충분히 이해하고 있어야 가능하다.

한편 연구수업을 진행하는 과정에서의 몇 가지의 유의해야 할 점이 있다.

첫째, 모든 수업이 다 그러하듯이 수업의 시작단계에서 학생들의 주의를 집중시키고 학습의욕을 불러일으키는 일이 중요하다. 평소와는 달리 많은 수업참관자들이 교실에 들어서는 순간 학생들이 웅성거리고 잡담을 하는 등 수업분위기가 어수선해질 가능성이 크다. 이런 상황에서 연구 수업자가 고함을 지르거나 협박하는 듯한 말로 수업분위기를 안정시키려고 해서는 안 된다. 침착하고 자신 있는 태도와 엄숙한 표정으로 연구수업 상황을 이해시킴과 동시에 학생들을 두루 주시하면서 수업을 시작하면 된다.

둘째, 침착한 행동으로 수업에 동원될 기자재를 이용할 수 있도록 점검하고 학습보조 자료를 배부한다. 그리고 학생들이 칠판이나 스크린과 같은 화면을 잘 볼 수 있는 위치에서 수업을 시작한다. 교사의 위치는 고정하기보다는 약간 변화를 주어 학생들의 주의를 집중하도록 할 필요가 있으나 너무 위치를 바꾸어 주의집중을 방해하지 않도록 해야 한다.

셋째, 교사의 시선은 여러 학습자들에게 고루 주어지도록 해야 한다. 교사의 시선이 어느 한 학생 혹은 소수 몇 명에게 고정되거나 교실 천장 혹은 창밖을 바라보면서 수업하지 말아야 한다. 그리고 동의를 구해야 하는 경우에는 지도교사 혹은 특정 학생을 주시하면서 말하는 것이 좋다.

넷째, 학생들의 질문 혹은 대답에 대해서는 먼저 긍정하고 그 다음에 평가 혹은 비판하는 순서로 진행한다. 학생의 질문에 대하여 부정적인 인상이나 피드백을 제공하여 평가해 버리면 교사와 학생간의 적극적인 상호작용을 기대하기 어렵다.

다섯째, 수업 도중 소집단 편성 등 학급 조직을 바꾸어야 할 필요가 있는 경우에는 수업분위기가 산만해지지 않도록 민첩하고 조용하게 진행한다. 이러한 학급조직의 재편성의 필요성은 도입부분에 안내해 두면 효과적이다.

여섯째, 시간관리에 유의한다. 지나간 시간과 남아 있는 시간을 적절히 확인하여 주어진 시간에 수업을 종결하도록 한다. 특히 수업의 마지막 단계에서 수업내용의 정리, 수업목표 달성도 평가, 차시예고 및 학습과제 등이 생략되지 않도록 침착성을 잃지 말아야 한다.

3) 연구수업의 참관

연구수업을 참관하는 참관자들은 연구수업에서 수업계획안, 교사활동, 학습활동, 수업환경, 그리고 학습의 평가와 정리 영역으로 나누어 구체적으로 참관해야 한다.

(1) 수업계획안의 참관내용

① 수업의 목표는 학교교육 목표와 관련이 있고 구체적인 진술인가?
② 학습자의 기초행동이 명확히 밝혀지고 있는가?
③ 교재의 중심 관련과 기본적인 요소가 명확하여 구조화를 도모하고 있는가?
④ 수업형태 및 시간배당이 수업목표 및 내용에 적당한가?
⑤ 학습 및 지역사회의 실태를 고려한 계획인가?
⑥ 수업 결과의 평가계획이 적절한가?
⑦ 교구는 충분히 활용하도록 되었나?
⑧ 수업이 역동성 있는 활동으로 계획되어 있는가?

(2) 교사활동의 참관내용

① 학습활동을 촉진하기 위하여 자유로운 학습분위기를 조성하고 있는가?
② 이미 배운 교재와 관련지어 조리있게 전개하고 있는가?
③ 교사의 발문, 학습자의 질문 처리는 적절한가?
④ 개개 학습자의 반응을 살피며 이해도를 고려하여 수업을 진행하는가?
⑤ 전체적인 능률과 개별적인 능률을 고려하고 있는가?
⑥ 사고해야 할 곳을 유기적으로 구조화하여 자율적으로 문제를 해결할 수 있도록 하는가?
⑦ 교재활용, 판서의 내용, 시기, 방법이 적절한가?
⑧ 지도의 중심이 명확하며 임기응변의 조치는 없는가?
⑨ 개별학습이 이루어지도록 노력하는가?

(3) 학습활동의 참관내용

① 본시 수업목표는 명확히 파악되고 학습자의 학습의욕은 왕성한가?

② 교사의 권위, 학습자의 경쟁의식이 위축되지 않는 자유로운 분위기인가?

③ 학습자가 자주적이고 비판적인 학습활동을 잘 이루어 가고 있는가?

④ 교재 · 교구의 이용이 잘 되는가?

(4) 수업환경의 참관내용

① 학습효과를 자극할 만한 수업환경이 이루어졌는가?

② 학습활동의 전개에 충분한 교구와 자료를 갖추고 있는가?

③ 기존 교구 외에 창의적인 제작교구를 갖추고 있는가?

④ 교재의 관리는 잘 이루어지고 있는가?

(5) 학습의 평가와 정리

① 학습도중 학습의 평가와 정착이 적절하게 이루어지고 있는가?

② 평가내용은 본시의 수업목표와 직결되어 있는가?

③ 평가내용에 타당한 방법을 활용하고 있는가?

④ 평소에 학습정리를 중시하고 계속적인 변화를 누가 기록하고 있는가?

⑤ 본시의 수업내용에서 중심적인 것을 체계적으로 정리하는가?

⑥ 학습결과의 응용 및 차시학습으로 발전적인 계열화가 이루어지는가?

⑦ 기본적인 사항에 대한 연습은 적절히 이루어지고 있는가?

⑧ 가정학습의 과제는 적절히 주고 있는가?

4) 연구수업의 평가

연구수업의 평가는 대체로 연구수업에 참여한 교감 혹은 선임교사의 주도로 이루어진다. 평가 기준 혹은 내용은 앞에서 제시한 수업관찰 항목 혹은 평가 문항에 따라서 이루어질 수 있다.

연구수업 평가협의회에 참여하는 사람들은 연구수업의 의의와 목적을 염두해 두고 지나치게 혹평을 하거나 실습생의 사기를 저하시키는 발언을 삼가야 할 것이다. 가능한 한 칭찬과 격려를 하도록 하며, 반드시 고쳐야 할 중요한 수업 기술적인 문제나 결정적인 오류가 있는 경우 조심스럽게 언급하고 수업자 스스로 교정하려는 자세와 태도를 지니도록 하는 것이 바람직하다.

Ⅱ. 생활지도 및 상담의 이해와 실습

1. 생활지도의 의의와 필요성

교육실습의 다른 영역이나 활동에 비하여 생활지도 실습은 매우 제한적으로 이루어지는 것이 보통이다. 이는 교육실습 기간이 짧다는 점에도 연유하지만 학생들의 생활지도와 상담이 짧은 기간에 일회적으로 끝나는 교육활동이 아니라 지속적이고 밀착된 인간관계 속에서 진행되기 때문이다.

일반적으로 학교 교육활동 중 학습지도는 지적 활동에, 생활지도는 인성을 비롯한 정의적 활동에 초점을 두는 것으로 이해되고 있으나 현대의 학교교육은 교과지도와 생활지도를 엄격하게 구별하지 않고 양대 교육활동 영역이 통합되어 전개될 것을 요구하고 있다. 즉 교과지도와 생활지도를 별개의 기능을 가진 영역으로 양분하는 것은 어디까지나 편의상의 분류일 뿐 교육의 과정에서는 교과지도와 생활지도가 통합된 방식으로 운영되어야 한다. 교과지도와 생활지도가 통합적으로 운영되는 것을 전제한다고 하더라도 생활지도와 상담의 영역은 교과지도와는 차이가 있으므로 여기에서는 생활지도와 상담의 영역을 한 개의 독립적 영역으로 간주하고 이에 대해 살펴보고자 한다.

생활지도는 학교 학생들을 바람직한 방향으로 안내, 지도, 훈육 및 통제하는 것을 의미한다. 즉, 생활지도는 학생들 스스로 자신의 세계를 보다 정확히 이해하고, 또 그를 둘러싼 환경을 바르게 이해하여 현명하게 적응 · 성장할 수 있도록 도모해 주어야 하며, 사회생활에 필요한 지식, 기능, 태도, 가치 등을 습득시켜 효과적으로 사회에 공헌할 수 있는 자질을 길러 주어야 함을 의미한다.

한편, 생활지도의 대상은 학생이기 때문에 학생에게 도움을 주는 것은 생활지도의 직접적인 목표가 된다. 또한 생활지도는 학교에 대해서도 도움을 줄 수 있기 때문에 교사와 학생에 대한 봉사의 의미를 지닐 수 있는 간접적인 목표를 갖는다. 즉, 생활지도의 목표를 학생 개개인의 성장 · 발달과 직결된 직접적 목표와 학교의 교사와 학교에 대한 봉사로서의 간접적 목표를 동시에 수행한다. 학생 개인의 성장 · 발달을 돕는 생활지도의 직접적 목표를 열거하면 다음과 같다

- 학생 개개인으로 하여금 그들 자신을 정확하게 이해하도록 한다.
- 학생 개개인으로 하여금 가능한 한 그들 자신의 노력으로 그들이 지닌 여러 자질을 발견해서 그것을 최대한으로 발전시키도록 한다.
- 학생 개개인으로 하여금 수시로 그들이 부딪힌 문제를 파악해서 스스로의 힘으로 해결하도록 한다.
- 학생 개개인으로 하여금 복잡 다양한 생활환경 속에서 현명한 선택을 하고 적절하게 적응하도록 한다.
- 학생 개개인으로 하여 적응을 할 수 있는 영구적 터전을 마련하도록 한다.
- 학생 개개인으로 하여금 신체적, 지적, 정서적 그리고 사회적인 모든 면에서 조화 있는 삶을 누릴 수 있도록 한다.
- 학생 개개인으로 하여 그들이 속한 사회를 위해서 그 나름의 공헌을 할 수 있도록 한다. 생활지도는 학생 개개인을 돕는다는 목적이 무엇보다도 중요하지만, 일반교사나 학교에 대한 봉사의 의미이기도 한다. 즉, 학교의 생활지도와 상담 활동이 일반 교사나 학교 행정가에게 다음과 같은 도움을 주기도 한다.

- 교사들로 하여금 학생들을 보다 정확하게 이해하도록 도와 준다.
- 교사들로 하여금 여러 가지 형태의 현직 교육활동을 통하여 생활지도에 임하는 바람직한 태도와 기술을 지니도록 도와 준다.
- 교사들로 하여금 학생들이 제시하는 문제가 자신의 지도 한계를 벗어나는 경우에는 그 분야의 전문가에게 지체없이 위탁하도록 도와 준다.
- 학생들이 제시하는 문제는 카운슬러와의 개인적 상담을 통해서 해결되는 것이 보편적이지만, 경우에 따라서 교육시간의 수업을 통해서도 해결될 수 있다.
- 학교의 생활지도 활동은 학교와 지역사회 간의 유대강화를 위한 촉진제가 될 수 있다.
- 학교의 생활지도 활동은 교사나 학교 자체의 연구활동에도 많은 도움을 준다.

오늘날 교육 현장에서 생활지도와 상담이 중요시되고 있는 이유는 이것이 새로운 교육 분야이기 때문에서가 아니라 그것은 실제적인 면에서 교육을 보다 충실하게 발전시켜 줄 수 있는 방법이기 때문이다. 이러한 이유 때문에 생활지도와 상담이 학교교육 장면에서 필요하기도 하지만 그 이외에도 다양한 이유가 존재한다. 좀 더 구체적으로 생활지와 상담이 필요하게 된 이유를 살펴보자.

첫째, 신체 · 발달적 측면에서 생활지도가 필요하다. 청소년기가 시작되는 사춘기에는 신체적 · 생리적인 변화와 신장과 체중의 증가가 가속화되는 성장급등 현상이 일어난다. 신체적 · 생리적 측면의 성장급등은 정신적 · 심리적 변화를 초래하게 되고, 적응하지 못하면 정신적인 장애를 가져올 수도 있다. 특히 성장속도가 빠를수록, 급격한 성적 발달이 있을수록, 또 준비된 지식이나 태도가 없을수록 심리적인 영향이 크다. 청소년들이 급격한 신체변화를 정확히 이해하며 적응할 수 있도록 하기 위해서는 생활지도가 필요하다.

둘째, 정신건강 측면에서 필요하다. 청소년기는 정서적으로 불안정하고 내적 갈등이 많은 시기로 신체적으로, 심리적으로, 그리고 사회적으로 큰 변화가 동시에 일어나면서 정신적인 스트레스 또한 높아지게 된다. 특히 학업 성취에 대한 부담과 과다한 경쟁으로 인한 스트레스는 청소년기의 정신건강 문제를 초래한다. 청소년의 적응문제를 무조건 흔히 있을 수는 있는 일시적 현상으로 가볍게 보고 넘기는 것은 피하지 말고 청소년이 건강한 정신을 소유할 수 있도록 지도와 조언을 하기 위해 생활지도가 필요하다.

셋째, 가정의 측면에서 필요하다. 가족의 구조가 대가족에서 핵가족으로 변화되고, 그 기능이 약화되면서 청소년의 탈선이나 가출 등의 주요 요인이 되고 있다. 가정환경에서 유래될 수 있는 청소년문제를 예방하며 치료하기 위해서 생활지도가 필요하다.

다섯째, 학교의 측면에서 필요하다. 오늘날의 학교 조직과 기능의 변화는 대규모 교육을 할 수 있다는 장점을 지닐 수는 있었지만 많은 문제점을 발생시켰다. 청소년기의 주된 활동 영역인 학교는 청소년에게 부정적인 영향을 미칠 수도 있다는 점이다. 결국 생활지도는 청소년으로 하여금 학교생활에 적응하며 바람직한 학교생활을 할 수 있도록 해 주기 위해서 필요하다.

여섯째, 대중사회의 측면에서 필요하다. 현대사회가 산업화에 따른 상업 및 경제구조의 변화, 정치 및 사회구조의 변화와 함께 대두되면서 인간소외, 획일화, 대중화현상을 강조하였다. 대중사회 속에서 청소년은 대중사회적인 경향을 무비판적으로 수용하게 되고, 무비판적 수용은 결국 자아정체감을 상실하게 하며 충족되지 못한 욕구를 만족시키기 위해서 비행을 저지르기도 한다. 이러한 대중사회 속에서 학생기와 성인기의 중간 단계를 보내고 있는 청소년에게 건전한 사회 비판의식과 바람직한 대중사회 속에서의 삶의 방향을 제시해 주기 위해서 생활지도가 필요하다.

일곱째, 국가적 측면에서 필요하다. 국가적 차원에서 생활지도가 필요함을 제시하는 것은 우리 국민 모두가 올바른 생활지도가 정착됨으로써 가정생활, 학교생활, 나아가 건전하게 사회의 일원으로서 충실한 인생을 누리기 위해 직업생활에서 원만하게 적응할 수 있고 선택에 대한 판단과 행복한 삶의 추구 면에서 기여하고 있기 때문이다.

여덟째, 개인의 가치관 형성 측면에서 필요하다. 청소년기에 형성되는 가치관은 청소년 개개인에게는 올바른 인격과 삶의 질을 결정해 주기도 하지만 왜곡되고 부적합한 가치관 형성으로 말미암아 사회적응을 어렵게 하여 문제를 야기키시기도 한다. 청소년이 가치관을 어떻게 형성되는가에 대한 정확한 진단은 미래사회 변화의 방향을 가늠할 수 있게 하고 또 그에 적절히 대처할 수 있기 때문에 청소년의 가치관을 바람직하게 육성시키기 위해서는 생활지도가 필요하다.

아홉째, 비행예방적 측면에서 필요하다. 청소년비행을 예방할 수 있는 교육적 측면을 고려해 보면 가정에서나 학교에서의 생활지도가 중요한 비중을 차지하게 된다. 그러므로 청소년의 비행을 예방하기 위해서 적절한 생활지도가 필요하다.

열번째, 진로지도의 측면에서 필요하다. 과거에 비해 현대사회에서 직업의 종류가 과거에 비해 자동화, 고도화, 전문화, 복잡화됨에 따라 현대의 청소년들은 진로를 결정하는데 있어서 크나큰 혼잡을 빚고 있는 실정이다. 즉, 자기에게 적절한 직업이 무엇이며, 어느 분야가 능력이나 적성에 알맞은가를 알 수 없기 때문에 생활지도상에 문제를 야기시키고, 적절한 직업 안내와 방향 제시 등 전문적이고도 객관적인 진로지도의 필요성을 절감하게 된다.

이렇듯 다양한 이유로 학교 장면에서 학습지도와 함께 생활지도와 상담은 중요한 교육의 요소로서 필요하다. 특히 생활지도와 상담에 대하여 많이 알면 알수록 실습생 자신이 인간성장에 많은 도움을 받을 수 있다. 그러나 우리가 남을 진정으로 도와줄 수 있기 위해서는 먼저 나 자신이 상담자가 되기 전에 성숙한 인간이 되어야 하며, 학생을 염두 해 둘 것이 아니라 자기 자신을 성찰하면서 자기 주도적 학습능력과 삶의 통합 및 통찰의 능력을 가질 수 있도록 노력해야 한다.

2. 생활지도와 상담의 기본원리

학교 교육활동으로서의 생활지도와 상담은 궁극적으로 학생 개개인의 문제를 스스로 발견하여 해결하며 사회생활에 적응해 나갈 수 있도록 도와 주는 과정이다. 학생 한 사람 한 사람을 자아실현할 수 있는 가능성과 능력을 지닌 존재라는 신념을 교사는 전제해야 한다.

모든 교육활동은 효과성을 고려한다. 생활지도도 예외일 수는 없다. 그러므로 효과적인 생활지도를 하기 위해서 목표나 프로그램의 적용이 합리적이어야 한다. 합리성을 추구하기 위해서는 기본 원리의 이해가 선행되어야 한다. 기본적인 원리에 의해서 구체적인 프로그램을 실행할 수 있기 때문이다. 생활지도에 있어서도 기본 원리를 이해할 필요가 있다.

첫째, 개인의 존중과 수용의 원리가 있다.

생활지도와 상담은 기본적으로 인간의 존엄성을 인정하고 모든 개인이 한 인간으로서 존중받아야 한다는 민주적 이념에서 출발한다. 모든 개인은 각자의 처지에 따르는 가능성을 가지고 있으며 그와 같은 가능성이 충분히 계발되고 신장받아야 할 권리를 그들이 가지고 있다는 관점이다. 따라서 학생 한 사람 한 사람을 사회의 중요한 일원으로서 수용해야 한다. 수용이란 학생을 인간적인 존재로 인정하고 그 가치를 소중히 여겨 일방적 지시나 억압 및 명령을 배제하고 인간으로 받아들이는 것이다. 그러므로 생활지도와 상담은 모든 개인의 가치를 수용하고 그들의 가능성과 현실을 인정하며 그들 나름의 발달을 할 수 있는 기회를 조장하여야 한다.

둘째, 자율성 존중의 원리가 있다.

생활지도와 상담은 모든 개인이 정상적으로 발달하도록 도움을 주는 조력의 과정이다. 생활지도나 상담은 조력을 제공하는 것이므로 어떤 문제를 해결하는 것은 본인 스스로 문제의 핵심을 파악하고 가능한 방안을 탐색하여 학생 스스로 최종적인 결정을 내리도록 자율적인 능력과 태도를 강조하는 것이다.

셋째, 적응의 원리가 있다.

생활지도와 상담은 학생 스스로의 삶과 생활에 대한 건강하게 적응할 수 있도록 도와 주는 것이다. 적응은 자아의 수정을 통한 현실에 순응하는 소극적인 적응보다 개인의 능력과 인성형성에 있어서 능동적이고 적극적인 면을 강조한다. 적응의 결여는 자신에 대한 현실적인 이해와 통찰의 부족에서 오는 것이므로 학생들 스스로 자신에 대한 이해에 의해서 건전한 자아개념을 가지도록 지도해야 한다.

넷째, 인간관계의 원리가 있다.

생활지도와 상담은 태도와 가치관의 변화나 인성적 통정과 같은 정의적인 학습과 관련이 깊다. 이러한 정의적인 학습은 교사와 학생 사이의 참다운 인간관계, 즉 교사와 학생 사이의 감정이 교류하는 관계가 성립될 때 가능해지며 학습도 촉진된다. 상담에 있어서 허용적인 분위기 조성이 필요한 것도 이러한 원리에 기인한 것이다.

다섯째, 자아실현의 원리가 있다.

생활지도와 상담의 궁극적인 목적은 모든 학생들이 자신의 잠재능력을 충분히 발휘하여 결국 자아실현할 수 있는 사람이 되도록 하는 것이다. 학생들이 자아실현할 수 있도록 도와 주기 위해서 교사는 인간의 동기를 인정하고 그것을 자극함으로써 모든 학생으로 하여금 자신을 보다 완성되고 충분한 조건을 구비한 인간으로서 발달할 수 있게 하는 힘을 부여해야 한다. 생활지도는 학생들 개개인의 개인적인 문제해결, 새로운 장래의 설계, 학교생활에 대한 건전한 적응 등을 통하여 모든 학생으로 하여금 자기 나름의 완성을 기하도록 조력을 제공하는 것이다. 따라서 생활지도는 개인이 자아실현의 궁극적인 목적을 향하여 생각하고 계획하고 움직이도록 하는 것이다.

여섯째, 모든 학생을 대상으로 한다.

흔히 생활지와 상담은 문제학생, 비행을 저지른 학생, 여러 가지 이유로 학교 생활에 적응하지 못하는 학생들만 그 대상자라고 생각하기 쉽다. 그러나 생활지도는 개인의 잠재 가능성을 개발시키는 교육적인 활동의 일부이므로 그 대상도 문제아나 부적응아, 고립아 등 주로 상담을 필요로 하고 도움을 필요로 하는 학생들을 모두 포함하고, 정상적인 학생들도 함께 생활지도의 대상이 되어야 한다. 현실적으로 교육 현장에서는 생활지도가 마치 문제아를 도와 주기 위한 기관으로 착각하고 있는 학생들이 많이 있음을 볼 때 생활지도의 의미와 필요성을 더욱 강조해야 할 필요가 있으며, 적극적인 홍보활동으로 이에 대한 폐단을 금지시켜야 할 것이다. 많은 정상적인 학생들이 그들의 자질과 능력, 적성, 흥미를 고려하여 앞으로 다가올 미래의 진로문제나 적응문제, 이성, 가치관, 가정의 문제, 대인관계, 교사와의 관계, 신앙의 문제 등 수많은 문제와 더불어 자기의 방향을 결정할 수 있는 기회를 마련하여 성장 가능성을 찾도록 노력하는 길은 오직 생활지도를 통해서 이루어질 것이라는 생각과 관심을 갖도록 지도해야 한다.

일곱째, 넷째, 생활지도는 강제가 아니고 협동적 방향으로 이루어져야 하며 학교

교육 계획이 통합된 일부가 되어야 한다.

학생들은 생활지도 활동에 강제로 응할 수 없다. 생활지도는 개인을 포함한 상호 승낙에 의하여 이루어져야 하며 강제나 압력을 배제하는 것이 생활지도의 본분이다. 응하지 않는 학생이 생활지도 담당자에게 의뢰되어 왔을 때 언제나 후회나 반항 같은 행위가 변화되어야 한다. 생활지도는 외부적인 강제나 협박에 의한 변화보다는 내적 동기나 자발적인 변화를 일으키는 데 달려 있다고 본다. 생활지도 활동은 학교계획 프로그램 속에 필수적인 것이 되어야 한다.

마지막으로 치료나 교정보다 예방에 역점을 두어야 한다.

생활지도의 시작 단계에서 생활지도와 상담은 문제행동의 치료나 교정에 있고, 직업지도에 중점을 두고 지도하여 왔다. 그러나 앞으로의 생활지도의 방향은 이와 같은 문제에 부닥친 해결에만 치중할 것이 아니라 사전에 미리 방지할 수 있는 예방지도에 앞장서야 할 것이다.

3. 생활지도와 상담의 실습내용

종래의 학교에서의 생활지도는 개인의 성적, 품행에만 중점을 두어 왔는데, 이제는 그 범위를 벗어나 학생 및 학교생활 전반에 걸친 지도가 필요하게 되었다. 생활지도는 원래 직업지도에서 시작되었으나 그 영역이 점차 확대되어 현대에 와서는 교육이 곧 생활지도요 교과지도활동과 생활지도를 통합하여 교육되어야 함을 강조하고 있다.

생활지도 및 상담의 실습 내용 영역을 학생 개인을 대상으로 하느냐, 아니면 대소 집단을 대상으로 하느냐에 따라서 개인지도 및 개인상담, 집단지도 및 집단상담으로 나눌 수도 있다. 그러나 생활지도나 상담활동의 내용을 기준으로 교육실습의 내용 영역을 세분화하면 교육지도, 직업지도, 인성(정서)지도, 사회성 지도, 가정지도, 건강지도, 여가선용 지도, 종교지도, 도덕성 지도 그리고 자기관리지도 등을 들 수 있다. 여기에서는 자기관리지도 영역을 구체적으로 살펴보고 나머지는 간단히 소개하고자 한다.

1) 학업지도

학업지도는 학교생활 중 학력 향상을 위한 지로로서 교과목 선택, 효과적인 학습 방법, 과외활동의 선택지도, 독서지도 등을 의미한다. 따라서 학업지도는 교과교육적 측면의 지도로서 교과학습지도와 중복된다. 그러나 생활지도로서의 학업지도는 학업적으로 특별한 지도를 요하는 학생들의 지도, 예컨대 학업부진아나 영재의 학습지도, 학업상의 부적응 학생의 지도, 학력 향상을 위한 지도뿐만 아니라 상급 학교 진학과 계속되는 학업생활에 대한 지도 등이 포함된다.

2) 진로지도

각 학생의 직업선택, 직업준비, 취업알선 등 장래 직업에 관련된 영역에 대하여 지도하는 영역으로서 이러한 목적을 달성하기 위하여 학생들에게 직업에 관한 정보를 제공하며, 취업희망 조사와 각종 직업세계에 대한 자료들을 수집하여 학생들로 하여금 직업준비에 대한 탐색적 경험을 주도록 노력한다. 직업세계가 점차 복잡다양해지고 있어 학생들에게 그들의 진로를 보다 적극적으로 지도해 주어야 할 필요성이 요청되며, 또한 학생의 적성과 능력에 알맞은 학과를 선택할 수 있도록 진학에 대한 조력이 필요하며, 기관에 대한 포괄적인 자료를 수집하여 정보를 제공해야 한다.

3) 인성(정서)지도

청소년기에 들어서면 사회생활에 큰 변화가 오며, 성격발달에 큰 영향을 미쳐 인성 및 정서적 측면이 민감해진다. 특히 인성적 측면에서 발생하는 문제는 대체로 심리적인 문제로서 인격, 정서적 불안, 욕구불만, 정신건강, 신경과민, 개인적 습관과 태도, 이성 문제 등 기타의 개인적 · 심리적 적응문제에 관한 영역이다. 이러한 인성문제에 대한 지도는 학생 개개인이 자기의 인격을 올바르게 인식하고 원만한 인격의 소질을 육성하도록 조언하며, 한 개인이 인간으로서 완전한 조화적 발달을 이룩하고 한 인격체로서 완성될 수 있도록 지도해 나가는 과정이다. 즉 원만한 인격형성에 장애가 되는 인간의 기본적 욕구불만, 우월감, 열등감, 공격적 태도, 정서적 불안감 등을 제거하여 줌으로써 올바른 성격형성을 지도해 주어야 한다.

4) 사회성 지도

인간은 사회적인 존재이기 때문에 언제나 집단과 함께 생활하고 있다. 즉 가정, 학교, 사회집단 등 일정한 사회적 망 속에서 살고 있다. 인간의 생활은 집단에서 비롯되므로 사회적 상호작용과 대인관계를 통하여 자기를 성장, 성숙시킬 수 있는 방법을 지도해 주어야 한다. 사회성 지도는 각 개인 혹은 학생의 교양, 도덕적인 윤리관, 인간존중의 습관형성, 의사전달의 합리적인 방법, 이성교제, 부모와 자식과의 관계, 교우관계, 집단에서의 대인관계 등 원만한 인간관계를 유지하면서 협동과 봉사의 정신으로 생활할 수 있도록 지도해 주어야 한다.

5) 가정지도

가정은 인간의 인격 형성과정에 있어서 가장 중요한 역할을 담당하는 곳으로, 언어와 지식은 물론 행동양식이나 가치관 등을 처음으로 배우게 되는 곳이다. 오늘날 우리 가정에는 전통과 현대 개념의 두 가지 측면이 공존하고 있다. 가정 내에서 학생과 부모와의 세대차에서 오는 가치관의 갈등, 형제간의 여러 가지 문제 등의 지도를 해 주어야 한다. 학교에서는 더 이상 부모와 자녀간의 문제나 형제간의 문제를 가정문제라고 방관해서는 안 된다. 학생은 가정과 학교의 연계선상에서 배우고 성장하기 때문에 학교에서의 적절한 가정문제 지도가 필요하다.

6) 건강지도

신체적 결함, 운동의 부족, 영양실조, 위생관념, 영양식 등 주로 신체적 건강과 정신적 건강을 위한 지도도 필요하다. '건강한 신체에 건강한 정신이 깃들 수 있다' 는 취지에서, 여러 가지 보건 활동 프로그램을 전개하며, 새로운 인식을 부각시켜 학교생활에 건전한 적응을 기대할 수 있도록 신체장애, 각종 질환, 위생 및 기타 각종 건강에 관련된 문제를 지도하면서 건강교육을 장려하고 담당해야 한다. 즉, 건강지도는 학생의 건강이나 신체적 발달에 관하여 적절한 조언과 조력을 해줌으로써 학생이 신체적으로 건전하게 발달할 수 있도록 지도해야 한다.

7) 여가선용 지도

여가란 학업이나 노동 등의 업무나 수면, 식사 등의 생명을 유지하기 위하여 보내는 시간 이외의 시간으로, 주된 기능은 휴식, 즐거움, 개인적인 발달이다. 여가선용 지도는 학교나 사회에서 개인이 자유로운 시간을 유용하게 이용할 수 있도록 하는 지도이다. 앞으로 여가시간이 예전에 비하여 상당히 증가하게 되는데 이런 시기에 시간이 있어도 이것을 어떻게 뜻있게 보낼 수 있는가 하는 문제는 절실하게 요구되고 있다. 그러므로 이러한 영역도 교과과정에 없는 문제이므로, 생활지도가 적절히 발굴해 주는 것이 또한 필요하다. 인간의 복잡한 사회적 · 경제적 · 산업적 조건으로부터 일어나고 있는 문제 중의 하나는 여가시간의 필요성을 느껴야 하며, 생활지도는 그 대책을 강구하여 건전한 창의적 활동을 키울 수 있도록 사전에 오락 · 여가지도에 신경을 써야 한다.

8) 도덕성 지도

도덕교육은 도덕성을 기르고 정서를 순화시킴으로써 사회생활에 적응하는 건전한 인격을 갖추게 하는 교육이다. 사회생활에 적응하는 것은 곧 규범을 준수하는 것이므로, 생활에 대한 적응력을 기르고 인격을 드높이기 위한 교육적 노력은 모두 넓은 의미의 도덕교육이다. 생활지도는 특히 그 중요한 일부분이다. 생활지도에서 다루어야 할 문제는 도덕성 발달에 관한 원리와 자율성에 이르기까지 관심을 두고 지도해야 한다.

9) 종교지도

종교란 어떤 일정한 신이나 신성의 실재에 대한 신앙에 의하여 결정되는 세계관과 인생관 및 생활관, 신비하고 존경스러우며 숭배의 대상이 되는 힘에의 의존적 구속력을 의미한다. 이러한 신앙과 의존성 등은 같은 종교라 할지라도 민족의 심리적 성향에 따라 다르다. 종교는 다양하게 구분되는데 현대사회에서는 특히 종교의 다양성, 혼란 등으로 학생들의 신앙적인 갈등과 종교 이해에 난점을 가지고 있다. 이러한 종교적 문제를 가지고 갈등에 처해 있는 이들의 문제를 적절히 지도해야 된다.

10) 자기관리지도

삶을 건강하게 영위하고 최적의 성장발달이 이루어지도록 하기 위해서는 중요한 생활습관의 틀을 마련하고 형성해 가야 한다. 즉 바람직한 생활습관을 형성하기 위해서는 자기 스스로 자신의 삶을 관리할 수 있어야 하는데 특히 삶의 목표를 위해서 시간을 안배하고 금전을 지혜롭게 쓸 수 있어야 한다.

시간을 효율적으로 관리하는 능력은 자신의 삶을 원하는 방식으로 이끌어 가기 위해 필수적으로 요구되는 것으로서, 성장과정에서 중점적으로 지도하여야 하는 생활습관 중의 하나이다. 시간을 관리한다는 것은 하루 24시간, 1주 7일, 한 달 30일 등의 구체적인 시간 자체들을 관리하는 것이 아니라, 그 시간을 효율적으로 사용하기 위해 그 시간이 흐르는 동안 개인이 행하는 '활동'을 관리하는 것을 의미한다. 다시 말해, 자신이 원하는 목표를 성취하기 위하여 활동의 우선순위를 정하고 이를 실천할 수 있도록 환경과 자신을 통제하는 것이다.

(1) 목표와 계획 세우기

시간을 효과적으로 관리하는 것은 생활의 관리이며 삶의 관리이기 때문에 목표를 분명히 설정하고 그 목표를 달성하기 위한 계획을 짜임새 있게 세우는 것이다. 분명한 목표와 계획은 삶의 방향을 제공하고 활기와 동기를 높여주는 역할을 할 수 있으며, 시간이 효율적으로 활용되었는지 아닌지를 판별하는 기준을 제공하기도 한다. 목표와 계획 세우기는 다음과 같은 요소들을 포함한다.

① 미래상과 장기적 목표의 설정

연령을 막론하고 자신의 미래 모습을 그려보고 자신이 바라는 미래의 모습을 이루기 위한 장기적 목표를 세우도록 한다. 자신이 장차 되고 싶은 모습이나 장차 어떻게 될 것 같은지를 명확하게 그려 볼 수 없는 학생이나 청소년이라도 미래의 자기 모습이 어떤 요소나 특성들을 갖추고 싶은지는 적어도 한두 가지 생각해 볼 수 있고, 그러한 점들은 장기적 목표를 수립하기 위한 방향을 제공해 줄 수 있다.

② 장기적 목표를 이루기 위한 중 · 단기 목표들의 설정

장기적 목표는 좀 더 짧은 기간을 단위로 하는 중 · 단기 목표들로 세분화되고 구체화될 필요가 있다. 10년 후의 미래를 내다보는 장기적 목표는 3년, 1년, 6개월, 1개월, 1주 등의 더 짧은 기간의 목표들로 나누어져서 이러한 중 · 단기 목표들을 이루면 장기적 목표가 달성될 수 있도록 하는 것이 좋다. 중 · 단기 목표들로 세분화하는 작업을 하고 나면 장기적 목표가 현실적이고 달설 가능한 목표인지 아닌지도 알기 쉬워지고, 이에 따른 목표의 수정도 가능해진다.

③ 목표의 우선순위 결정

장기적 목표도 여러 가지를 세울 수 있지만 특히 중 · 단기 목표들로 세분화하게 되면 목표의 수가 늘어나게 되는 것이 보통이며 여러 목표들을 모두 다 달성하기는 어려울 수도 있다. 따라서 이 중 어떤 목표들을 다른 목표들보다 더욱 중요하거나 긴급하게 여겨 우선적으로 시간과 에너지를 할당하여야 하는지의 우선순위를 결정하는 것은 시간을 효율적으로 관리하는데 매우 중요하다.

④ 현재 생활의 분석과 검토

계획을 수립하기 위해서는 우선 자신이 현재 시간을 어떻게 활용하고 있는지를 정확하고 꼼꼼하게 분석하는 것이 필요하다. 일주일 정도에 걸쳐서 매일매일의 생활을 꼼꼼히 기록하여 시간을 어떤 활동들을 위해서 얼마나 사용하고 있으며 얼마나 효율적으로 활용하고 있는지, 또 단위 시간에 해낼 수 있는 활동의 분량들이 얼마나 되는지를 활동별로 또 공부의 과목별로 정확하게 살핀다. 구체적으로 관찰하고 기록하는 과정은 뒤의 자기관찰 부분을 참조하기 바란다. 관찰된 내용을 토대로 자신의 시간 활용구조를 파악하고 통제할 수 있는 부분과 없는 부분들을 구분함으로써 현실성 있는 계획 수립을 위한 자료로 삼는다.

⑤ 현실적인 계획의 수립

목표들이 설정되고 그 목표들의 우선순위가 결정되고 나면 그 목표들을 달성하기 위한 방법(언제, 어디서, 어떻게, 얼마동안 등)을 포함한 구체적 계획을 수립하여야 한다. 계획은 목표들을 달성하기 위하여 수립하는 것이므로, 반드시 실천할 수 있도록 짜야 한다는 것이 매우 중요하다. 현실성 없는 계획은 목표달성에 도움이 되지 못할 뿐 아니라 시간을 오히려 낭비하고 실패감만 더하는 결과를 초래하게 되기 때문이다. 현재 학교에서 내주는 숙제도 거의 해가지 않는 학생이 매일 모든 과목의 예습과 복습을 다 하겠다고 계획을 잡는다면 이는 한 주도 지키기 어려운 계획이다. 따라서 목표를 수정하는 한이 있더라도 자신이 지킬 수 있는 한도 내에서 계획을 수립하고, 점차적으로 목표량을 늘려나가는 지혜와 여유, 그리고 꾸준함이 필요하다.

⑥ 활동중심의 계획수립

계획은 단순히 시간표를 작성하여 그대로 지키는 것이 아니라, 구체적인 활동을 중심으로 하되 그 활동의 양까지 생각하여 짠다. 예컨대, '몇 시부터 몇 시까지 수학공부를 한다' 가 아니라 '몇 시부터 수학공부를 하는데, 교과서와 참고서의 몇 쪽부터 몇 쪽까지 공부하겠다' 는 식으로 양을 계획하고 그 양을 지키도록 하는 것이다. 그렇게 하려면 우선 자신이 단위 시간 동안에 할 수 있는 각 활동의 양에 대한 파악도 필요하므로 실현성 높은 계획을 짤 수 있게 된다. 또한 계획한 활동의 양을 마치도록 노력하면 집중력을 높일 수 있다는 이점도 있다.

⑦ **융통성 있는 계획수립**

성인의 생활과 마찬가지로 청소년의 생활에도 예측하지 못한 상황이 발생할 가능성이 있으므로, 이러한 예측하지 못한 상황에 대처할 수 있도록 융통성 있는 계획을 수립하여야 한다. 대체로 자신이 가지고 있다고 여겨지는 시간의 60~70%만 계획을 세우는 것이 적절하며, 반드시 휴식과 재충전을 위한 시간들을 계획에 포함하는 것도 중요하다.

(2) 계획을 실천을 위한 자기관리

목표와 계획이 수립된 대로 실천을 하여 원하는 바를 달성하고자 하면 자신의 삶을 적절히 관리할 수 있는 능력이 필요하다. 자기관리의 능력은 대체적으로 연령이 증가함에 따라서 높아지지만, 상담자는 어떤 청소년이라도 현재보다 자기관리 능력이 높아질 수 있도록 도와줄 수 있다. 상담과 교육에서 소개되어 온 자기관리기법으로는 자기관찰(self-monitoring), 자극통제(stimulus), 자기강화(self-reinforcement), 자기지도(self-instruction) 등 다양한 기법들이 있는데, 이 중 일부는 인지적인 측면에 좀 더 강조점을 두고 또 다른 일부는 행동적 측면이나 정서적 측면에 좀 더 강조점을 두고 있다. 여기에서는 청소년들에게 적용하기 쉬운 가장 기초적인 자기관찰, 자극통제 및 자기강화에 대해서 간단히 소개한다.

① **자기관찰**

자기관찰은 목표행동과 관련된 자신의 생각이나 감정 및 행동 혹은 그 행동이 일어나는 전후 상황에 대하여 보다 체계적인 방법으로 관찰하고 기록하는 것이다. 상담자와 내담자는 내담자가 무엇을 관찰할 것인지를 함께 논의하고 결정한 후, 내담자에게 적합한 기록표를 만들고 일정한 장소에 기록표를 두어 정해진 시간에 스스로 자신의 행동을 기록한다. 관찰하고 기록하는 주된 내용은 ① 목표와 관련된 행동(behavior), ② 그 행동과 관련된 선행사건(antecedents)이나, ③ 결과(consequences)이다. 또한 목표행동 혹은 문제행동이 어느 정도 혹은 얼마나 자주 일어나는가에 대해서도 관찰 기록함으로써 좀 더 구체적이고 객관화된 정보를 얻을 수 있다. 자기관찰은 그 자체만으로 내담자가 자신의 목표와 관련된 행동에 관하여 좀 더 정확하고 구체적으로 알게 해 줌으로써 시간을 효율적으로 활용하고자 하는 동기를 높여준다는 이점이 있으나, 자신의 행동 및 그 선행사건과 결과들을 세심하게 관찰하고 기록하기 위해서는 많은 주의와 노력이 요구된다.

② 자극통제

행동은 그 행동이 일어나는 시점과 전후의 환경적 요인들에 의해서 영향을 받는다. 자극통제란 이러한 행동과 관련되는 외적인 환경적 요인들과 감정, 사고와 같은 내적인 요인들을 미리 조정하는 기법이다. 내외적 요인들을 조정함으로써 바람직하지 못한 행동을 일으키는 자극의 정도와 빈도를 줄이고 바람직한 행동반응을 일으킬 수 있는 단서들을 증가시키는 것이다. 자극통제의 기본 원리는 다음과 같다.

첫째, 물리적 환경을 변화시킴으로써 바람직하지 못한 행동의 실행이 어려워지도록 하고 바람직한 행동반응이 좀 더 쉽게 일어나도록 한다. 예를 들어, 공부에 집중하는 정도를 높이기 위하여 공부방 책상의 위, 앞, 옆면 등 학생의 눈길이 공부 도중 닿을 수 있는 곳에는 공부와 직접적 관련이 없는 것들은 모두 치우고, 교과서, 참고서, 연필, 사전 등 공부를 위해 꼭 필요한 것들만 비치하는 것이다.

둘째, 사회적 환경을 이용하여 표적행동을 실행할 수 있는 기회가 다른 사람들의 도움으로 통제될 수 있도록 한다. 예컨대, 공부에 집중하고자 하는 학생이 가족들에게 공부시간에 텔레비전 시청을 삼가거나 소리를 낮추어 달라고 부탁하는 것이다.

셋째, 표적행동의 실행을 제한된 환경 속에서만 실행할 수 있도록 통제한다. 예컨대, 체중을 줄이고자 하는 학생은 아무 장소에서만 먹는 것이 아니라 식탁에서만 먹도록 제한함으로써 먹는 횟수와 시간을 줄이는 것이다. 제한된 환경 속에서는 단지 표적행동만 실행하고 표적행동과 관련없는 다른 행동은 통제하는 방법도 있다. 공부에 집중이 되지 않는 학생은 공부방에서는 단지 공부에만 전념하고 음악을 듣거나 잠을 자거나 먹는 행동은 허용하지 않도록 하는 것이 그 예이다.

넷째, 개인의 신체적 · 생리적 조건을 변화시킴으로써 바람직하지 못한 행동은 미리 제지하고 바람직한 표적행동이 쉽게 실행될 수 있도록 한다. 예를 들어, 공부

시간에 졸지 않고 집중하도록 하기 위해 공부시간 직전에 많이 먹지 않도록 하거나, 식사 후에는 비교적 자신이 좋아하거나 졸리지 않을 과목을 하도록 시간표를 조정하는 것이다.

자극통제는 최소한의 내외적 조건을 변화시킴으로써 바람직하지 못한 행동은 줄이고 바람직한 행동은 증가시킬 수 있는 기반이 될 수 있다. 그러나 대체로 장기간의 자기관리와 변화를 위해서는 다른 기법과 함께 이루어지지 않으면 자극통제의 기법만으로는 목표를 달성하는데 부족하다.

③ 자기강화

내담자가 정한 목표를 달성하면 스스로 강화를 주도록 하는 것이 자기강화이다. 강화란 표적행동에 뒤따라 주어져서 그 행동이 계속 지속, 증가하도록 하는 역할을 하는 것이다. 외부로부터 주어지는 강화와 마찬가지로 자신이 스스로에게 주는 자기강화도 행동을 유지, 증가시키는데 중요한 역할을 할 수 있다. 자기강화는 스스로가 강화를 받을 수 있는 적절한 수행수준과 강화물을 결정하고, 강화물을 구해 스스로에게 보상을 주는 과정도 독립적으로 자신이 하므로 자기결정과 자기관리의 능력을 높이는데 매우 유용하다.

외부로부터 주어지는 강화와 마찬가지로 자기강화도 긍정적 강화와 부정적 강화의 두 종류로 구분할 수 있다. 정해진 공부량을 마쳤을 때 자기가 좋아하는 게임을 얼마 동안 하는 것과 같이, 목표를 달성했을 때 자신이 좋아하는 긍정적 자극을 제공하는 것이 긍정적 강화이다. 반면, 목표량의 몸무게를 줄이고 난 뒤 벽에 걸린 자신의 살찐 모습 사진을 하나씩 떼어내는 것과 같이, 목표를 달성했을 때 혐오적이거나 부정적인 자극을 제거하는 것이 부정적 강화이다.

대부분의 자기관리 프로그램에서는 자기강화도 긍정적 강화와 부정적 강화의 두 종류로 구분할 수 있다. 정해진 공부량을 마쳤을 때 자기가 좋아하는 게임을 얼마 동안 하는 것과 같이, 목표를 달성했을 때 자신이 좋아하는 긍정적 자극을 제공하는 것이 긍정적 강화이다. 반면, 목표량의 몸무게를 줄이고 난 뒤 벽에 걸린 자신의 살찐 모습 사진을 하나씩 떼어내는 것과 같이, 목표를 달성했을 때 혐오적이거나 부정적인 자극을 제거하는 것이 부정적 강화이다.

대부분의 자기관리 프로그램에서는 자기강화의 형태로 부정적인 자기강화보다는 긍정적인 자기강화를 권장하고 있다. 부정적이거나 혐오적인 자극을 다루는 것은 내담자에게 좋지 않은 감정을 불러 일으키기 쉽고, 따라서 내담자가 지속적으로 자기관리 과정에 몰입하지 않고 쉽게 중단하게 될 가능성이 있기 때문이다.

상담자는 "너 자신에게서나 다른 사람들로부터 어떤 칭찬을 듣고 싶니?", "목표를 달성한 뒤 어떤 보상을 받고 싶니?", "즐거운 시간을 보내기 위해 무엇을 하니?", "무엇을 할 때 가장 기분이 좋니?", "어떤 상상을 할 때 가장 좋니?" 등의 질문으로 내담자가 자신에게 적합한 강화제를 찾도록 돕는다. 언어적 · 물질적 · 사회적 · 상상적 · 신체적 강화 등 다양한 형태의 강화제를 번갈아 가면서 사용하여 강화제의 효과가 유지될 수 있도록 하되, 목표의 달성 정도와 단계에 따라 강화수준과 빈도를 구체적으로 계획하도록 한다. 예컨대, '영어 단어를 20개 외울 때마다 텔레비전 시청 20분 혹은 게임을 15분하고, 하루 3과목 이상 정해진 양을 해냈을 때 매일 1시간의 자유시간을 가지며, 하루 3과목 이상 정해진 양을 완수하는 것을 주중 5일 이상 해냈을 때 일요일에 자유시간을 4시간 가진다' 등으로 단계적으로 계획한다.

(3) 실행과 평가

목표달성을 위해 적합하고 현실성 있게 수립된 계획은 자기관리의 방법들을 동원하여 매일매일 실행되어야 한다. 매일 그 날의 계획을 확인하고 중요한 일부터 마무리 짓도록하되, 시작한 일은 반드시 끝내는 습관을 기르는 것이 중요하다.

계획을 실행하는 과정 중에, 그리고 끝에는 항상 자신의 실행을 목표와 견주어서 평가하는 작업을 하도록 해야 한다. 정해진 우선순위와 계획에 따라서 생활을 진행하고 있는지, 달성한 목표는 무엇이고 달성하지 못한 것은 무엇인지, 어느 정도로 목표를 달성하였는지, 그러한 결과가 나온 이유는 무엇인지, 다음 계획에 반영시킬 사항은 무엇인지 등을 적어도 하루의 마지막에, 또 한 주와 한 달의 마지막 등 일련의 시간 단위별로 반성하고 평가하는 과정을 거치는 것이 중요하다. 평가 결과에 따라서 계획을 수정하기도 하고 목표달성의 방법과 과정도 수정하는 등 재조정하는 과정이 있어야만 목표가 실제로 달성되어갈 수 있는 것이다.

한편, 용돈을 주기 시작하는 연령과 주는 방법 및 액수의 차이는 있지만 대부분의 가정에서 자녀들에게 용돈을 주고 있으며 과거에 비해서 점차적으로 좀 더 어린 연령부터 용돈을 주기 시작하는 경향도 있으나, 아직 우리 문화에서는 자녀의 용돈 지급 및 지도에 관한 일반적인 틀이나 기준이 없는 상황이다. 용돈은 현재 학생이나 청소년의 쓰임새나 기능보다도 장차 성인이 되었을 때 경제생활의 초석이 된다는 점을 중시하면서 지도하는 것이 중요하다. 성인이 되었을 때 현명한 소비자가 되고 건실한 경제인이 될 수 있는 준비를 하기 위한 습관형성을 해나가는 과정의 일부로서 용돈 사용을 지도하여야 하는 것이다. 여기에서는 이러한 관점에 기초하여, 용돈을 주는 방법과 시기, 횟수, 액수 및 사용을 위한 지도 등 지혜로운 용돈 사용습관을 형성하기 위해서 고려할 점들을 살펴본다.

1 용돈지급의 정기성

많은 부모들이 자녀에게 용돈을 주어 마음대로 사용하게 하는 것에 대해서 불안감을 느끼고 있다. 그래서 자녀들에게 정기적으로 용돈을 주어서 자기가 알아서 사용하고 관리하게 하기보다는 자녀들이 필요하다고 할 때마다 주고 있다. 성인이 되었을 때 건실한 경제인이 될 수 있도록 하기 위한 준비로 용돈 사용을 지도하려는 의도에서 본다면, 필요할 때마다 주는 용돈은 교육적 의미를 별로 갖지 못한다. 일정한 액수의 돈을 일정한 기간 동안 가장 효율적으로 규모있게 쓰는 현명한 소비생활을 건실한 경제인으로서의 삶을 누리는데 매우 중요한 부분이며, 이러한 현명한 소비생활의 기초는 적은 액수의 돈이라도 자신의 책임하에 일정 기간 동안 써 보는 데서 시작되는 것이기 때문이다.

따라서 돈을 지혜롭고 규모있게 쓰는 훈련을 꾸준히 하기 위해서 용돈은 정기적으로 주는 것이 좋다. 처음에는 매일 혹은 이틀에 한 번씩 주다가 점차적으로 간격을 넓혀가며 일정한 기간에 한 번씩 정기적으로 지급하도록 한다. 그렇게 해서, 결국 고등학교 시기에는 한 달에 한 번씩 용돈을 지급받아도 충분히 관리할 수 있는 능력이 생기는 것이 바람직하다.

② 용돈 액수의 적절성

용돈은 학생이나 청소년이 자신의 책임과 계획하에 자유롭게 써 볼 수 있는 돈이므로, 자유로이 써도 좋을 액수의 범위만큼 주는 것이 타당하다. 자유로이 쓸 수 있는 돈의 액수가 연령과 또래들에 비해 너무 부족하면 아이가 위축되기 쉽고 물건이나 돈을 훔치고 싶은 유혹에 넘어갈 가능성도 있다. 반면, 용돈의 액수가 너무 많으면 무절제와 낭비벽을 기르게 된다.

자유로이 써도 좋을 액수의 범위를 결정하기 위해서는 같은 또래 청소년들의 평균적인 용돈 액수와 가정의 경제적 상황 및 부모의 가치관 등 여러 요인을 고려하되, 부모가 일방적으로 결정하기보다는 부모와 자녀가 함께 의논하여 결정하는 것이 중요하다. 용돈은 단지 자녀 마음대로 쓰라고만 주는 것이 아니라 훌륭한 경제습관과 절제력 및 책임감을 기르는 교육적 도구이기 때문에 용돈 액수의 결정과정에서부터 자녀가 참여하는 것이 바람직한 것이다. 또한 용돈의 액수와 횟수 등을 결정하는 과정에 자녀가 직접 참여하였을 때, 결정된 사항을 그대로 지키려는 의욕과 책임감이 더욱 커지기 때문이다.

자녀와 함께 용돈의 액수를 결정할 때, 우선 자녀에게 필요한 것들 중에서 어떤 부분은 부모가 구입 혹은 지불할 것인지 그리고 어떤 부분은 자녀가 자신의 용돈으로 구입할 것인지를 분명히 결정하여야 한다. 그 점이 부모와 자녀 모두에게 분명해야 서로 혼란을 느끼지 않으며 용돈 사용을 둘러싼 부모-자녀 간의 갈등도 많이 줄어들 수 있다. 부모들 중에는 자녀의 용돈이 또래들에 비해 적으면 위축될까 봐, 혹은 가정의 경제적 상황이 좋지 않은 것을 자녀가 알면 의기소침해질까 봐, 가정의 경제적 상황이 어렵더라도 자녀에게는 숨기고 자녀만큼은 풍족하게 지낼 수 있도록 하려는 경우들이 꽤 있다. 그러나 이는 자녀의 성장에 긍정적인 영향보다는 부정적인 영향을 더 많이 미치기 쉽다. 인간의 욕망은 무한하지만 금전적으로는 제한적인 생활을 하는 것이 일반적인 삶이며, 자녀가 성인이 되었을 때도 어느 정도로는 금전적으로 제한된 생활을 할 수 없을 것이다. 따라서 가정의 경제적 상황에 맞게 사고 싶은 것이 있어도 참고 자신을 절제하는 훈련을 하는 것은 현명한 경제 생활을 영위해 갈 수 있는 성인이 될 수 있는 길을 마련해 주는 중요한 길이다.

③ 용돈 관리의 지도

건실하고 현명한 경제생활을 할 수 있는 성인으로 성장하도록 돕는 교육적 도구로서 용돈을 활용하고자 한다면, 용돈은 지급하고 끝나는 것이 아니라 교육과 지도를 통하여 용돈 사용과 관리 상태를 세심히 지켜 보면서 적절한 가르침을 제공하여야 한다. 그러나 용돈은 자유로이 사용할 수 있는 돈이며 또 그래야 하므로, 용돈관리를 지도한다고 지나치게 간섭하지 않도록 주의할 필요가 있다.

용돈을 자유로이 쓰되 용돈관리 능력을 높이도록 하자면, 반드시 용돈의 사용처와 액수를 기록하도록 지도하는 것이 필수적이다. 매일 저녁 일기를 쓰며 하루를 돌아보는 것과 함께 그 날 용돈을 어디에 얼마만큼 썼는지도 용돈기록장이나 금전출납부에 적도록 하면 자신의 용돈 사용 형태를 스스로 확인할 수 있어서 점차적으로 용돈을 효과적이면서 합리적으로 사용할 수 있는 능력이 커지게 된다.

용돈 관리에 대한 대부분의 영역은 가정 안에서 부모가 자녀에게 담당하는 역할로 간주하여 왔다. 그러나 이제 생활지도의 영역에서 돈과 경제 그리고 관리의 관계를 의도적으로 교육시켜야 할 필요가 있다.

4. 생활지도 실습의 기술적 방법

교육활동 자체가 인간 이해의 과정이기도 하지만, 특히 생활지도는 대상 학습자에 대한 기본적인 이해를 바탕으로 출발한다. 따라서 생활지도를 위한 학생의 이해의 기술적 방법, 즉 학습자의 이해를 위한 다양한 자료 수집 방법이 필요하다. 자료를 수집하는 방법으로는 관찰법, 면접법, 상담, 사례연구법, 질문지법, 사회성 측정법 등이 있다. 이들 학습자 이해를 위한 측정 기술적 방법들은 공통적으로 사용되는 방법들이기는 하지만, 특히 교육실습의 과정에서는 사례연구법과 사회성 측정법을 적용하여 실제로 사례연구보고서를 작성하거나 사회성 측정 결과를 도표화하고 그 결과를 해석하여 보고서를 작성하는 등의 실습이 강조되고 실시되고 있다.

1) 관찰법

관찰법은 인간 이해의 기본적인 방법으로 가장 오랫동안 사용되어 왔다. 유아, 학생, 청소년 및 성인에 이르기까지 연령 제한을 두지 않고 실시될 수 있다는 점에서 가장 쉽게 접근할 수 있는 측정의 방법이다. 관찰법은 관찰자 자신이 사실의 발생을 직접 관찰하고 기록해 두었다가 자료로 활용한다. 관찰법에서는 관찰계획을 사전에 면밀하게 수립하는 것이 중요하며, 관찰 계획을 성공적으로 이끌기 위한 조건은 다음과 같다.

첫째, 계획성 있는 관찰을 한다. 무엇을 관찰하고 관찰의 행동 단위를 어떻게 정의할 것인가, 그것을 관찰하기 위해 어떤 방법을 사용할 것인가, 관찰 기간을 어떻게 하며, 기록 방법은 어떻게 하고 돌발적인 상황이 일어날 경우 대처 방법은, 관찰 결과를 어떤 기준에 의해 해석하고 진단할 것인가 하는 것 등을 사전에 면밀히 계획해야 한다. 이와 같은 것들이 사전에 치밀하게 계획되지 않을 경우 관찰은 방향 없이 그저 '보는 일' 에 그치거나 해석과 진단에 오류를 범할 수도 있다.

둘째, 관찰 대상을 결정하고 이 대상에 필요한 어떤 특별한 조건이나 상황조건을 선택하고 배치한다.

셋째, 관찰 기간 또는 관찰과 관찰 사이의 간격과 횟수를 결정한다.

넷째, 관찰자의 위치와 피험자에게 미칠 영향을 고려한다.

다섯째, 관찰하려는 활동이나 행동단위를 정의하고, 관찰의 범위를 결정한다.

여섯째, 관찰의 기록형식과 해석을 정확하게 한다.

관찰법은 일반적으로 비조직적 관찰법과 조직적 관찰법으로 분류할 수 있다. 비조직적 관찰법은 자연적 관찰법으로 어떤 행동이나 현상이 자연적으로 발생된 그대로의 모습을 관찰하는 것이다. 특별한 조작이나 제한을 두어서 나타나는 행동을 관찰하고자 하는 것도 또 그것을 조직적으로 관찰하고자 하는 것도 아니고 일상적인 상황에서 산발적으로 일어난 행동을 관찰하는 것이다. 이 방법은 특별한 계획이나 장치없이 언제 어디서나 수시로 일상 상황의 자연 그대로 생생한 행동을 관찰할 수 있다는 장점이 있다. 그러나 관찰하려는 행동을 고루 표집할 수 없기 때문에 관찰이 체계적이지 못하고 한쪽에 치우칠 염려가 있으며, 관찰 상황을 일회성에 한정되어 있다는 단점이 있다.

조직적 관찰법은 비조직적 관찰법이 어떤 이유에서 일어나는지 그 원인과 발생조건을 분석하고 파악하는 것이 어렵다는 단점을 보완하고, 관찰하려는 장면이나 조건을 연구 목적에 따라 조직적으로 설정하여 관찰하는 방법이다. 가령 특수한 실험 장치까지는 아니더라도 어떤 의도적인 조건 아래서 학생으로 하여금 자신이 관찰을 당하는지의 여부를 느끼지 못하는 상황에서 자유롭게 행동하는 가운데 관찰하는 것이다. 조직적 관찰법은 실험법의 일종으로 전기적 관찰법, 행동요약법, 시간표집법, 장면표집법, 참여관찰법, 실험적 관찰법 등으로 구분할 수 있다.

2) 면접법

면접법은 학생과의 일 대 일 혹은 다 대 일 면담을 통하여 필요한 자료를 획득하고 지도하는 데 활용되는 방법이다. 면접은 학생과의 개인적 접촉에서 가장 기본이 되는 매개수단이 되며 중요한 절차의 하나라고 할 수 있다. 올바른 면접의 진행은 지도를 위한 정보획득을 용이하게 함을 물론 학생과 면접자와의 관계를 긴밀하게 해 주고 지도의 기술로도 유효하다.

면접법에는 직접면접 방법과 간접면접 방법이 있다. 직접면접은 직접 학생과 마주 앉아서 면담을 통하여 심적인 면을 파악하는 것이고, 간접면접은 학생뿐만 아니라 가족이나 친구 등을 개입시켜 그들의 대화를 통하여 면접을 실시하는 방법이다. 면접법을 실시할 경우에는 몇 가지 유의사항이 있다.

첫째, 무엇보다도 학생과 교사 및 실습생 간에 신뢰성이 형성되어야 한다.

둘째, 동정과 감상에 빠지지 말고 객관성을 유지하여야 한다.

셋째, 평온한 분위기를 만들도록 힘써야 한다. 교사-학생간의 격차를 느끼는 감정이나 표현의 부자유를 느끼게 해서는 안 되며 심리적 안정감을 주도록 적극 노력하여야 한다.

넷째, 편견이나 선입관 없이 대하도록 노력하여야 한다.

다섯째, 중요한 사항은 기록하되 학생으로 하여금 의심이나 그 기록으로 말미암아 대화가 중단되지 않도록 노력하여야 한다.

학생에게 정보를 제공해 주고 어떤 태도나 그릇된 사고나 감정을 교정하고, 서로의 생각과 정보를 교환할 수 있다는 점이 면접법의 장점이다. 그러나 면접은 상당한 기술이 필요하고 시간이 많이 소모되며, 미숙한 면접은 그릇된 정보를 얻게 하거나 객관성을 상실할 수도 있다. 면접의 결과도 정확히 기록해 두어야 하며 단순한 조사나 정보획득을 위한 면접일 경우라도 질문사항, 질문시 사용할 용어, 기록방법 등을 사전에 검토해서 질문지와 기록용지 등에 작성해 두어야 한다.

3) 상담

상담은 정서적으로 혼란스럽거나 해결해야 할 심리적 문제를 가지고 있는 학생을 대상으로 그들의 환경에 올바르게 적응하고 스스로 자기의 문제를 해결할 수 있도록 도와 주는 것이다. 즉 개인으로 하여금 태도와 욕구대상의 변화를 통하여 자신을 환경과 생활에 재적응시킴으로써 개인적 문제를 해결하도록 하는 것이다. 이러한 상담의 목표는 상담의 방향을 제시할 뿐만 아니라 상담의 효과를 평가하기 위한 기초로서 수립되었다. 이러한 목표는 매우 일반적인 것에서 세분화된 것으로 또는 추상적인 것에서부터 구체적인 것에 이르기까지 다양하다. 상담의 목표는 무엇에 두느냐 하는 것은 내용이나 방법, 또는 이론이나 분야에 따라 큰 차이가 있다. 하지만 여기에서는 상담의 목표를 그것이 지니고 있는 특징에 따라 소극적인 것과 적극적인 것으로 나누어 본다.

대체적으로 소극적 목표는 제거하거나 감소시킴으로써 달성될 수 있는 것이고, 적극적인 목표는 새롭게 형성하거나 증가시킴으로써 달성될 수 있는 것이라 할 수 있다. 이 두 가지는 상담의 목표로서 상호모순되는 것이라기보다 상호보완적 관계에 있다. 소극적 목표는 문제해결, 적응, 치료, 예방 그리고 갈등해소 등이며 적극적 목표는 긍정적 행동의 변화, 합리적 의사결정, 전인적 발달, 자아존중감의 향상

그리고 개인적 안녕 등을 들 수 있다.

상담은 교사와 학생이 만나기 시작해서 종결될 때까지 여러 번의 면접을 거치는 하나의 과정이다. 때로는 한두 번의 면접으로 학생의 관심사와 문제가 해결될 수도 있겠으나, 교육기관에서의 상담만 하더라도 대체로 5~6회 이상에서 20여 회에 이르는 면접이 진행되는 것이 보통이다. 그러므로 상담 과정의 지속 시간에 따라 그 진행 과정이 달라질 수 있다. 그러나 1, 2회의 장면으로 끝나든 장기간 지속되든 그 과정을 단계적으로 구분해 볼 수 있다. 이 상담 과정의 단계는 문제의 정의에서부터 바람직한 행동의 실천에 이르는, 교사와 학생의 공동노력의 특징들을 나누어 본 것이다. 실제 상담 과정에서는 이런 분류가 분명하지 않고 서로 중복되거나 생략되는 경우도 있다. 그러나 이렇게 단계적으로 생각하는 것이 상담 과정의 이해에 도움이 될 뿐만 아니라, 실제로 상담을 효과적으로 진행시키려는 하나의 지침이 될 수도 있는 것이다.

한편 교사는 학생 개개인의 인간적 성장을 돕기 위해 그들을 이해하고 수용하는 대화 및 상담기술을 익혀 두어야 할 필요가 있다. 다음의 몇 가지 기법을 소개하기로 한다.

(1) 대화의 문 열기

상담을 자진해서 요청하지 않은 학생은 대화를 먼저 시작하려 하지 않는다. 따라서 선생님이 적극적으로 대화의 문을 열어야 한다. 대화의 문을 여는 요령은 여러 가지가 있다. 첫째, 단도직입적으로 화제의 본론으로 들어가는 것이다. 예를 들면, "내가 영호하고 얘기하고 싶은 이유는……"이라고 시작할 수 있다. 둘째, 본론에 들어가기 전에 이 얘기 저 얘기 나누다가 자연스럽게 본론으로 들어가는 방법이다. 셋째, 상대방의 취미나 관심에 관해서 이야기를 나누는 것이다. 학생들은 일반적으로 스포츠, 게임, 춤, 이성 친구, 연예인, 옷이나 헤어스타일 등에 관심이 많다. 독특한 취미를 가지고 있는 경우도 있으므로 개인에 따라 그 사람의 취미를 찾으면 의외로 대화의 문을 열기 쉽다.

(2) 주의집중과 경청

교사는 학생이 이야기할 때 고개 끄덕임, 긍정적 얼굴표정, '음……', '그랬었구나!', '계속 해보렴.' 등의 표현을 사용하며 학생이 계속해서 이야기할 수 있도록 격려한다. 그리고 적당한 정도로 눈을 마주치고 학생 쪽으로 약간 기울여 앉아 그의 이야기에 주목하고 있음을 보여 준다. 교사가 자신의 이야기를 잘 듣고 있음을 느끼게 될 때 학생은 자신이 자극한 관심과 배려를 받고 있다고 여기게 된다.

(3) 반영하기

반영은 상대의 말, 생각, 느낌, 행동을 거울처럼 비추어 되돌려 주는 기술이다. 반영은 '~해서, ~한가 보구나'의 형태를 취한다. 예를 들면, '부모님이 너를 무시하는 것 같아 몹시 속상했나 보구나'와 같이 표현해 주는 것이다. 반영하기를 통해 학생은 자신이 느끼는 것을 깨닫게 되고 학생이 경험하고 있는 것을 교사가 이해한다는 것을 보여주게 된다.

(4) 질문하기

질문하기는 상담의 주요 기법이지만 질문을 할 때는 어떤 질문을 어떻게 하느냐가 중요하다. 질문을 효과적으로 하기 위해서는 가능한 한 개방적 질문을 사용하고(예 : 그 때 기분이 어땠니?), '왜'라는 질문이나 직접 질문보다는 간접 질문을 사용하고(예: 네 이야기가 궁금하구나), 여러 가지를 한꺼번에 묻지 않는 것이 좋고, 일단 질문을 한 다음에는 잠시 멈추고 기다리면서 학생의 대답에 귀를 기울인다.

(5) 칭찬

문제를 해결하려는 학생의 노력에 대해서 교사는 칭찬을 아끼지 않아야 한다. 특히 학교상담에서는 교사가 학생을 칭찬하는 것이 매우 자연스럽기 때문에 시시때때로 칭찬을 하는 것이 좋다. 칭찬을 할 때는 두 가지 중요한 원칙이 있는데, 하나는 구체적인 행동에 대해서 칭찬하는 것이 애매한 칭찬보다 효과적이다. 두 번째는 말이나 겉으로만 칭찬하는 것이 아니라 정말로 기쁜 마음과 고마운 마음에서 칭찬을 해야만 칭찬의 효과가 나타난다.

(6) 조언

학생들이 자기 스스로 문제를 해결해 보려고 노력하지만 아직은 자기 문제에 대한 통찰력이 부족한 상태에 있다. 이들을 도와 주기 위해서는 선생님은 학생에게 필요한 정보를 제공해 주고 적절한 충고나 조언을 해 줄 수 있다. 단 학생의 문제를 제대로 이해하기 전이나 학생의 문제해결 능력을 제대로 평가하기 전에 섣불리 조언을 하는 경우에는 전혀 효과를 보지 못할 가능성이 많다.

4) 사례연구법

사례연구는 특정 개인을 대상으로 하여 어떤 문제나 특성을 심층적으로 조사하고 분석하는 조사방법이다. 특히 개인의 성장과정이나 생활사의 범위를 훨씬 넘어서서 각종 도구나 방법, 그리고 기술을 활용해서 개인을 이해하기에 충분한 모든 자료를 수집하고 정리할 뿐 아니라 개인의 문제를 정확하게 해석하고 진단하여 그것을 기초로 하여 실제지도나 교정에 임하는 과정까지 밝히기 때문에 이상적인 학생이해 방법이다. 사례연구는 예리한 통찰력을 활용해서 사례의 집중적인 분석과 해석 그리고 진단 및 대치 방안을 수반할 수 있다.

이러한 사례연구가 지닌 긍정적 측면은 다음과 같다.

첫째, 사례연구는 어떤 특정 대상을 다각적인 면에서 연구하는 것이므로 누가기록 이상의 가치가 있다.

둘째, 사례연구는 어느 특정 대상의 일면 또는 대상자 그 자체만을 연구하는 것이 아니라 사회적이며 환경적 존재로서의 대상, 즉 그와 환경과의 상호작용에서 일어나는 기능적 개인으로서의 대상을 연구하기 때문에 포괄적이다.

셋째, 사례연구를 실시하는 선생님에게는 학생상담의 기초를 마련해 주면서 학생지도에 대한 관심과 의욕을 제공해 준다.

사례연구보고서 작성방법

1. 연구대상이 된 이유

문제의 상세한 기술과 함께 시간, 장소, 상황 등을 주로 기술함

2. 대상에 대한 조사

대상자의 인적 사항인 성명, 주소, 연령, 성별, 출생지, 학년, 학급 등과 담임교사 이름

3. 기본자료 수집

1) 징후

첫 단계로서 문제를 나타내는 각종 사실을 수집한다. 여기에는 연령, 각 교과목의 성적, 부적응 행위, 지각 및 결석 등의 사실을 포함시킨다. 모든 진술은 실제로 확인된 것이어야 한다. 가능하면 자료는 학교기록에서 얻는 것이 좋으며 직접적인 정보만을 인정한다. 현재의 증세를 찾아냄에 있어서 대상자의 문제와 거리가 먼 것은 모두 제거해야 한다. 과거의 사실은 증세의 원인으로 설명하는 것으로서 가치가 있다. 이러한 자료들을 주의 깊게 정리되고 기록 요약되어야 한다.

2) 각종 조사

앞에서 기록한 징후와 더불어 대상자에 대한 보다 정확한 정보를 각종 조사와 검토를 통해서 수집될 수 있다. 그 대표적인 것을 소개하면 다음과 같다.

① 심리 생리적 상태 : 시력, 청력, 조절능력, 언어

② 건강상태 : 발달지수(키, 몸무게 등), 영양상태, 체질 및 체능, 일반적인 건강상태

③ 교육상태 : 각 교과별 표준화 학력검사의 결과분석(뛰어난 점과 떨어지는 점을 비교)

사례연구보고서 작성방법

④ 지적 능력 : 여러 가지 지능검사를 통한 지적 능력의 올바른 판단

3) 과거와 현재의 건강상태

과거에 앓았던 중요한 질병이 무엇이고, 건강이나 병에 대한 저항력에 영향을 미쳤을지도 모르는 기타의 질병과 수술에 관계되는 정확한 자료를 수집한다. 가급적 성장발달에 관계되는 정확한 자료를 수집해야 한다.

4) 학력

① 진급 상황

② 학업 성적 및 교과 선호도와 적성

③ 거주지 이동 및 전학관계

④ 재학했던 학교의 성적 및 평판

⑤ 학급 담임교사, 교과 담당교사, 그 밖의 교사와의 관계

5) 가족사항

① 조상, 부모 및 형제자매의 인적사항, 정신상태, 범죄에 관한 사항

② 경제적 조건 : 대상자 가정의 과거와 현재의 경제적 조건

③ 문화적 조건 : 부모의 교육 정도, 책, 음악 및 기타 가정의 문화적 상태

④ 가족관계 : 부모간의 관계, 부모와 자녀간의 관계, 형제간의 관계

⑤ 부모의 사회에 대한 태도

⑥ 부모의 국가에 대한 태도

⑦ 부모의 자녀에 대한 태도

6) 사회성 : 대상자의 가정 및 학교 밖에서의 사회성

① 교회, 소년단 등의 활동 상황

사례연구보고서 작성방법

② 친구관계

③ 야영생활

④ 불량집단 가입여부

⑤ 이성 관계 및 비정상적인 성 경험

⑥ 범죄기록

4. 진단

이것은 원인에 대한 실행가설이 되기도 하고, 증세나 문제의 설명이 되기도 하며, 수집한 모든 자료의 주의깊은 분석결과가 되기도 한다. 그렇다고 앞에서 열거한 각종 기본 자료가 다 수집될 때까지 진단이나 가설을 내세울 수 없는 것은 아니다. 기본 자료가 모두 수집되지 않았더라도 잠정적인 진단이 내려질 수 있으며 장차의 지도계획도 세울 수 있다.

5. 치료

정확한 진단이로부터 구체적이고 조직적인 치료가 시작된다. 그런데 치료 과정에서 앞에서의 진단이 잘못되었는지의 여부를 발견할 수도 있다. 이러한 경우에는 더욱 구체적이고 보충적인 조사를 해야 한다. 어떤 의미에서 이 치료과정은 가설의 확인단계로 간주되기도 하며 교사와 학생간의 솔직한 대화, 마음 열기가 중요하다.

6. 추후지도

이 과정은 진단의 정확성을 알아보고 필요에 따라 치료방법의 보완을 위하여 치료결과를 확인하는 과정으로서 중요하다.

5) 질문지법

자료 수집 방법으로 가장 빈번하고 손쉽게 이용하는 도구가 질문지이다. 질문지법이란 어떤 문제나 사상에 대한 응답자의 의견, 태도 등의 필요한 사항을 알아보기 위해 만든 일련의 문항에 대한 체계적 조사를 위한 방법이다. 질문지는 주로 인간 행동의 심층적인 상태를 규명하는 것에서부터 일반적인 의견이나 생각을 조사하여 규명하는 것까지 다양한 형태로 활용할 수 있다. 질문지법의 형식은 크게 세 부분으로 구성된다. 질문지의 제작 동기나 응답 요령을 밝히는 부분, 응답자의 학년, 성별, 가정의 경제수준, 가족 구성 형태 등을 알아보기 위한 사실적인 질문 내용 부분, 그리고 본격적으로 어떤 문제 혹은 사건에 대한 의견, 태도, 동기, 견해 등을 조사하는 부분으로 구성된다.

질문지법의 응답 형식은 비구조적 질문지(개방형 질문지)와 구조적 질문지(폐쇄형 질문지)로 구분한다. 비구조적 질문지는 제시되는 질문에 대하여 응답자 개인의 생각이나 느낌을 비교적 자유롭게 기술할 수 있도록 만들어진 질문지라면, 후자는 질문 문항에 응답할 수 있는 가능한 선택지를 여러 개 제시하고 그 중에서 하나 혹은 몇 개를 고르거나 서열을 매기도록 만들어진 질문지이다.

6) 사회성 측정법

사회성 측정은 집단 내의 개인 간에 존재하는 사회적 관계를 기술하는 방법이다. 이 방법은 여러 상황에서 학생들이 선택하거나 배척하는 사람은 누구인가를 물음으로써 개인 사이의 수용이나 배척관계를 알 수 있다. 특히 생활지도에서 이 방법은 매우 유용한 것으로 개인의 집단생활에의 적응과 학생간의 관계에 대한 이해에 유용하다.

인간이 성장을 위해서 상호작용하는 환경 중에서 학교환경 특히 학생 집단 사회에서 학생이 어느 정도 인정되고 수용되느냐의 문제는 사회적 발달측면에서 뿐만 아니라 정서적 및 지적 활동에도 많은 영향을 미친다. 그리고 흔히 문제는 사회적 적응에의 실패에서 발생하기 때문에 더욱 그 중요성이 인정된다. 이러한 의미에서 집단 내의 인간관계에 대한 올바른 파악은 생활지도에 필수적이며 그 방법이 바로 사회성 측정법인 것이다. 이것은 일명 수용성 검사 혹은 교우관계 조사법이라고도 한다.

사회성 측정검사는 미국의 정신의학자는 Moreno가 1932년 유치원 학생에서 중학교 2학년까지의 학생에게 '자기와 같이 앉고 싶은 친구를 선택해 보라' 는 질문을 실시한 후부터 발전되어 나온 인간관계 측정법으로 그의 방법의 기본적인 생각은 다음과 같다.

첫째, 사람이 어떤 집단에 속해 있을 때 어떤 사람에게는 호의, 혐오 혹은 무관심을 표시할 뿐만 아니라 그것을 동시에 받는다. 이와 같은 사람과 사람 사이에 수수되는 감정의 교류를 텔이라고 하며, 이것은 상호작용적이다. 텔에 의해 집단은 심리적 방을 형성하는 데, 집단을 구성하는 각 개인은 이 망(거미줄)의 중심의 상부에 위치해서 다른 사람과 일정한 텔의 관계를 가진 단위의 중핵이 된다. 이것이 사회적 원자이다. 사회적 원자는 성격이 표현되는 가정생활, 노동생활, 성생활, 문화생활의 네 가지 생활 장면에서 나타난다.

둘째, 어떤 개인이 사회적 원자로서 나타나는 모양 및 그 전체로서의 집단의 구조나 변화의 양식은 모레노의 기본적 가설인 자발성과 창조성의 원리에 있다. 창조성은 본성에 속하는 것이며, 자발성은 촉매적 역할을 창조성에 제공한다. 현실에서 어떤 행동이 나타날 때 그것은 문화적인 유형을 통해서 표현되는 데, 이 때 자발성은 촉진작용에 의해 행위를 개성화시킨다. 자발적인 역할 연출을 하기 위해서는 자발성의 훈련이 필요하며 자발성을 나타낼만한 인간관계가 있어야 한다. 이와 같은 자발성의 완전한 발현을 가능하게 하는 집단에서만 진정한 문화가 생산된다.

사회성 측정법은 친우 관계의 유형을 알게 하고, 수용이나 배척의 상호 관계를 알게 하며, 집단의 구조를 분석할 수 있게 하며, 수락 또는 매력과 반발의 강도나 빈도를 측정함으로써 집단에 대한 개인의 위치, 집단 자체의 구조 및 설명 또는 발견, 평가하게 해 준다. 또한 현재의 집단 구조 파악뿐만 아니라 그 집단구조를 재구성하는 기초를 제공한다. 다른 학생이해의 도구들이 개개인의 이해에 그친다면 사회성 측정은 집단에 대한 이해를 통한 개인의 이해이다. 따라서 개인을 의미 있게 돕기 위해 집단을 재구성할 수도 있는 것이다. 예를 들면, 누구와 같이 앉고 싶지 않은가? 하고 물은 사회성 측정은 측정 그 자체로 끝나는 것이 아니라 새로운 학급 편성에 유용한 자료를 제공하는 것이다.

한편 사회성 측정법을 이용할 때 고려할 점은 다음과 같다.

- 집단이 형성된 시간을 고려해야 한다.
- 집단의 연령수준을 고려해야 한다.
- 집단의 크기가 알맞아야 하고 모든 성원을 참여시켜야 한다.
- 자연적인 활동을 통해서 반응을 측정해야 한다.
- 실시집단은 필요한 정보를 얻은데 적합해야 한다.

이 때 주의할 사항은 질문한 사항은 실제로 실천되어져야 하며, 고려할 점은 이러한 선택이 반드시 영원한 것은 아니라는 점이다. 사회성 측정법은 단축된 도표위에 많은 설명이 내포된 복잡한 방법이므로 특히 처음 실시하는 교사는 숙달된 교사의 지도가 필요하다. 그렇지 않다면 실지의 세부사항에서나 결과의 해석과정, 상담이나 치료단계에서 잘못을 저지르기 쉽기 때문이다.

이러한 사회성 측정방법은 그 분석유형에 따라 동료평정법, 지명법, 추인법, 사회적 거리추정법, 사회도로 나눌 수 있다.

학생 행동에 관한 교사의 관찰은 제한적이므로 동료간에 의한 평정이 오히려 학생의 사회적 적응을 이해하는 데 도움이 된다. 동료평정법은 학생들의 인기, 통솔력, 집단의 권력 및 다른 사람에 대한 관심의 정도를 측정하고자 할 때 교사에 의한 평정보다 동료에 의한 평정을 의미한다. 동료에 의한 평정자료 수집시에는 전술한 평정법 중의 어느 것을 사용해도 좋다. 그러나 동료평정법은 학생수가 많을 경우에는 신뢰롭고 타당한 결과를 얻기 어려우므로 추인법이나 지명법을 쓰는 것이 좋다.

동료간 평정시에 유의하여야 할 점은 **첫째**, 평정하고자 하는 특성이 학생의 이해범위 안에 있어야 한다. 특히 아직 어린 학생들은 "가장 약속을 잘 지키는 사람은?" 이라는 문항을 평정할 수는 있겠지만, "가장 공덕심이 강한 사람은?" 이라는 문항은 그 의미를 이해하기가 곤란하게 되는 것이다.

둘째, 각 학생에 대한 평정결과에 대한 비밀은 철저히 보장되어야 한다. 따라서 좋지 않은 결과를 얻은 학생에게 모욕감이나 열등감을 주는 것을 방지할 수 있으며 학생들로부터도 진정한 반응을 얻을 수 있게 된다.

지명법은 사회측정법의 핵을 이루는 방법으로 여러 다양한 상황에서 학생이 택하거나 배척하는 사람의 이름을 물음으로써 학급 내에 현존하는 여러 가지 인간관계, 사회적 구조 등을 알 수 있다. 물론 이 때 교사가 어떤 것을 알고자 하느냐에 따라 그 질문도 여러 가지로 다르게 된다.

- 누구와 같이 앉기를 원하느냐? 원하는 순서대로 적어라.
- 너 혼자서는 하기 힘든 숙제를 누구와 같이 했으면 좋겠느냐?
- 등산할 때 누구와 같이 동행하고 싶으냐?
- 휴가 동안에는 누구와 같이 놀고 싶으냐?
- 생일 파티에는 누구를 초대하고 싶으냐?
- 사진을 찍는다면 누구와?

이러한 질문에 대한 학생의 반응을 조합하여 다음과 같은 행렬표를 작성하면 한 학급 내의 사회적 관계에 대한 훌륭한 지도로서 이용될 수 있다.

추인법은 Hugh Hartshorne와 Mark A. May에 의해서 발달된 것으로 일련의 진술문을 학생에게 주고 각 설명에 적합한 학생의 이름을 적도록 하는 것이다.

- 언제나 행복한 사람은 누구입니까?
- 언제나 걱정이 많은 사람은 누구입니까?
- 언제나 당신을 돕고자 하는 사람은 누구입니까?
- 이 소년은 운동과 게임에 있어서 다른 소년과 같이 거의 잘 한다.
- 이 사람은 조롱을 당하거나 비난을 받으면 공격하는 대신에 우는 종류의 사람이다.
- 당신이 그렇게 생각하지 않는 일에 대해서 자만하거나 자랑하는 사람은 누구입니까?

〈표 14〉 사회적 관계 행렬표

선택한 사람 \ 선택된 사람	영호	수영	세형	도은	미현	상규	정아	광식	동현	정연	성수	은평
영 호		2				1						
수 영			①			②						
세 형		①							2			
도 은	1									2		
미 현											2	1
상 규		②									①	
정 아	2										1	
광 식									②		①	②
동 현								②		①		
정 연			1						②			②
성 수						①		②				
은 평								2		1		
제1로 선택된 수	1	1	2	0	0	2	0	0	0	2	3	1
제2로 선택된 수	1	2	0	0	0	1	0	3	3	1	1	0
선택된 수의 합	2	3	2	0	0	3	0	3	3	3	4	1
성호 선택의 수	0	2	1	0	0	2	0	2	2	1	2	0

- 반에서 가장 잘 싸우는 사람은 누구입니까?
- 사람들은 이 사람을 여자 같은 사내라고 생각한다. 그 사람은 누구입니까?
- 반에서 늘 말썽을 일으키는 사람은 누구입니까?
- 다른 사람 앞에서 무슨 일을 할 때, 이야기나 질문에 답할 때 등 겁을 내는 사람은 누구입니까?
- 자리에 오래 앉아 있지 못하는 사람은 누구입니까?
- 이 사람은 그룹에서 운동을 가장 잘 합니다.
- 반에서 가장 조용한 사람은 누구라고 생각합니까?
- 반에서 가장 우정적인 사람은 누구입니까?
- 선생님을 좋아하지 않는 학생은 누구입니까?
- 이 사람은 다른 학생을 웃기는 일을 잘 합니다.
- 이 사람은 혼자서 어떤 일을 결정할 수 없다. 누군가가 할 일과 일의 시기에 관해서 말을 해 주어야 한다.

- 고자질쟁이는 누구이니까?
- 모든 사람을 웃기기 잘 하는 사람은 누구입니까?
- 이 사람은 늘 자기보다 더 나이 어린 어린이들을 골리기를 잘 한다.
- 이 사람은 다른 사람보다 반에서 이야기를 더 잘 한다. 그 사람은 누구입니까?
- 다른 사람이 소유하고 있는 물건을 만지기를 좋아하는 사람은 누구입니까?
- 이 사람은 이기주의이다. 그 사람은 누구입니까?

이러한 유형의 항목은 학생들에게 급우를 판단하는데 흥미와 중요성을 불러일으키며 개인의 역할을 이해하는데 유용하다. 여기서도 물론 선택된 학생의 이름은 밝혀지지 않도록 유의해야 한다.

지명법이나 추인법과 함께 사회적 관계를 측정 · 기술하는 또 다른 방법의 하나로서 남가주 대학의 Bogardus에 의해 계발된 사회적 거리추정법이 있다. 이 방법은 개인이나 집단이 다른 개인이나 집단으로부터 수용 혹은 배척되는 정도를 측정할 수 있는 것이다. 동료평정법, 지명법이나 추인법에서는 선택할 수 있는 대상이 2-3명 이내로 제한되어 있어서 왜 나머지 학생들을 선택하지 않았느냐 하는 데 대한 정보를 얻지 못하는 단점이 있다. 이에 대해서 사회적 거리추정법은 주어진 일련의 질문에 대해서 한 학생이 모든 학생에게 반응할 수 있도록 하고 있다. 이 방법은 주어진 집단을 어떻게 받아들이고 있느냐 뿐만 아니라, 그 집단이 그 학생을 어느 정도 인정하고 배척하느냐 하는 정도를 분석해 낼 수 있으므로 집단의 사회적 역동성을 파악하는데 도움이 된다.

〈표 15〉 사회적 거리추정법에 의한 두 학생에 대한 N = 32명의 반응 예

척도문항	가장 인기가 높은 학생 A	가장 인기가 없는 학생 B
1. 그를 나의 가장 친한 친구로 갖고 싶다.	20	2
2. 가장 친한 친구는 아니지만 우리 그룹에 넣어 주고 싶다.	7	15
3. 가끔 친하고 싶은 친구이다.	3	4
4. 그가 우리 반에 있는 것은 상관없지만 그와 친하고 싶지는 않다.	1	3
5. 그가 우리 반에 없으면 한다.	1	8

이러한 방법들에 의해 얻어진 반응을 종합하면 각 개인이 집단으로부터 인정받는 정도를 알 수 있다. 그러나 종합분석 방법 중에서 사회도에 의한 분석방법이 가장 잘 알려져 있는데 이것은 한 집단의 사회적 구조를 그림으로 나타낸 것으로 1930년 Moreno에 의해 시작되었다. 원래 Moreno는 성원을 기호로 표시하고 선택의 방향을 화살표로 하였는데, 이러한 기본 방식에는 변화가 없으나 몇 사람이 개정형을 만들었다. 그 중 Northway(1940)는 표적형을 고안했는데, 활쏘기의 과녁과 비슷하게 4개의 중심원을 가지고 있다.

앞의 생일 잔치에 초대하는 친구의 예를 들어 보자. 남자는 △표이며 여자는 ○표이다. 일방적 선택 중 첫 번째 선택을 '→', 두 번째 선택을 '⇒', '↔'는 상호 선택을 나타낸다. 이 때 가장 많이 선택된 학생은 인기아로서 중앙에 위치하고 가장 덜 선택된 학생은 외톨박이로서 주변에 위치한다. 이러한 교우도표를 그려본 결과, 비교적 많은 아이들이 좋아하는 아이가 있는데 이를 중심 학생이라 하며, 비교적 많은 아이들이 싫어하거나 또는 아무도 싫어도 좋아도 하지 않는 아이는 고립아라고 한다. 중심학생은 그 성원의 인기를 한 몸에 모으고 지지를 받고 주위에 영향이 큰 것에 비하여 고립아는 집단에서 냉담한 거부나 명백한 적의, 노골적인 증오가 기다리고 있다.

Moreno 이후 많은 사람들의 연구의 결과에 의해서 사회성 도표에는 다음과 같은 유형이 포함되어 있다. **첫째**, 고립형은 집단 내의 누구에게도 우인으로서 선택되지 않는 것이다. **둘째**, 상호선택형은 서로 좋아하는 우인으로서 소위 단짝이라고 하는 것이다. **셋째**, star형은 집단 내에서 인기가 있으며 다수인에게서 호의를 얻은 선택된 사람이다. **넷째**, 연쇄형은 A는 B를, B는 C를, C는 D를 선택하는 형이다. **다섯째**, 삼각형은 막혀진 연쇄관계를 이어주는 것으로서 A는 B를, B는 C를, C는 A를 선택하는 경우이다.

이러한 생활지도에 의해 나타난 사회화의 효과를 측정할 수도 있는 것이다. 이 때 교사는 집단 내의 개인관계는 어릴수록 변하기 쉬우며 나이가 들수록 선택이 안정되는 경향이 있다는 사실은 알고 있어야만 한다. 또한 교사는 사회도를 바탕으로 해서 활발한 생활지도를 펼칠 수 있다.

5. 교육실습 중의 생활지도

실습생으로서 실습기간은 한정되어 있으므로 학교 전체의 생활지도 활동에 참여하기 어렵기 때문에 주로 학급중심의 생활지도를 담당하게 되는 경우가 많다. 여기서는 교육실습 중 실제로 시도해 볼 수 있는 생활지도 활동에 관하여 제시하고자 한다.

1) 학생에 대한 사랑과 이해

생활지도에서 제일 중요한 것은 학생을 좋아하고, 이해하는 일이다. 사람을 돕는 일은 그 사람을 우선 좋아하는 데서 시작된다. 학생을 두통거리로 생각한다면 생활지도에 있어서 일차적인 장애가 된다. 학생과의 신뢰로운 관계를 형성하고 만나면 편하고 의미 있는 인간관계를 형성하는 것이 우선되어야 한다.

학생과의 좋은 관계 형성을 위해서는 학생 개인에 대한 인간적인 존중, 도움을 주고자 하는 의욕과 사명감, 학생의 심정을 헤아려 반영해 보이는 공감, 친근감을 표시하는 행동 등이 필수적이다. 교사가 일방적으로 학생과 좋은 관계를 형성하고자 하는 경우 자칫 교사의 편견이나 고정관념이 개입되어 오히려 관계를 망치는 결과를 초래할 수 있기 때문이다.

또한 실습생은 학생 개인 생활 카드나 생활기록부의 자료에 따라 개개인의 학생을 알고 그들과 가까이 접촉하면서 성격이나 특징을 포착하도록 해야 한다. 그리고 가급적 지도 계획에 따른 자료 수집을 돕는 것도 학생을 이해하는 좋은 방법 중의 하나이다. 생활지도 교사의 인성적 자질과 관련하여 다음과 같은 것들을 고려해 볼 수 있다.

① 학생과의 진실된 만남을 위해 필요한 교사의 자세에 대해 알고 있고, 실습생 자신은 그러한 태도를 가지고 있는가?

② 학생들과 자연스럽게 대면할 수 있는 기회는 어떤 것들이 있는지 알고 있는가?

③ 효율적인 대화기법을 어느 정도 알고 있으며 실제 생활에서 자연스럽게 활용

할 수 있는가?

④ 학생들이 나를 좋아했던 경험이 있다면 어떤 점 때문에 나를 좋아했다고 생각하는가?

2) 문제 예방과 성장 돕기

문제의 발생 후에는 그것을 해결하기가 매우 어렵고 까다롭기 때문에 문제행동이 발생하기 이전에 예방적-성장 촉진적 노력을 하는 것이 중요하다. 여기에는 다양한 활동이 있을 수 있는데, 작게는 학생 개인에게 들려주는 한 마디 말에서부터 크게는 학생 전체는 대상으로 하는 조직적인 교육활동에 이르기까지 다양하다. 학생의 발달에 필요한 여러 형태의 교육적 개입, 즉 성교육, 대인관계 증진, 학교폭력 예방교육, 잠재력 개발교육, 심성개발 훈련, 학습전략교육, 자아성장훈련 등은 학생들의 성장 촉진을 위해 크게 기여할 수 있는 노력으로 볼 수 있다.

학생문제 예방을 위해 실습생은 세심한 주의와 관찰을 필요로 하고 예방을 위해 어떤 조치와 개입을 해야 할지에 대해서도 잘 알고 있어야 한다. 이를 위해 염두해 두어야 할 사항은 다음과 같다.

① 학생의 발달에 필요하다고 생각되는 활동에는 구체적으로 어떤 일들이 있는지 알고 있는가?

② 학생들의 건전한 교우 관계를 조성하기 위해 어떤 시도를 할 것인가?

③ 학생들의 잠재력, 희망, 비전을 일깨워 주기 위해 어떤 이야기나 행동을 하였는가?

④ 학생의 문제행동이 나타나기 전에 어떤 전조 행동이 보이는지 알고 있는가?

3) 문제를 겪고 있는 학생의 발견과 해결을 위한 개입

교육실습 기간 동안 까다로운 학생의 문제에 개입하고 해결하기에는 어려움이 있지만 실습생으로서 다음과 같은 시도는 해 볼 수 있을 것이다.

첫째, 어려움을 겪고 있는 학생을 발견하려고 노력해야 한다. 학생들의 어려움은 그들의 얼굴표정, 언어적 표현 등을 통한 신호를 통해 사전에 발견할 수 있기 때문에 실습생의 예리한 관찰력이 필요하다. 그러나 학생 개개인의 성향에 따라 문제행동을 찾기가 어려운 경우도 있다. 특히 조용하고 순응적이며 내성적인 학생의 문제나 어려움은 발견하기가 어렵기 때문에 특별한 관심을 가지고 관찰하는 것이 필요하다.

둘째, 학생들이 겪고 있는 문제는 다양하고 분류방법에 따라 다르게 제시되기도 한다. 학생들이 겪고 있는 일반적인 문제의 유형은 다음과 같다.

- 공부 방법에 대한 이해부족, 시간관리 능력 부족 등으로 인한 학업문제
- 진로에 대한 미결정, 진로와 관련되는 정보 부족 등으로 인한 진로문제
- 동성친구, 이성친구, 가족 등과의 갈등과 어려움으로 인한 대인관계문제
- 자아정체감의 결여, 시험불안, 우울, 회피, 자살충동 등과 관련된 성격문제
- 허약함, 비만, 기타 신체적 열등감으로 인한 신체 외모 문제
- 집단따돌림의 가해자 및 피해자의 다양한 문제
- 금품갈취 및 신체적 폭력 행동 등의 문제
- 가출과 외박의 문제
- 술, 담배를 포함한 약물사용과 관련된 문제

셋째, 문제해결을 위한 개입으로 교육실습생의 경우 시간과 능력상 역부족인 경우가 있다. 이러한 문제해결을 위해 가능한 지도나 개입 가능성과 관련된 몇 가지를 제시하면 다음과 같다.

① 학생들에게 진실된 자문역할을 수행하도록 한다. 학생으로 하여금 문제의식을 갖고 자신의 문제해결을 추구하도록 안내하고 격려하며, 문제해결을 위한 정보를 제공하고 자문을 해줄 수 있다.

② 책임교사 및 상담교사에게 보고하고 그들과 의견을 나누어 본다. 특히 학생의 문제가 심각하다면 지체 없이 이들에게 보고해야 한다.

③ 전문가에게 의뢰한다. 학교장면에서 해결하기 어려운 경우 책임교사와 상의한 후에 학생의 문제에 적합한 전문가를 찾아 의뢰하는 절차가 수반되어야 한다.

어려움을 겪고 있는 학생의 조기 발견과 적절한 개입을 위하여 염두해 두어야 할 일반적인 사항들은 다음과 같다.

- 어려움을 겪고 있는 학생들을 발견하기 위해 어떤 노력들을 하고 있는가?
- 담당하고 있는 학생들이 일반적으로 겪는 문제에는 어떤 것들이 있는지 파악하고 있는가?
- 지나치게 내성적이거나 친구와 잘 어울리지 못하는 학생이 있는지 알고 있는가?
- 학생의 문제가 자신의 능력으로 해결이 어렵다고 보는 학생이 있는가? 있다면 다른 전문가에게 의뢰하는 노력은 하고 있는가?
- 학생이 겪고 있는 특정 문제에 관하여 개입하는 방법을 알고 있는가?

4) 생활지도에서 실습생의 역할

실습생은 길지 않은 실습기간 동안 생활지도의 철저한 수행을 위하여 학생에 대한 다음과 같은 사항을 통찰, 기록해야 하고 매일 같이 생활지도 교사로서의 역할에 대한 반성을 해야 한다.

- 학생 개개인에 대한 개인행동을 기록하고 있는가?
- 학생들의 학업성취력 정도에 대한 이해는 하고 있는가?
- 학생이 지닌 독특한 성격적 특성은 파악하고 있는가?
- 학생들의 흥미, 건강상태, 특기나 단점을 알고 있는가?
- 학생들이 보이는 사회적 행동 중 특기할 만한 사항을 알고 기록하고 있는가?
- 학생들의 교우 관계 조사를 통해 집단 내에서 또래관계 파악은 했는가?
- 신체적 결함을 가지고 있는 학생은 누구인가?
- 정서적 문제를 가지고 있는 학생은 누구인가?
- 어느 학생이 사회적 적응 혹은 학업에 있어서 특별한 도움을 필요로 하고 있는가?

실습생이 생활지도 활동에서 직접 수행할 수 있는 일반적인 역할은 다음과 같은 것들이 있다.

- 자기가 맡고 있는 학생을 진정으로 좋아해야 한다.
- 학급분위기를 언제나 인정스럽고 우정이 넘치는 분위기로 만들어 나가도록 노력한다. 학급의 공동체 의식이 학급을 진취적이고 창조적으로 만들어 간다.
- 학급의 운영에서 정신 위생적 원리를 이용한다. 적당한 계기를 찾아서 같이 마음껏 웃고 때로는 같이 고민하면서 학급 구성원들이 거기에 소속된 것을 좋아하고 소속감을 강화할 수 있도록 실습생은 정신 위생의 원리를 이해할 필요가 있다.
- 학급 내에 장애가 있는 학생을 발견하고 그 특성을 관찰하는 일에 관심을 갖고 필요한 조처를 강구한다.
- 실습생이 학교활동에 관심이 없거나 비판하면 그 학급은 단합되지 않고 학교생활과 일체감을 갖지 못해 혼란을 일으킨다. 따라서 실습생은 일단 정해진 학교활동에 적극 학생들을 참여시키면서 스스로 참여하도록 유도한다.
- 실습생은 학생들의 가정환경과 관련한 상황을 파악하고 관련 문제를 도와야 한다.
- 학생들의 신체적, 정서적, 사회적, 교육적 욕구가 필요하다.
- 부모 상담에서도 자녀의 요구를 잘 이해하도록 촉구한다.
- 실망이 좌절을 느끼는 학생을 발견하여 적극적이며 수용적인 태도로서 학생이 자기 통찰력을 높이도록 한다.
- 교과 시간 이외에도 가능한 한 생활지도와 상담활동을 증진할 수 있는 시간적 여유를 찾아본다.
- 학생들에 관한 보다 상세한 이해를 돕는 자료들의 수집, 분석, 보관이 되도록 늘 세심한 관심을 가지도록 노력한다. 각종 검사결과와 일화기록 등을 통해 생활지도를 위한 자료로 활용한다.
- 학생들의 교과학습 및 생활발달 등의 발달상황을 평가하는 일을 충실히 한다.

실습생은 생활지도 전문가나 상담교사와의 긴밀한 관계를 통해 그들에게서 학생지도에 관한 협력을 요청받는 경우 아낌없는 참여로써 협력하는 것이 학생들에게 보다 큰 유익을 줄 수 있다는 사실을 염두해 두어야 할 것이다. 학생중심적인 생각에서 비롯된 교사들간의 협력이 무엇보다도 가장 성공적인 생활지도의 효과를 높일 수 있다는 것을 알고 있어야 한다.

Ⅲ. 학급경영 이해와 실습

1. 학급 경영의 이해

1) 학급경영의 의미와 영역

학교경영은 교육목적을 달성하기 위하여 공공적 경영체인 학교의 구성요소로서 물적 · 인적 자원의 조건을 정비하고 유효적절하게 운영 및 유지하는 모든 활동을 뜻한다. 거시적인 의미에서는 교육경영의 범주에서 이해되어야 한다. 교육경영은 국가의 전반에 걸친 정책결정 과정에 적극 참여하며, 거기에서 정해진 정책을 충실히 수행한 후 평가까지도 아울러 할 수 있는 하나의 체계를 뜻하는 것이므로, 학교경영도 이러한 관점에서 수행되어야 할 것이다.

따라서 학교경영에는 많은 교육활동이 수반되며, 교육의 이상 · 방책을 실천하기 위하여 객관적인 법적 기준에 의한 조직 · 유지 · 운영 면에 걸쳐서 구체화하고 창의성을 발휘하여 학생을 위하여 직접적인 교육지도에 필요한 교육직원들의 활동을 원활히 뒷받침해 주는 데까지 그 뜻을 같이 포함하고 있다.

학교경영은 사회적인 성격으로서의 학교가 더욱 훌륭한 민주적 생활의 경험과 인간화의 교육을 습득하는 곳으로서 지닌 목적을 실현할 수 있도록 하는 수단으로서의 기능을 해야 할 것이다. 모름지기 학교경영은 학생의 행복과 사회의 복지를 위한 것이 되지 않으면 안 될 것이다. 그렇기 때문에 학교경영은 궁극적으로는 교육의 목적을 효율적으로 수행하는 데 기여하는 것이어야 한다. 교사에게 있어서 학교경영의 실제를 적용할 수 있는 것은 담임교사의 경우 학교경영의 최소 단위라고 할 수 있는 학급경영을 통해서이다. 따라서 여기에서는 학교경영의 일환의 하나로 학급경영의 실제에 관해 살펴보기로 한다.

학급경영이란 교육의 목표를 효율적으로 달성하기 위한 조직단위를 말하며 학급 진단을 다루는 경영활동을 의미한다. 따라서 교사의 활동을 주로 하는 교육활동과 경영활동의 두 가지로 교사의 역할을 들 수 있는데, 학급경영이란 교사의 교육활동을 제외한 학급집단의 모든 활동을 하는 것을 뜻한다.

학급이란 학교의 조직에서 교수-학습지도를 능률적으로 이루기 위한 가장 기본적인 집단 단위이다. 학급의 교육적 가치는 교사의 지도하에서 이루어지는 교재내용의 학습이나 생활지도 이외에 학급 내의 학생 상호간에 갖는 인간관계, 교사와 학생간에 갖는 인간관계 등 학급 안에서의 무의식적인 교육적 영향도 중요한 가치를 갖는다. 따라서 학급조직은 그 자체가 특별한 사회로서 그 조직편성의 형태나 구성원의 성격 운영방침 및 방법 등에 따라 학급의 교육적 의미는 매우 크다. 그렇기 때문에 학급경영에서 가장 중요한 점은 교사는 학교경영의 범주 안에서 교수-학습활동 외에도 경영자로서의 능력이 요청되는 것이다.

학급경영의 영역은 교수활동과 경영활동으로 나누어진다. 교수활동이란 수업과 관련된 제반활동이라고 한다면 경영활동이란 수업활동이 원활하게 이루어질 수 있도록 서비스하는 활동이라고 볼 수 있다. 즉, 교실환경의 정비, 교육과정계획, 예정표작성, 교수자료의 설비의 선택과 활용, 학급교수의 관리, 집단교수의 관리, 개별교수의 관리, 평가, 학생의 건강활동 지도, 학생행동의 지도, 기록 및 보고, 학부모와 지역사회의 관계, 교직적 제 관계 유지 등을 경영활동이라고 한다.

학급경영의 영역

♣ 학급경영관 및 목표를 정립하고 경영계획을 수립하는 일
♣ 학생의 개인별 특성 및 학급의 집단 풍토와 그 밖의 학급의 기초사항들을 이해하는 일
♣ 교과지도를 행하는 일
♣ 학급의 물리적 · 사회적 환경을 구성하고 정비하는 일
♣ 특별활동 지도, 생활지도 등을 행하는 일
♣ 학급의 제반 사무를 처리하는 일
♣ 가정 및 지역사회와의 협조를 도모하는 일
♣ 학급경영의 과정 및 결과를 평가 · 반성하는 일

김종철 외(1991)

2) 학급경영의 체제

학급경영은 학교경영체제의 중간관리체제인 학년경영체제의 하위체제로서 학급경영체를 개념화하여, 다른 교육체제와 상호작용하는 협동적인 관계가 강조되는 단위체로서 이해되어야 한다. 그러므로 학급경영체제는 학교 및 학년경영체제의 한계 내에서 그 동태적인 관계를 파악하여 효과적인 교수-학습지도를 위한 구체적인 학급경영의 목표를 설정하고 그 달성을 위하여 학급경영활동을 전개해야 한다.

중등학교의 경우, 학급담임교사와 교과담임교사가 학년이나 학급경영체제의 구성요소로서 협동하여야 한다는 경영의식으로 교수-학습지도와 관리를 다 함께 사고하고 실천함으로써 교육목표 달성의 효과를 올릴 수 있는 것이다. 그리하여 교장과 교감을 중심으로 부장교사들이 결합하여 학급의 경영을 조정하고 지원하여 교수-학습과 경영-관리 등 체제 기능의 통괄 작용이 나타나도록 한다.

학교경영체제의 하위단위체제로서 학급경영체제가 얼마나 경영적인 기능을 발휘할 수 있는가가 중요하다. 학급경영에 있어서는 보다 인간적인 형성의 내면화에 깊이 밀착되어 집단적인 경영적 창의 기능을 발휘하는 데 그 경영의 중점을 두어야 한다. 그러므로 학급경영은 학생의 집단적 측면의 조직화와 교사의 집단적인 측면의 조직화의 양면에서 체제화하는 것이 중요하다.

학급경영은 통제가 아니라, 개개의 학생들이 그들의 생활에서 자율적인 학습이 이루어질 수 있도록 개별적 활동을 조성해야 하며, 학급 내에서의 학생들의 상호작용이 조화를 이루도록 지도하고 경영해야 한다. 학급경영은 그 개성화를 저해하는 것이 아니라, 그 하위체제로서의 기능적인 기반 위에서 개성적인 것이어야 한다. 이 학급경영에 있어 개성화의 핵심은 학급 담임교사의 교육관 및 경영관이다. 그리고 학급의 개성화는 학생들의 실태와 특수성에 따르는 것이어야 한다.

학급은 학생으로서의 한 인간이 성장하고 발달하는 단위 집단체제이다. 그러므로 학급경영은 그 목표의 달성과정에 있어서 인간존중의 교육을 하는 확고한 교육관의 인식이 필요하다. 즉 학급경영은 학교교육에서 인간화하는 것이다. 그렇다면 학급에서 인간화의 교육이란 어떤 것인가를 정리해 보면 다음과 같다.

- 한 학생을 한 인간으로 생각해야 한다. 그것은 학생을 배우는 주체로 생각하는 것이다. 학생에게는 감각이나 사고의 중요한 가치가 있으며, 거기에서 나오는 질문이야말로 정직한 응답이다.
- 한 사람 한 사람이 가지고 태어난 강한 학습의욕과 환경을 이해하려는 인간발달의 폭넓고 균형 있는 목적의 추구가 교육을 이루도록 하는 것이다.
- 학교의 기능은 한 사람 한 사람 사이의 차이를 확장하는 것이며, 그것은 교육과정의 자율화, 개별화, 협력화를 통해 가능하고, 그 차이를 존중해 주어야 한다.
- 배우는 주체로서 학생 개개인의 자신의 발견과 탐구 등 직접경험에 의한 학습법이다.
- 한 사람 한 사람의 사고과정의 발달을 제일로 생각한다.
- 학생 자신의 능력에 따라 작업하도록 격려한다.
- 교사의 역할은 학생의 학습과정이 잘 이루어질 수 있도록 하는 정신적 도약의 인격적 만남의 학습 환경을 조성해 주어야 한다.
- 학습자 자신의 철학, 가치의 기본적인 하나의 체계를 개발하는 것이 인간존중의 지식으로서 가장 중요하다.
- 학교는 학생이 상호 협력하여 학습할 수 있는 조직을 조성해야 한다.

- 학습자 개인이 책임의식을 개발하도록 신념과 용기를 북돋운다.

교육이란 한 사람 한 사람이 독립하여 학습하며, 책임을 지고 결단을 하면서 인간의 존엄성을 일깨우는 생활을 해나가는 인간을 육성하는 것이기 때문에 학급경영 또한 이와 같이 교육을 인간화하는 과정을 중시하는 경영기능이 발휘되어야 한다.

3) 학급경영의 원리

학급경영을 능률적이고 효율적으로 하기 위해서는 그 실천적인 전제로서의 기본원리가 있어야 한다. 일반적으로 학급경영의 기본 원리로서 윤형모(1968)는 자유의 원리, 개성의 원리, 흥미의 원리, 협동의 원리, 노작의 원리, 발전통합의 원리를 제시하였다. 그러나 학급경영의 원리는 주장하는 입장에 따라서 다양하게 제시되고 있는 실정이다. 즉 자주성과 창의성, 정의성과 협동성, 규율성과 질서성으로 보는 입장이라든가, 타당성의 원리, 개별화의 원리, 자율화의 원리, 사회화의 원리, 종합화의 원리, 전문화의 원리 등을 제시한 경우 등이다. 또한 학급경영의 원리를 교사의 태도 입장에서 제시한 경우도 있는데 계획적이고 조직적인 태도, 협동적인 태도, 과학적인 태도, 인간적인 태도 등으로 구분하고 있다. 이와 같은 입장들을 절충하고 있다고 보는 원리를 정리하여 본 학급경영의 원리는 다음과 같다.

첫째, 교육을 통한 학생의 복지와 사회의 복지를 증진시키기 위해서 맨 먼저 요구되는 것이 민주화의 원리이다. 이 민주화의 원리는 학교경영 및 학급경영의 원칙이기도 하거니와 교육경영 전반에 걸쳐 적용되는 원리인 것이다. 아무리 학급경영에 유능한 교사라고 할지라도, 학생의 필요나 일반의 희망을 무시한 경영이라면 그것은 독재가 되고 말 것이다. 민주적 학급경영에 있어서 교사는 지휘자이기 보다는 협동자가 되어서 동료적 입장에서 지도성이 이루어져야 할 것이다. 이렇게 함으로써 학생의 인격이 존중되고 그들의 개성이 발전할 것이다. 그러므로 학급의 민주적인 분위기 속에서 학생이 성장할 수 있도록 학급경영이 이루어져야 할 것이다.

둘째, 학급경영을 민주적으로 하기 위해서는 필연적으로 과학적 원리가 수반되어야 한다. 학교는 학교 본래의 목적을 달성하기 위해서 과학적이며 합리적 방법으로 조사하여 연구하고 그 결과를 처리해야 한다. 또한 학교는 일시적인 집단이 아니고 역사적이고 계속적인 집단이기 때문에 학급과 학교의 발전과정에 대하여 역사적 혹은 통계적 방법으로 명백하게 조사하고 기록함으로써 그 학교의 진보 발전의 자취를 명백하게 해 주고, 나아가 다른 학급, 학교간의 비교를 가능하게 함으로써 학교 발전에 크게 공헌해야 한다.

셋째, 학교교육은 계획성을 지니고 있다는 데서 다른 교육기관과 다른 특성을 가지고 있다. 그러므로 학교교육을 실천하는 수단으로서의 학급경영에 있어서 계획성이 요구되는 것은 당연한 일이다. 학생을 최대한으로 성장하도록 하고 교사의 발달을 도모하는 계획이 수립되어 있어서 그 계획된 모든 방법과 내용 및 시설을 갖추도록 해야 할 것이다. 또한 이 계획성은 교육에 대한 이상을 구현화한 것일 수도 있다. 시시각각으로 변화하는 사회적인 현상을 고려하면서도 학생의 흥미, 욕구, 태도 등을 교육목표에 반영하여 교육계획을 만족시켜 주는 방법도 여러 가지 면에서 고찰하여 실시되어야 할 것이다.

넷째, 학급경영은 민주성, 과학성, 계획성을 바탕으로 하여 발전 지향적인 방향으로 이루어져야 한다. 이것은 결국 학생의 발전을 지향하고 향상시키는 것을 의미한다. 따라서 학생의 바람직한 발전을 유도하기 위해서는 단원을 설정하고 자료를 투입하고 지도함으로써, 학생의 생활에 계획적인 변화가 일어나는 것이다. 즉 학급경영은 학습면과 생활면에서 보다 나은 방향으로 발전하고 변화하도록 해야 한다는 것이다.

다섯째, 학급경영은 새로운 발전을 지향함으로써 결국은 학생들로 하여금 창조적인 사고를 지향하게 하는 방향으로 이루어져야 한다. 이와 같은 창조적인 사고는 자유와 자발성에서 기대할 수 있는 것이다. 그렇기 때문에 학급경영의 창조성의 원리는 앞에서 말한 민주성의 원리, 과학성의 원리, 계획성의 원리, 발전의 원리를 모두 함축한다고 봐야 할 것이다. 그러므로 학급 내외의 생활에서 언제나 흥미를 존중하고, 과학적 마음과 자료의 분석 · 종합 · 정리를 바탕으로 이것의 발전을 통한 창조적인 사고와 활동을 가질 수 있도록 지도해야 한다.

4) 학급경영자로서의 교사의 역할

교사의 역할 중 기본적인 것의 하나가 학급경영자로서의 역할이다. 학급경영은 학급의 공동목표를 합리적으로 달성하기 위하여 필요한 제조건들의 정비 확립을 의미한다. 학급의 공동 목표라 함은 근본적으로 학습활동을 의미하는 것이며, 학급경영은 학습활동을 조성하기 위하여 인적이며 문적인 제반 조건을 정비 확립하려는 활동을 의미하는 것이다. 학급경영자로서 교사가 할 역할은 다양하며 그 대표적인 것은 다음과 같다.

첫째, 학급운영의 목표를 설정하는 일을 수행해야 한다. 학급을 담당한 교사는 기본적인 운영 목표를 설정하고, 학급의 실천 목표를 설정해야 한다. 즉 학교의 교육목표에 입각한 급훈을 설정하고 주간계획, 월간계획, 연간계획을 세워 학습지도나 생활지도에 임해야 한다.

둘째, 학급 학생들의 인적 자원을 조직하고 관리하는 일을 수행해야 한다. 학급의 이상적인 분위기와 협동성을 기르기 위해서 교사가 특별히 관심을 가져야 할 것이 인사 조직이다. 이것은 학급의 제반 활동을 효과적으로 추진하기 위하여 학급의 구성원을 조직, 편성하고 관리하는 것을 의미한다. 예를 들면, 학급편성, 분단조직, 당번활동, 학급간부의 선정, 청소담당 배정, 각종 특별활동의 조직 등이 여기에 속한다. 여기에서는 교사의 주관보다는 학생들의 자치능력을 신장할 수 있게 지도해야 한다.

셋째, 학급환경을 정비하고 관리하는 일을 수행해야 한다. 학급환경은 학생들의 생활의 장이며, 학습의 장이다. 이러한 학급환경을 실용적이고 아름다운 곳으로 정비하며 관리해야 하는 것이 교사의 주된 임무 중의 하나이다. 학급의 환경은 내적인 환경과 외적인 환경으로 구별할 수 있다. 외적인 환경은 감수성이 빠른 학생들의 정서 안정을 도모하기 위하여 조화미와 적재적소의 여백 이용과 시설, 계절성을 지닌 화단, 동산, 수목, 화초재배들을 통하여 풍부한 감성과 덕성을 갖춘 환경이 마련되어야 한다. 여기에 따라서 내적인 환경은 더욱 바람직하게 정돈되어야 하며 교육의 성과를 높이는 학습의 장으로서 인격의 수양과 인간형성의 용광로가 되어야 할 것이다. 이 같은 장소로서의 교실은 교사와 학생이 혼연일체가 되어 매일, 매주, 매월 변화 있게 운영되어야 할 것이다.

넷째, 학급의 제 장부를 정리하고 관리하는 일을 수행해야 한다. 효과적으로 학급을 운영하려면 학급활동에 따르는 각종 서류와 장부가 있게 마련이다. 학생의 생활기록부를 비롯해서 회의록, 평가의 기록, 학급일지, 가정환경조사표, 신체검사표 등 수없이 많다. 현명한 교사는 이러한 업무 기록들을 교육적으로 가치 있게 활용하는 운영의 묘를 살릴 수 있어야 한다. 장부정리나 관리를 잡무처리 정도로 인식하고 있다면 그것은 학급의 운영을 제대로 할 수 없다고 봐야 한다. 장부의 정리와 관리를 철저히 함으로써 학급의 모든 사무를 일관성 있게 유지하고 학생들의 제반 활동에 관한 현주소를 명백하게 함으로써 학생들의 지도와 능률을 유효 적절하게 할 수 있는 것이다. 따라서 교사는 학급운영에 필요한 모든 장부를 기록 · 보관하는 데 있어서 중요한 책임을 인식해야 하는 것이다.

다섯째, 학급의 각종 교육계획을 작성하는 일을 수행해야 한다. 학급운영을 원만하게 하기 위해서는 교사는 모든 교육계획을 수립하여야 한다. 즉 학습생활의 전체 계획, 학습지도의 계획 및 각종 시간표작성, 특별활동계획, 생활지도의 계획, 정규 시간표의 작성, 학급행상계획, 학급관리 및 환경구성의 계획, 가정통신의 계획, 여가선용의 계획, 봉사활동 및 안전지도의 계획, 비상연락망계획, 휴가 중의 계획 등이 포함된다.

여섯째, 학급경영 활동에 대한 평가와 반성하는 일을 수행해야 한다. 모든 활동의 발전은 평가의 결과에 따른다. 학급경영도 마찬가지로 합리적인 운영이 되기 위해서는 수시로 평가와 반성이 요구된다. 즉 학급경영을 합리적인 기초 위에 놓으려면 위에서 열거한 학급경영의 제반활동을 끊임없이 계속적으로 평가해 보고 반성해 보아야 할 것이다. 먼저 학급운영에 대한 각종 계획과 예정표가 합리적으로 구성되어 있는지, 환경정비가 유효 적절하게 되어 있는지 모든 서류, 기록물이 체계적으로 활용하기 편리하게 보관되어 있는지 교사와 자신의 학급 사무를 해낼 수 있는 정도인지, 학급 내의 인간관계가 원만한지, 학급과 가정과의 관계, 학급과 지역사회와의 관계가 학급경영에 얼마나 도움이 되는지 등에 이르기까지 모든 활동을 이미 세워 놓은 학급의 기본 방침, 실천목표에 비추어 평가해 보고 반성해 볼 필요가 있다.

5) 학급경영의 사무

학교의 조직체가 합리적으로 운영되기 위해서는 각종 사무 문서와 장부들의 기록이 수반되기 마련이다. 이러한 경영 사무들은 교육의 기초 자료로 활용되는 것이기 때문에 각종 문서의 기록들은 정확성이 있어야 하고, 또 교육적으로 언제나 활용될 수 있도록 효율적으로 관리되어야 한다. 학교경영의 업무 중 학급경영에 관한 사무는 학급활동에서 이루어지는 모든 활동 과정에서 수반되는 제반 기록과 장부의 작성, 보관, 공문서와 제 보고서의 처리를 포함한 문서관리 위주의 업무를 의미한다.

학급경영의 사무는 학급을 경영해 나가는 과정에서 필연적으로 수반되는 것으로, 학생들의 교육에 직접적으로 관련되는 것도 있고, 또 간접적으로 관련되는 것도 있다. 직접적이든 간접적이든 궁극적으로는 모두 학생의 교수-학습활동에 필요한 것이다. 그렇기 때문에 학교경영의 사무는 그 자체에 독자적인 목적이 있는 것이 아니라, 효율적인 학급경영을 위한 수단인 것이다.

학급경영 사무는 학급의 경영을 원만하게 하는 데 필요한 것으로 학급경영의 실효를 거두기 위하여 수행되어야 할 학급경영 사무의 중요한 내용을 알아보면 다음과 같다.

- 학교생활기록부의 누가기록과 보관 및 활용
- 학생건강기록부의 기록과 보관 및 활용
- 학생평가기록부의 작성 활용
- 가정환경조사서의 보관 및 활용
- 학급회의록 기록 및 보관
- 학급경영록 작성 활용
- 출석부의 정리 및 보관

- 생활통지표의 작성
- 학급일지

학급경영의 사무는 학급의 교수-학습목표의 효율화를 위한 것이다. 따라서 학급경영의 사무는 다음과 같은 점에 유의해야 한다.

첫째, 학급경영의 사무는 그때 그때 정확하게 처리해야 한다.

둘째, 모든 기록은 정확하게 작성하고 지속적으로 누가기록을 해나간다.

셋째, 기록된 모든 사항은 객관적이고 모든 사람이 잘 이해할 수 있도록 간결하고 명료하게 작성해야 한다.

넷째, 학급경영의 사무는 경제적이고 효율적으로 처리되어야 한다.

학교경영에 있어서 여러 가지 기록과 사무 장부들은 학교 교육활동을 전개해 나가기 위한 것이다. 이러한 장부들은 임의적으로 이루어지는 것이 아니고 법령의 규정에 의하여 학교에 비치되어지는 것이다. 이제 학급경영 사무와 관련된 주요 공적인 장부를 중심으로 살펴보기로 한다.

(1) 학교생활기록부의 관리

교육법 시행령에 따르면 학교장은 교육부장관이 정하는 서식에 의해 학적부를 작성해야 한다고 되어 있다. 이후 1955년 1월 25일 교육부 훈령(제 10호)에 의해 학적부의 명칭이 생활기록부로 변경되었다. 이후 1996년 1월 20일 교육부 훈령(제27호)에 의해 초 · 중 · 고등학교의 종합생활기록부의 지침이 마련되어 학교생활기록부로 명칭이 변경되었고, 다시 1999년 4월 교육부훈령 제587호로 초 · 중 · 고등학교 [학교생활기록부 전산처리 및 관리지침]이 마련되어 오늘에 이르고 있다.

학교생활기록부는 학교의 법정 장부 중 가장 중요한 공문서이므로 기록과 관리에 있어서 정확성과 통일성은 물론, 신중을 기해야 한다. 따라서 학교생활기록부의 기록과 관리는 학급경영에 있어서 한 교사의 성실성과 경영사무의 능력을 동시에 측정할 수 있는 척도가 될 수 있을 뿐만 아니라, 학생들이 졸업 후 50년 이상 보관되어야 하는 준영구보존 문서이므로 그 기록에 있어서 정성과 신중함이 무엇보다도 요구된다.

학교생활기록부의 관리지침에 의하면, 학교생활기록부는 학생이 졸업한 해로부터 50년간 학교에 보관하도록 되어 있으며, 기록은 한글로 하도록 되어 있다. 인적사항에서 학생의 성명은 한자와 한글로 기입하며, 주민등록번호, 주소를 기입한다. 가족상황에서는 부모의 생년월일과 직업을 기록하게 되어 있다. 학적사항은 입학시의 학교명과 입학년월일을 기재하고, 전입학의 경우에 학교명과 전입학 연월일을 기재하며, 졸업 후의 상황이나 상급학교의 진학학교명을 기록한다. 출결사항은 학년별로 출석일수와 동일한 수업일수를 기록하며, 결석은 질병과 사고로 구분하여 아라비아 숫자로 기입하되, 생활지도에 참고가 될 경우 그 내용을 특기사항란에 기재하며, 지각과 조퇴, 결과도 기록한다. 이 때 소정의 등교시간에 지연될 경우에는 지각으로, 교과시간대에 출석하지 않은 경우는 결과로, 소정의 수업시간이 끝나기 전에 하교한 경우는 조퇴로 구분한다.

신체발달상황은 학교신체검사규칙(1996년 2월 7일 교육부령 제 676호)에 따라 신체검사 결과를 키와 몸무게는 아라비아 숫자로 소수 첫째 자리까지 기입한다. 체력급수는 체력검사에 의한 판정급수를 특, 1, 2, 3, 4, 5급으로 기입하며, 특기사항은 특별한 병력을 기입한다.

심리검사 상황은 표준화된 심리검사를 실시하여 기입함을 원칙으로 하며, 검사명칭과 실시일자와 검사결과를 기입하며, 각급 학교의 실정에 맞게 활용한다. 수상경력은 재학 중 학생이 수상한 상의 명칭과 등급과 수상연월일과 수여기관명을 기입하는데, 수상경력은 교내상이나 대외상 모두 학교장이 인정하는 각종 대회에서 수상한 경우에 한한다. 다만, 교과성적에 관련된 교내수상은 교과학습발달 상황의 세부 능력 및 특기 사항란에 기입한다.

자격증 취득상황은 학생이 취득한 자격증의 종류, 자격증의 번호, 취득년월일, 발급기관명을 기록하며, 진로지도 상황은 진로 상담, 진로권고 내용란에 담임교사나 상담교사 및 그 외 교사가 상담한 내용을 종합하여 학년말에 담임 교사가 기입한다.

교과학습발달상황은 교과학습발달 상황란에 교과의 교과목명과 단위수와 성취도와 석차의 세부 능력과 특기사항을 기입하며, 석차는 학년별로 과목별 석차를 기록하되, 동점자의 석차는 동순위 인원을 병기한다. 그리고 세부 능력 및 특기 사항란에는 과목별로 교과학습의 세부 능력 및 특기사항이나 교과성적 우수 표창, 학력 경시대회 입상 등 특기할 만한 사항을 간략하게 기입한다. 학교생활기록부의 학업 성적 산출방식은 2000년도부터는 전면 절대평가제도를 도입하였다(1996년 8월 7일 교육부 발표).

특별활동상황은 특별활동의 각 영역별로 활동과정에의 참여도와 활동, 의욕과 태도의 변화 등에 중점을 두어 평소 관찰된 학생의 활동상황을 누가기록하였다가, 학년말에 이를 종합적인 문장으로 기록한다. 그리고 봉사활동상황은 학교계획, 또는 학교의 승인을 받은 개인의 계획에 따라 실시한 봉사활동을 내용과 횟수와 시간 등을 기입한다.

행동발달상황은 학교별로 바람직한 행동 덕목을 설정하고 실천사항을 수시로 관찰, 누가기록하여 행동특성을 종합하여 문장으로 기술한다. 마지막으로 종합의견은 각 항목에 기록된 자료를 종합하여 학생을 총체적으로 이해할 수 있도록 간략하게 기술한다.

(2) 건강기록부의 관리

학생건강기록부는 학생들의 건강상태를 파악하게 하여 건강의 유지와 건강의 증진에 필요한 사항을 실천하는 데 그 목적이 있다. 현재의 학생건강기록부는 1996년 2월 7일 개정 · 공포된 학교신체검사규칙(교육부령 제676호)에 의한 것이다. 학생건강기록부의 양식에 의한 기재요령은 다음과 같다.

성명은 한글과 한자로 기입하며, 주민등록번호와 보호자명을 기록한다. 전염병 예방접종은 취학전의 접종 여부와 재학 중의 접종 연월일을 기록하며, 병력기록은 병명과 질병을 앓은 기간을 기록한다.

구강 및 병리검사란에는 구강검사와 X-선 검사와, B형 간염검사의 일자와 검사결과를 기록한다. 체격 및 체질검사란은 체력검사결과와 체질검사결과의 연월일을 기록한다. 체질검사결과 비만도를 측정하여 판정결과를 기록하는데 그 공식과 판정요령은 다음과 같다.

$$\text{비만도}=\frac{\text{축체중}-\text{신장별 표준체중}}{\text{신장별 표준체중}}\times 100$$

〈판정기준〉

20% 미만 ………………………… 정상체중
20% 이상~30% 미만 ……………… 경도비만
30% 이상~50% 미만 ……………… 중등도비만
50% 이상 ………………………… 고도비만

체력검사란에는 체력검사의 결과와 총점과 체력급수를 기록하며, 가정통신란은 학교와 가정에서 지도 및 연락사항을 기록한다.

(3) 출석부의 관리

출석부는 학생관리의 기본이 되는 상황을 기록하는 중요한 장부로서 취학 독려를 위한 중요한 기본 자료이다. 출석부의 기재요령은 다음과 같다.

- 표시되는 기호는 정확하게 사용한다.
- 월말에 개인별 종합의 계를 내어 합계란에 통계를 기입한다.
- 공휴일, 일요일, 방학기간, 휴학 및 진학자는 빨간글씨로 기입하고 빨간선을 긋는다.
- 중도 입학자는 현 재적 학생의 끝 번호 다음에 성명을 기입하고, 입학한 날짜에 '입' 이라는 표시를 청색으로 기입하고, 전출자는 전학일에 '퇴' 라는 기호를 빨간글씨로 기입한다.
- 월말에 출석 통계작성에서 수업일수는 공휴일과 일요일을 제외한 수업일수를 기재하며, 남녀별로 따로 통계를 기록하고, 하부의 여백에는 3일 이상의 장기결석 학생의 결석일수와 결석사유를 기재한다.

(4) 공문서의 관리

문서는 모든 사무의 기초가 된다. 공문서는 행정기관 내부간의 관계나, 대외적으로 공무상의 작성, 또는 시행되는 문서 및 행정기관이 접수한 모든 문서를 말한다.

문서는 의사를 전달하고 보존하는 기능을 갖고 있기 때문에, 정확하고 신빙성이 있어야 한다. 그렇기 때문에 법규에 의해 규제를 받고 있다.

문서의 종류에는 법규문서와 지시문서, 공고문서와 비치문서 그리고 일반문서가 있다. 법규문서는 헌법과 법률과 대통령령, 국무총리령, 부령, 조례, 규칙 등에 관한 문서를 말한다. 지시문서는 훈령과 지시와 예규 및 일반명령 등 행정기관이 그 하급기관 또는 소속 공무원에 대하여 일정한 사항을 지시하는 문서를 말한다. 공문서는 고시와 공고 등 행정기관이 일정한 사항을 알리는 문서를 말한다. 비치문서는 비치대장이나 비치카드를 행정기관이 일정한 사항을 기록하여 행정기관 내부에 비치하면서 업무에 활용하는 문서를 말한다.

사무관리 규정과 사무관리 규정 시행규칙에 문서작성의 일반 사항과 문서의 구성, 기안문서의 작성과 시행문서의 작성 등에 관하여 상세히 규정되어 있다. 또한 1996년 이후에는 컴퓨터에 의한 전자문서 유통관련제도도 규정하고 있다.

일반문서 작성요령은 다음과 같다.

- 문서의 용어는 한글전용을 원칙으로 하여 가로로 쓰되, 숫자는 아라비아 숫자를 쓴다.
- 용지의 규격은 특별한 사유가 없는 한 가로 210mm, 세로 297mm로 한다.
- 문서의 내용을 삭제하거나 수정할 때에는 삭제자, 또는 수정자가 삭제 수정한 곳에 두 줄을 긋고 서명 날인하여야 하며, 시행문을 정정할 때에는 정정한 자수를 표시하고 관인을 찍어야 한다.
- 문서의 구성은 두문과 본문과 결문으로 이루어진다. 두문은 발신기관명, 문서번호, 시행일자, 보존기관, 수시란이 해당되고, 본문은 제목, 내용, 첨부로 이루어지며, 결문은 발신명의, 수신처란으로 이루어진다.
- 문서의 내용을 2 이상의 항목으로 구분할 필요가 있을 때는 1, 가, 1), 가), (1), (가)의 순서로 세분한다.
- 본문이 끝나면 한 자 띄우고 '끝'자를 쓰며, 첨부물이 있을 때는 붙임의 표시를 한 다음 한 자를 띄우고 '끝'자를 쓴다.

문서는 대체로 해당 문서에 대한 최고의 결재권자의 결재가 있거나, 전자문서의 경우 전자서명에 의한 결재가 있음으로써 성립된다. 문서는 수신자에게 도달되거나 수신자의 컴퓨터 파일에 등록됨으로써 그 효력을 발생하게 된다. 공고문서의 경우에는 고시 또는 공고가 있은 후 5일이 지나야 효력이 발생된다.

2. 학급경영의 실제

학급 안에서 실제적으로 행해져야 할 경영영역은 학급 목표 수립 및 계획, 학급 조직, 학교환경 정비, 규칙과 행동수칙, 행동경영, 수업경영, 학부모와의 관계, 그리고 학급경영평가로 나누어 볼 수 있다. 여기에서는 이 영역에 해당되는 기본 개념과 구체적 예를 들어서 간단히 살펴본다.

1) 학급 목표 수립 및 계획

학급경영 목표는 능률적이고 효과적인 학급경영을 수행하기 위해서 교사가 1년의 경영계획을 수립, 실천해 나가는 것이다. 학급경영의 목표 및 방침은 학년수준에 따라 달라질 수는 있지만 어느 학년 또는 학급의 목표이든 그 학교의 교육목표를 토대로 작성되어야 한다. 따라서 학급경영 목표를 설정하기 위해서는 학교의 교훈이나 학교경영 목표 등에 대한 검토가 사전에 이루어져야 한다. 또 담임교사의 이상이나 학생들의 의사를 반영시키되 현실적으로 실천가능한가를 고려해야 한다.

학급경영의 목표와 방침을 정하기 위해서는 먼저 학급학생에 대한 전반적인 기초조사를 통해 학생 개개인에 대한 실태를 상세히 파악토록 한다. 모든 학생은 그들이 지니고 있는 능력이나 경험, 흥미, 배경, 문제, 용모, 성취동기, 장차의 계획 등에 많은 차이점을 갖고 있기 때문에 학생 개개인에 대한 정확한 파악을 통해서만이 효과적인 경영계획을 세 울 수 있다. 학급학생을 올바로 이해하기 위해 필요한 기초조사로는 가정환경 및 배경에 관한 조사, 성적, 신체 및 건강상태, 지능, 적성, 성격, 문제, 흥미 등의 수준과 경향성, 개인적 사회적 · 정서적 제 특성, 학교 내외에서의 활동범위 및 경험, 장래에 대한 계획 등에 관한 자료를 수집, 분석, 활용토록 해야 한다.

학급 목표 수립 과정에서 교사는 위와 같은 학생의 특성을 파악하면서 학교의 특성에 대해서도 잘 이해하고 맞춰야 한다. 목표에 집중하여 그 목표를 달성하는 데 최선을 다하되 너무 욕심을 부려서는 안 된다. 좋은 것이라 하여 여러 선생님들의 좋은 노하우를 다 끌어 모아서 교실에서 하면 일관성이 없어 혼동을 경험하게 될 수도 있다. 무조건 계획을 세웠다고 밀어붙이는 것은 자기만족에 불과하다. 계획은 어디까지나 계획이므로 바꿀 수 있다는 열린 마음으로 큰 목표는 유지하되 수정 가능성은 항상 열어 두어야 한다. 학급 담임교사로서 학급 목표를 세우고 한다면 다음과 같은 요소들을 고려하여 수립하고 계획되어야 한다.

【학급 목표 설정의 구체적 예】

(1) 교사 자신의 교육관

건강한 몸과 건전한 생각을 품고 사는 사람은 생각과 행동이 올바르며 자신의 일에 최선을 다한다. 청소년들이 아름다운 꿈을 갖도록 하기 위한 교육을 위해 열과 성을 다하고 부족한 부분을 채우기 위해 부단히 노력하고 연수한다.

(2) 학급 설정

- 학급유형 : 학년제 일반학급
- 학급설정 : 대도시 과밀학급
  한국○○중학교 2학년 3반(가상설정)
- 학급규모 : 학생 수 35명 (남 19명, 여 16명)
- 교수체제 : 학급담임제

(3) 반 학급 학생들의 기본적 특징

- 아파트 단지 중에서도 경제, 문화 수준이 높은 학군이다.

- 90%의 학생이 아파트 단지에 살고 있으며 10% 정도의 학생은 주택가에 살고 있다. 두 지역 간에는 눈에 보이지 않는 격차가 있으며 그 문화에서도 차이가 난다. 아파트에 사는 학생들은 주택에 사는 아이들을 차별하는 경향이 있다.
- 대부분의 학생이 풍족한 가정생활을 하고 있어 자신감을 가지고 있는 것은 좋지만 다른 학교 학생들에 비해 좀 더 계산적인 면이 보인다.
- 준비물, 기타 학습 활동 준비에 어려움이 없다.
- 학원을 평균적으로 2~3개씩 다니고 있다. 그래서 학과 시간 후에는 학생들을 학교에 남아 무엇인가를 할 수가 없다.
- 더 나아가 학교는 와서 학원에서 쌓인 피로를 푸는 곳이고 방과 후에 학원에서 공부하는 식으로 학교를 뒷전으로 생각한다.

(4) 학교의 교육목표

미래를 여는 참되고 창의적인 인재 양성

(5) 학년 교육목표

- 웃어른을 공경하는 마음과 정직한 생활을 실천하는 청소년
- 책을 즐겨 읽고 스스로 공부하는 능력을 갖춘 청소년
- 올바른 식생활 습관을 가지며 운동을 즐겨하는 청소년
- 1인 1악기를 연주하며 정서적 발달이 풍부한 청소년

(6) 학급 교육목표

- 정직하고 친구와 다정하게 지내는 사람이 되자.
- 좋은 책을 즐겨 읽고 창의적으로 생각하는 사람이 되자.
- 기초 체력을 다지고 운동을 꾸준히 하는 사람이 되자.
- 1인 1악기 연주하며 나만의 특기를 지닌 사람이 되자.

2) 학급조직

학급을 어떻게 편성할 것이냐 하는 문제는 학급을 단순한 경영상의 편의적 조직으로 보느냐, 개별학생의 학업성취를 보다 효과적으로 할 수 있는 학습집단으로 보느냐에 따라 달라진다. 학급집단을 궁극적으로 교수-학습의 효율화를 통한 교육목표의 달성을 위한 최소단위의 입장이라는 면에서 구분해 보면, 등질편성과 이질편성으로 나누어질 수 있다. 이질편성의 방법으로는 등록순에 의한 기계적 편성, 학업성적이나 학업성취 검사의 결과에 따른 편성 그리고 성별 · 거주지별 · 출신학교별 · 신장순 등의 원칙에 따라 편성하는 방법이다. 동질편성에 의한 방법으로는 학력별 편성(능력별 편성), 남녀별 편성, 진로 · 특수능력에 의한 편성 등이 있다. 학생집단의 편성을 구안하는 데 있어서는, 학교경영상의 관리적인 측면과 교육지도의 측면에서, 학생 개개인의 성장 · 발달을 충분히 고려한 조직편성을 목표로 하여 생각해야 한다.

학습집단은 기본적으로 교과학습의 집단으로 구분하는데, 교과학습의 집단으로서만이 아니라, 특별활동 및 생활지도, 기타 과외활동 등 학급활동의 전반에 따라 기본분단, 연구분단, 즉석분단, 드릴분단, 지역별분단 등으로 구분할 수 있다.

기본분단은 학급의 일상생활 상태, 교우관계, 능력 등을 충분히 배려하여 편성하는 것을 말한다. 분단으로서 응집성이 높게 나타나도록 각 분단에는 중심인물을 배치 편성하여 고정화시켜 운영한다. 연구분단은 단원학습에서 과제별 연구, 현장학습, 조사학습, 보고학습 등을 할 때 학생들의 흥미, 능력, 적성 등을 고려하여 편성하는 것을 말한다. 즉석분단은 buzz group이라고도 불리우는 것으로 언제나 교과학습에서 필요에 의하여 편성하는 자유자재의 가동성이 있는 분단이다. 드릴분단(drill group)은 기능학습이나 특별활동에서 기능학습이나 연습을 위하여 가동적인 편성을 하는 분단이다. 지역별 분단은 애향학습이나 향토반으로 불리기도 하며, 지역의 봉사활동의 편성에 많이 활용되고 있다.

학급집단을 조직하기 위해서 교사는 먼저 학급집단에 대한 실태조사를 하여 학급조직의 전체적인 틀을 마련해야 한다. 이 때는 학생 본인 여건 뿐만이 아니라 가정환경 여건까지 고려해서 가정과 학교가 연계된 교육활동이 될 수 있도록 한다.

학급집단은 공동목표를 달성할 수 있는 협동체로 조직하면서 학급집단에 필요한 규칙과 규범을 설정하여야 한다. 집단 활동을 효율적으로 수행하기 위해서는 집단 활동의 규칙, 절차, 규정 및 행동 규범이 확립되어야 하고 그것을 학생들에게 확실히 주지시켜서 행동의 준거로 삼아야 한다. 그리고 학급집단에서는 의사소통이 원활하게 이루어져야 한다. 어느 쪽의 일방적인 의견이 아닌 소외됨 없이 모든 구성원들이 효과적인 결과를 낼 수 있도록 의견이 공유되어야 한다. 학급조직은 집단의 특성과 역동성 및 구성원 개개인의 이해를 바탕으로 하여 운영되어야 한다.

【학급조직의 구체적 예】

(1) 자리배치 및 좌석배치

남녀를 번호 순으로 앉힌 후 1주일 마다 자리를 바꾸도록 한다. 자리를 바꿀 때는 처음 주는 여학생만 뒤에서 앞으로 맨 앞의 학생은 왼쪽의 맨 뒤로 자리를 옮긴다. 그리고 다음 주는 남학생만 앞에서 뒤로 맨 뒤의 학생은 오른쪽의 맨 앞으로 옮긴다. 남학생과 여학생이 격주로 자리를 옮기는 것이며 한 번 앉은 자리는 1주마다 짝은 바뀌지만 2주 동안 앉게 된다. 그리고 좌석배치는 수업의 집중도가 가장 높은 일자형으로 배치한다. 그러나 역할놀이나 소집단활동을 할 때는 배치가 달라지도록 유동적인 배치를 한다. 역할놀이 때에는 'ㄷ' 자 형으로 앉는데, 이러한 경우는 역할놀이시 발표를 주의깊게 볼 수 있고 토론이나 토의를 집중적으로 할 수 있다. 또 소집단 토의를 할 때에는 네 명일 경우 뒤에 두 명은 그대로 두고 앞에 두 명은 책상을 마주 보게 모으고 책상을 옆으로 빼서 책상이 모두 모여 있도록 배치한다.

(2) 임원선출

선거는 '민주주의 꽃' 이라고도 말하는데, 학생들은 학급회장 선거 등을 통해 민주적 절차와 기본 권리를 배울 수 있다. 선거 과정에서 지도자의 자질을 깨달을 수 있고, 학년 초 친구들 간의 서먹한 분위기를 친숙하게 만들 수도 있다. 하지만 부정적인 모습들도 나타나게 되는데, 이를 막기 위해서 임원선거가 있다는 것을 전날 종례 시간에 학생들에게 알려 주고 다음 날 바로 선거할 수 있도록 한다. 후보자들에게는 자신의 의견을 말할 수 있는 시간을 충분히 주고 투표를 하게 되는데, 투표는 교실 뒤 한쪽에서 따로 투표할 수 있는 장소를 마련하여 비밀 투표가 이루어질 수 있도록 한다. 한 명씩 번호대로 나가서 투표하고 오기 때문에 특별한 장치는 불필요하고 투표한 종이를 모을 수 있는 상자가 한 개 정도 필요하다.

(3) 1인 1역

학급에 특별한 부서를 선정하여 나누는 것이 아니라 1인 1역을 함으로써 각 개인이 각자 역할을 맡게 되고 맡겨진 역할을 책임감을 가지고 수행하게 한다. 예를 들면, 신문 정리, 악기 정리, 화분 정리, 칠판 정리, 책 정리 등이 있고 각 학생의 특성에 맞추어서 교사가 책임을 부여한다. 오전 활동은 교실 정리에 관한 1인 1역을 하고 오후에는 교실 청소, 미화와 관련된 1인 1역을 하게 된다. 그래서 특별히 청소시간을 두지 않고 1인 1역을 잘 수행함으로 청소를 대신한다. 1인 1역은 한 달 기준으로 바꾸어 주도록 한다.

그리고 각자 맡겨진 곳에 자신의 이름을 붙여서 확인이 수월할 수 있도록 하고, 1인 1역 결과에 대한 피드백을 제공한다. 피드백을 제공하는 방법으로 1인 1역 점검표를 작성하여 학급게시판 뒤에 게시한 후 확인한다. 매주 아래의 양식을 뒤 게시판에 붙인 후 맡은 일인일역을 수행했다면 집에 가기전 '본인' 칸에 서명을 하고 간다. 교사는 항시 검사하지 않지만 어쩌다 검사를 하게 되면 '교사' 칸에 확인했음을 알리는 서명을 한다. 그런데 역할수행이 되지 않은 경우는 빈칸으로 남겨 두어 해당학생에게 해명 기회를 준다.

〈1인 1역점검표의 예〉

이름	역할	월		화		수		목		금	
		본인	교사	본인	교사	본인	교사	본인	교사	본인	교사

(4) 학급 내 소모임 조직

학급 내에서의 역할과 기능을 고려하여 8개의 소모임을 편성하여 모든 활동을 소모임 단위로 활동하도록 함으로써, 반 활동이나 토론 등에 다 같이 참여하고 소외되지 않는 학급생활을 하도록 한다. 학급 내 소모임을 조직할 때 남녀의 비율, 좋아하는 동료 등을 고려하여 편성하면서 한 모임 안에 인원수를 5~6인 정도로 한다. 그리고 각 소모임 안에는 리더를 선출하도록 한다. 하루하루 돌아가면서 학급운영을 담당하는 소모임 조직을 정하여 학급의 일들이 반장에게 집중되지 않고 모든 학생의 참여 속에 이루어지도록 한다. 각 소모임의 결속력이 지나쳐 배타적이 되지 않도록 하고 소모임 간의 지나친 경쟁도 생기지 않도록 주의한다. 각 소모임의 이름들은 법원, 방송국, 학습터, 과학기술부, 보건복지부, 경제처, 출판국, 시사문제연구소 등을 정하여 각 조직의 이름에 맞는 학급활동을 담당하도록 한다. 가령 시사문제연구소에서는 학급에 새로운 소식을 알려 주는 역할을 담당하게 하는데 국가 및 세계에서 이슈가 되고 있는 사실을 게시판을 통해 전달하는 한다. 각 조직의 명칭을 부과할 때는 그 조직 내 학생들에게 권한을 주되, 교사가 미리 필요한 조직의 특성을 해당되는 조직의 개수만큼 제시하고 그 특성을 한 개씩 선정하여 조직의 구성원들이 조직의 이름과 활동을 정하고 수행하도록 한다.

3) 학급환경 정비

학급경영을 하는 데 있어서 교실 환경 꾸미기는 매우 중요하다. 좋은 환경은 학생들의 인성뿐만 아니라 학습을 하고자 하는 의욕을 고취시키는 데도 긍정적인 영향을 미치기 때문이다. 집에 있는 학생들 자신의 공부방처럼 편안함을 느낄 수 있는 만큼의 교실 분위기를 정비해야 한다. 학생들은 하루 생활의 절반 이상을 학교에서 생활하고 있기 때문에 교실 분위기가 너무 딱딱하거나, 상막하다면 학교에 대해, 교실에 대해 친밀감을 느끼고 다가가기가 힘들다. 따라서 학교와 학급이 가정생활처럼 편안하고 즐거운 곳으로 인식될 수 있도록 학급환경을 정비해야 한다.

학급의 목표는 교사의 교육철학에 따라 미리 정하기도 하면서 기타 달별 계획이나 주제 등은 학생들과 함께 정하도록 하고, 교실 환경을 통해 학생들이 보다 더 친숙하고 학습에 도움이 되고 새로운 느낌을 가질 수 있도록 한다.

【학급환경 정비의 구체적 예】

(1) 학급환경의 전체적 색채

학습이 행해지는 공간은 되도록 자극이 적고 평범한 색으로 한다. 전면과 후면의 게시판은 녹색 천이나 학습의 효과를 높일 수 있는 연한 파란색의 천이 무난하다.

(2) 학급환경의 정면 구성

교실의 정면은 학습자들의 주의를 산만하게 할 수 있기 때문에 간결하고 안정감을 줄 수 있도록 한다. 정면에는 칠판 및 학급규칙과 급훈 그리고 시간표 등을 부착한다. 그리고 학습하는데 필요한 TV, VTR의 영상학습장, 오디오 등의 음향학습장, OHP학습장, 컴퓨터 학습장이 셋팅되도록 공간을 활용한다. 교실 앞면에 TV, OHP, 비디오, 실물 화상기, 컴퓨터 등 교수 학습 관련 기자재가 많이 늘어져 있는데 주로 산만해 보이므로 수업활동에 활용하는 비디오 자료, 멀티미디어 학습 자료, OHP 자료는 그 기자재가 있는 부근에 정리해 두고 학생들로 하여금 돌아가면서 정리할 수 있도록 한다.

교실 앞면 중에서도 출입문을 활용하여 전체학급 학생의 사진과 학급 내 소모임 집단을 소개란을 만들어 보면 좋을 것 같다. '우리 반', '우리 소모임'이라는 소속감과 하나됨을 강하게 느끼게 하고 싶다. 학급의 대부분의 활동들이 소모임을 단위로 이루어지므로 소모임은 중요한 역할을 한다. 소모임 조직에서 소모임은 한 달에 한번 바꾸기로 했으므로 소모임 소개란도 역시 한 달에 한번 학급환경을 정비 할 때 함께 이루어지게 한다.

(3) 학급환경의 측면 구성

학급환경의 측면은 학생들의 학습과 정서에 도움이 될 수 있도록 정비한다. 학급환경의 측면은 복도쪽의 측면과 창가쪽의 측면으로 구성되어 있다. 복도쪽의 측면에는 반 전체 학생들이 함께 찍은 사진의 액자와 교사와 학급의 친구들과 함께 공유하고 싶은 사연을 주고받을 수 있는 우편함, 그리고 시계 등을 준비하여 구성한다. 창가쪽 측면에는 탁자를 배치해 놓고 그 위에 어항과 화분을 두어 1주일 단위로 한 명씩 어항을 관리하게 하여 주인 정신과 책임감을 가지게 하고, 생명의 존엄성을 깨닫게 한다.

(4) 학급환경의 후면 구성

학급환경의 후면 구성은 학급 내 소모임의 조직별로 게시판을 주고 소모임별 1주일 단위로 관리하도록 책임지게 한다. 특히 소모임에서 몇 개의 조직은 학습과 관련된 내용의 게시물을 게제하게 하여 각 교과별 학습에도 도움이 되게끔 운영토록 한다. 소모임별 게시판 이외 한 코너를 정하여 학교 및 학급 행사 그리고 친구의 생일 등을 알릴 수 있는 홍보판과 선생님과 소모임, 그리고 학생들에게 건의할 수 있는 건의사항 영역을 알릴 수 있도록 한다. 학급환경 후면의 게시판 앞에 학생들의 개인 사물함도 관리할 수 있도록 한다.

4) 학급의 규칙과 행동 수칙

학급이 원활히 운영되고 문제 발생시 민주적 절차에 의한 해결을 위해서는 구성원간의 규칙과 행동수칙이 필요하며 학급 내규에 의한 상벌을 정해야 한다. 그러나 내규에 제시되어 있지 않은 경우는 교사의 재량에 의해 줄 수도 있으며 혹은 전체 학급 회의에서 결정하여 내규에 추가한다.

아무리 번지르르한 규칙과 행동수칙이 있다고 해도 학생들이 지킬 수 없는 것이라면 아무 의미가 없다. 학생의 의견이 반영되어야 좀 더 효율적인 규칙과 행동수칙을 정해야 하는 것이다. 자세한 규정이 아니면 너무 느슨한 규칙이 될 것이라고 생각해서 타이트한 규칙으로 정하도록 한다.

【학급 규칙 및 행동 수칙의 구체적 예】

(1) 학급 규칙 및 행동 수칙의 기본 방향

- 학생들이 지킬 수 있는 실현 가능한 것으로 정한다.
- 교사의 일방적인 규칙 제정이 아닌 학생들과 함께 토론해서 결정한다.
- 학급 규칙의 최상인 학급 목표를 제정하여 학급이 목표하는 바에 따라 규칙과 행동 수칙을 제정한다.
- 학급의 규칙이 학교의 기본 목표와 어긋나지 않도록 세운다.

(2) 구체적 계획

첫째, 교사가 학생과 함께 세운 학급 목표는 학급에서 이루어야 할 가장 큰 과제로서 규칙과 행동 수칙이 추구해야 할 최상의 규칙이다. 따라서 교사와 학생간의 동의된 학급의 목표를 제일 먼저 제정하도록 한다.

둘째, 학급의 목표에 수반되는 일반 규칙을 제정한다. 규칙은 학급회의 시간이나 자투리 시간을 통해 학생들 스스로 정하도록 한다.

셋째, 규칙을 제정하면 지켜야 할 내용을 왼쪽 칠판에 게시하여 학생들의 눈에 잘 보이도록 한다.

넷째, 시간별 규칙을 제정하도록 한다. 새 학기에 학생들의 등교에서부터 하교까지의 학교 생활 전반에 걸친 시간별 규칙을 학생들과 함께 상의하여 제정한다. 시간별 규칙은 일반 규칙처럼 교실 앞에 붙이지는 않으나 학기 초에 잊어버릴 우려가 있으므로 종이에 써서 코딩하여 나누어 준다.

다섯째, 규칙은 한 번 정하면 절대 고칠 수 없는 것은 아니다. 정해진 규칙이 지키기에 너무 어렵거나 학급 운영에 있어 방해나 불편감을 만들어 낸다면 수정과 보완이 이루어질 수 있도록 한다. 규칙의 수정은 반드시 교사와 학생이 함께 토의하여 잘못되었다고 생각하는 규칙과 그 이유에 대해서 심사숙고한 후에 수정하도록 한다.

(3) 규칙지키기에 따른 보상과 처벌

잘 지켜진 규칙의 항목과 학생을 월별 선정하여 이에 대한 적절한 피드백과 상을 제공하는 것도 규칙 운영의 효율적 방안이다. 그리고 잘 지켜지지 않는 규칙에 대한 반성의 시간과 규칙을 잘 지키지 않은 학생에 대한 피드백도 제공해야 한다. 특히 규칙을 자주 어기는 학생의 경우는 상담을 하도록 하며, 상담의 효과가 적으면 학부모의 협조를 요청한다.

5) 수업경영

교사중심의 수업관행을 개선하고 학생들 스스로 자신의 학업성취 수준과 학습속도에 맞추는 자기주도적 학습으로 수업을 이끌고 갈 수 있도록 하기 위해서는 교사 자신의 수업에 대한 경영도 필요하다. 현재의 학교 수업은 산업화 시대 교육관에 의거하여 평균인을 양성하는 수업을 해 왔지만, 앞으로서의 수업은 이미 사회전반에 걸쳐 이루어지고 있는 정보화와 세계화에 발맞추어야 하는 교육이 이루어지고 실시되어야 한다. 그런 흐름에 발맞추기 위해서는 수업경영을 하는데 있어서 교사중심의 수업 관행부터 개선할 필요가 있다.

평균인을 양성하는 교육으로 인한 수업은 획일화될 수밖에 없다. 하지만 이제는 획일화된 수업의 형태가 아니라 학생들 자신의 학업성취 수준과 속도에 맞추어 학습에 참여하도록 하기 위해서 학생 개개인의 잠재력과 소질을 개발하여 발휘할 수 있도록 전 교과에서는 노력해야 하며, 담임교사는 특히 더 노력해야 한다.

【수업경영의 구체적 예】

(1) 효과적인 수업

효과적인 수업을 이루기 위해서 가장 중요한 요소 중의 하나가 학습자들로 하여금 수업에 주의를 집중하도록 만드는 것이다. 수업을 진행할 때 학습자들의 수동적인 학습을 탈피하고 적극적 참여를 이끌어 내도록 하는데 있어서 가장 중요한 것이 바로 주의집중이다. 수업의 첫 시간에 학습자들의 주의집중을 끌어내기 위해서는 교사 나름대로의 다양한 방법을 지니고 있어야 한다. 그 중 한 가지를 제시하면 교사가 '주'를 외치면 학생들이 '목'을 외치고 교사를 바라보도록 하는 규칙을 정하도록 한다. 그리고 모든 학습자들의 눈을 둘러보고 학생들과 모두 눈이 마주쳤을 때 수업의 첫 말을 시작하는 것이다.

(2) 수업방법

- 수업이 끝난 후에 수업시간에 배운 내용 및 과정을 상기하도록 하여 스스로 학습한 내용을 정리할 시간을 잠깐이라도 제공한다.
- 수업 내용을 전달하는 과정에 문제를 제시하고, 학습자들이 문제를 해결하고 있는 시간 동안 교사는 순회하면서 학생 개인별 학습 상황을 파악하고 개별 지도를 한다.
- 문답을 통해 알고 있는 내용을 확실히 하고, 잘 몰랐던 내용은 보충하도록 한다.
- 수업시간에 전달되는 내용에 대하여 학습자들로 하여금 노토정리를 반드시 시키도록 한다. 노트정리를 할 때 이해가 어려운 부분을 체크해서 보충할 수 있도록 하고, 마인드맵과 같은 시각화시킬 수 있는 방법을 활용하여 학습자 스스로 학습내용을 정리하고 이해하도록 한다.
- 학생 개인 혼자서 할 수 있는 내용과 방법보다는 소모임 토론을 할 수 있는 수업의 형태가 이루어지도록 최대한 내용적인 부분에 대한 교재연구를 실시한다.
- 수업 중간에 최소한 10인 이상이 발표할 수 있도록 계획한다. 학생들이 자신감을 가지고 자신의 생각을 분명히 이야기하도록 하면서 다른 사람들의 의견을 존중해 주며 비판적으로 받아들이는 태도를 기르도록 한다.
- 학습 내용과 관련하여 최대한 재미있는 놀이를 수업에 도입함으로써 학습에 대한 흥미를 높일 수 있도록 한다.
- 과제를 제시할 때는 각 교과별 과제의 분량까지 생각하여 각 교과별 너무 많은 과제를 내주지 않도록 해야 한다.
- 매 수업시간이 끝나면 끝나기 5분 전에 수업일지를 작성토록 한다. 수업일지에는 그 시간에 배운 내용의 일부를 정리하면서 의미 있는 교과 내용, 이해하

지 못한 교과 내용 등을 다른 색깔로 기록하게 한다.

(3) 집단별 수업지도

- 서로 도움을 주고받을 수 있으면서 학생들간의 상호작용 기회를 많이 갖게 한다.
- 다른 학생을 도와 주면서 학습 내용을 철저히 익힐 수 있게 하고 서로 돕는 활동을 통하여 자기중심적인 사고나 행동에서 벗어나도록 한다.
- 집단별 수업을 진행한 후 발표 및 표현 과정에서 교사가 시키는 것보다 학생들이 릴레이식으로 발표하도록 하여 학생들이 주도적으로 수업을 이끌어 나갈 수 있도록 보조만을 한다.
- 집단별로 토의한 내용을 발표시킨 후 그 내용을 학생들로 하여금 모두 노트에 기록하게 한다.

6) 생활지도 경영

학급을 경영하다 보면 예기치 않은 문제나 학생들의 행동이 나타나기도 한다. 대부분의 학생들이 스스로 문제를 해결하고 정리하려고 하지만 일부의 청소년들은 스스로 해결할 능력이 없기 때문에 교사는 교과교육 지도 이외의 영역에 대하여서도 준비하고 있어야 한다. 학생들의 모든 학교생활에서 발생하는 대소사를 해결하는 데서부터 시작하여 학생들의 진로, 학업, 대인관계, 교사와 학생, 학생과 학부모 등의 여러 관계에 대해 관심을 갖고 지도해야 한다. 지도의 방법으로는 교과학습의 지도방법처럼 일방적으로 하기 보다는 교사와 학생이 함께 할 수 있는 상담 방법이 효과적이다.

학생들의 문제행동을 부정적으로 바라보기 보다는 먼저 문제행동의 원인을 파악하여야 할 것이다. 그러기 위해서는 우선 학생들의 행동을 주의 깊게 관찰하고 그 행동을 하게 된 원인을 찾아야 한다. 학생의 성격이나 심리상태, 환경 등을 기초로 원인을 파악한 후 각각 학생들에 따라 다른 지도가 필요하기 때문이다.

그리고 학생들도 동등한 인격 소유자라는 점을 잊어서는 안 될 것이다. 학생들의 인격을 무시하고 권위적으로 지도하다 보면 학생들은 자존심에 상처를 받게 되고 학생들은 더 소극적인 태도를 보이려 하거나 반항적인 행동을 보일 수 있기 때문이다. 학생들이 발달 과정에 있다는 점을 염두해 두고 항상 인격을 존중해 주면서 문제행동을 개선할 수 있도록 교사와 학생이 함께 노력해야 할 것이다.

마지막으로 강압과 통제에 의한 행동지도보다는 칭찬이나 관심만으로도 얼마든지 행동지도가 가능하다고 생각한다. 행동에 문제가 있는 학생들을 칭찬과 관심으로 대한다면, 학생들 스스로 마음을 열고 행동을 점점 고쳐나갈 수 있을 것이기 때문이다.

【생활지도 경영의 구체적 예】

(1) 생활지도 경영의 목표

- 자주적이고 민주적인 태도를 길러 공동체 생활에 적합하고 21세기 민주 사회의 올바른 시민이 되도록 지도한다.
- 기본 생활 습관이 몸에 베이게 하며, 예의바르며 올바른 인성을 지닌 청소년으로 자나라도록 돕는다.
- 올바른 상호작용과 관계를 통해서 함께 살아가는 법을 알게 하며 폭넓은 인간관계를 지닌 인간으로 육성하고자 노력한다.

(2) 기본 생활 습관 지도

학생들이 학교나 가정에서 생활하는데 필요한 기본적인 생활지도를 한다. 기초 생활 습관이 잘 지도되면 학생들과 생활하는데 있어서 문제점도 적게 발생할 것이고, 학생들의 사회 및 집단 생활을 하는데 있어서도 도움이 된다. 질서, 성실, 절약, 협동을 위한 일일 기본 생활 규범과 연간 생활 지도 계획을 세워 아이들에게 적절한 기준과 목표를 제시하여 학생들이 스스로 규칙을 지킬 수 있게 한다.

(3) 예의범절 지도

평소에 교실을 출입할 때 인사하기, 선생님과 친구 만날 때 인사하기 등의 인사 지도를 중시하고 실천한다. 특수한 날을 선정하여 중점 예의 범절 지도를 실시하여 집중 지도하며 한 달에 한 번 자신이 생각하는 결례사항 발표하기 시간을 갖고 서로의 의견을 듣고 바람직한 행동으로의 발전을 꾀한다. 또 혼자서 살아가는 것이 아니므로 타인을 존중하여 예의에 어긋나지 않도록 행동하는 것이 필요함을 인식시킨다.

(4) 건강 및 안전 지도

개인, 가족, 지역사회의 건강한 삶을 위하여 학생들이 건강에 대한 바른 태도, 건강 관리 능력, 실천 의지 등을 기를 수 있도록 한다. 특히 올바른 식습관, 응급 처치의 필요성과 치료법, 요즘 심각한 흡연 예방 지도 등을 지도한다. 심신이 건강한 청소년이 될 수 있도록 하기 위해서는 학생들의 건강기록부를 참고하여 학생들의 현재 건강상태를 살핀다. 그리고 위험하지 않고 안전하게 생활할 수 있도록 하루에 30분 정도 시간을 정해 놓고 운동을 실시하도록 지도한다.

(5) 인성지도

일주일에 한 번씩 성현의 말씀을 읽고 자기 반성과 다짐의 시간을 갖어 보고, 개별상담, 집단상담, 학부모상담을 게을리 하지 않는다. 심성 계발 프로그램을 활용하여 마음 속 깊이 내재되어 있는 본성을 계발하고 자신과 타인에 대하여 존중하는 태도를 기를 수 있도록 도움을 준다.

(6) 대인관계 지도

학급은 단체생활이 이루어지는 곳이니만큼 친구들과의 관계가 매우 중요하다. 학생들 모두 지내온 환경이 다르기 때문에 서로 어울리지 못하고 일부의 친구들을 따돌리기도 한다. 이런 문제가 미연에 방지될 수 있도록 친구 도와 주기, 친구 칭찬해 주기, 친구들을 관찰하고 모든 친구와 친해지기 등의 지도 방법을 사용한다. 그러기 위해서 각 개인별 성격적 특징과 그 성격들이 친구를 사귀는 방법에 대하여 일정 시간을 정해 놓고 지도하고, 서로 어울릴 수 있는 시간을 할애한다.

(7) 진로지도

학생들 스스로 교과지도 교육과정을 통하여 그 속에서 자신의 미래와 꿈을 찾을 수 있도록 해야 한다. 미리 포기하지 않고 자신의 능력을 발휘할 수 있는 기회를 제공하면서 학생들의 많은 가능성을 열어 줄 수 있도록 해야 한다. 자신의 장래에 대해 생각해 볼 시간 갖기, 흥미에 맞는 특기 적성 활동, 꿈 가꾸기 프로그램, 꿈 실천 프로그램 등을 통하여 자신의 미래를 스스로 설계하도록 지도한다.

(8) 네티켓 지도

정보화 시대를 살아가는 인터넷을 자주 사용하다 보면 익명성을 가장하여 험한 말을 한다거나 일상 언어가 아닌 통신 언어를 일상에서까지 사용하기도 한다. 그래서 부모님의 협조를 통해 하루에 컴퓨터 사용시간을 제한하고, 학급 홈페이지를 구축하여 학생들과의 온라인 만남을 통해 통신언어 지도와 기본적 네티켓을 지도한다. 학생들에게 잘못된 통신언어에 대해 알려주고 평소 생활에서도 은어나 비속어 등을 사용하지 못하게 지도한다. 대신에 우리말 쓰기 지도를 하는데 우리말 쓰기 역할을 담당한 아이가 일주일에 한 번씩 칠판 한쪽에 '우리말 고운말' 코너를 마련하여 그 곳에 재밌는 우리말을 적어 즐겁게 익히게 한다. 또한 학급 홈페이지를 통하여 언어교육과 네티켓 교육을 실시한다.

7) 학부모와의 관계

현대의 학부모들은 예전과는 다르게 학교나 학급에 많은 영향력을 행사한다. 따라서 학부모와의 관계를 어떻게 유지하느냐에 따라 학급의 운영도 달라질 것이다. 때문에 학급 운영에 관한 전반적인 사항들과 학급에서 일어나는 일 등에 대해 학부모들에게 자주 알릴 계획이다. 학부모는 자녀의 교육에 더 많은 관심을 갖게 될 것이고, 선생님은 학부모의 아이디어나 의견을 수렴할 수 있는 기회가 될 것이다.

그리고 정보화 시대에 걸맞게 학부모들도 모두 정보통신 능력을 갖추고 있으므로 학급의 홈페이지를 개설하여 학부모들의 의견을 듣는다. 홈페이지를 통하여 학부모들은 선생님을 직접 만나야 하는 부담감 없이 자신의 의견이나 학생들의 생활에 관한 상담을 자유롭게 할 수 있게 될 것이다. 이것은 학부모와 좀 더 편안한 관계를 유지하기 위함이다. 또, 학급에서 정한 교육계획에 학부모와 학생들이 모두 적극적으로 참여할 수 있도록 독려함으로써 학급의 계획이 차질 없이 이루어지도록 할 것이다.

【학부모 관계 경영에 대한 구체적 예】

(1) 학부모 관계 경영의 목표

- 학부모가 학급경영에 적극 참여할 수 있는 기회를 마련한다.
- 학부모에게 학급의 상황을 자주 알린다.
- 교사를 신뢰하고 자녀의 교육에 많은 관심을 갖도록 한다.
- 학부모와의 편안한 관계를 유지한다.

(2) 학부모와의 관계 정립

대부분 학기 초에 학부모들과의 관계를 형성해야 한다. 학기 초에 학부모님들께 교사 자신의 프로필과 학급경영에 대한 전반적 개요 및 안내, 1년 동안 자녀들의 잘 지도하겠다는 서약서 정도를 만들어 보내도록 한다. 1~2달에 한 번 정도 가정에 그동안 학급에서 일어난 상황 및 학급경영과 학생지도에 필요한 사항을 학부모들에게 알린다.

(3) 학부모와의 면담

모든 학생들의 부모님들을 면담하는 것을 전제한다. 상황이 불가피한 경우 특별히 지도와 관심이 요청되는 학생들의 학부모는 반드시 면담한다.

(4) 인터넷을 통한 학부모 교육 및 학부모 총회

자녀의 올바른 교육과 진로 및 학업 지도를 돕기 위해 학교 교육활동을 통해 학부모의 보다 높은 참여와 이해를 유도하도록 하기 위해서 학부모 교육과 학부모 총회에 많은 학부모들이 참여하도록 한다. 특히 학교를 방문하기 어려운 학부님들을 위해서는 학급 홈페이지를 제작하여 자녀교육 컬럼란을 만들어 이용하도록 한다.

8) 학급경영 평가

학급경영 계획을 세우는 것도 중요하지만, 계획이 제대로 잘 이루어졌는지 평가를 하는 것도 매우 중요하다. 그러므로 평가를 할 때는 객관적이고 구체적인 평가를 해야 할 것이다. 평가에 교사의 주관이 들어간다면, 그것은 정확한 평가가 되지 못할 것이고, 잘못된 점을 바로 잡는데도 어려움이 따를 것이기 때문이다. 따라서 교사 자신의 평가보다는 학생의 평가가 좀 더 객관적이라고 할 수 있다.

【학급경영 평가에 대한 구체적 예】

(1) 학급경영 평가의 기본 방침

- 평가 기준은 학교경영 평가 기준을 토대로 일관성이 있어야 한다.
- 평가 내용은 교사 발전에 도움이 되는 내용으로 선정한다.
- 교사는 평가 결과를 다음 학기에 반영하여 개선하도록 한다.

(2) 학급경영 영역별 교사 자신 평가의 예

다음의 표들은 학급경영 영역별 교사 자신 평가의 예로서 학급경영 목표에 대한 평가의 예, 학급조직 경영평가의 예, 규칙과 행동수칙에 대한 평가의 예, 교실 환경 정비에 대한 평가의 예, 행동지도 경영 평가의 예, 수업경영평가의 예를 들었다.

♣ 학급경영 목표에 대한 평가의 예

투입		과정		산출	
평가항목	평점	평가항목	평점	평가항목	평점
바른 예절 생활을 알고 스스로 실천하는 학생들을 기르기 위한 방안을 제시하였는가?		· 올바른 인사 방법 지도가 있었는가? · 올바른 식사 예절을 위한 시간은 마련되었는가?		학생 스스로 바른 예절 생활을 습관화하여 실천할 수 있는가?	
학습 방법을 알고 스스로 탐구하도록 구체적 실천 방법을 마련하였는가?		· 공책 지도는 잘 이루어졌는가? · 적절한 강화는 이루어졌는가? · 아침시간을 활용한 자습은 잘 이루어졌는가?		학습 방법을 알고 스스로 탐구하는 자세가 길러졌는가?	
소질을 계발하여 특기를 가꿀 수 있도록 지원하는 프로그램은 제공되었는가?		· 학생이 각자 한 가지의 특기를 기르기 위해 노력하였는가? · 창의적 놀이시간은 계획에 맞게 잘 운영되었는가?		소질을 계발하여 특기를 가꿀 수 있도록 지원하는 프로그램은 제공되었는가?	
우리의 전통과 문화를 알고 사랑하는 마음을 기르기 위한 방안은 제시되었는가?		· 우리 국악에 대한 이해력을 높이기 위해 노력하였는가?		우리의 전통과 문화를 알고 사랑하는 마음을 기르기 위한 방안은 제시되었는가?	
튼튼한 몸을 가꾸어 심신이 건강한 청소년을 기르기 위한 실천방안을 계획하였는가?		· 중간 놀이 시간은 적절히 활용하였는가? · 학생의 식습관에 대한 지도는 이루어졌는가?		튼튼한 몸을 가꾸어 심신이 건강한 어린이를 기르기 위한 실천방안을 계획하였는가?	

♣ 학급조직 경영 평가의 예

투입		과정		산출	
평가항목	평점	평가항목	평점	평가항목	평점
학생이 학급활동에 능동적으로 참여할 수 있도록 학급을 조직하였는가?		· 학생자치기구는 학생의 능동적 참여를 유도하였는가? · 학습소집단의 구성에 있어 역할에 대한 분배는 골고루 이루어졌는가?		학생은 학급활동에 소외됨 없이 학급 전체가 활동에 능동적으로 참여하였는가?	
학생이 효과적으로 상호간 의사소통할 수 있도록 자리를 배치하였는가?		· 상호간 의사소통이 원활이 이루어질 수 있도록 융통성 있게 자리를 배치하였는가?		학생들 상호간의 의사소통은 만족스럽게 이루어졌는가?	

♣ 규칙과 행동 수칙에 대한 평가의 예

투입		과정		산출	
평가항목	평점	평가항목	평점	평가항목	평점
바른 예절 생활을 기르기 위한 구체적인 규칙과 행동수칙을 정하였는가?		· 바른 예절 생활에 대한 규칙은 잘 수행되었는가?		바른 예절 생활을 기르기 위한 구체적인 규칙과 행동수칙을 정하였는가?	
규칙의 제정과 실천은 학급 전체의 참여로 계획하였는가?		· 규칙의 제정과정에 학생의 참여가 이루어졌는가? · 실천과정에서 학생이 자율적으로 규칙을 이행하였는가?		규칙의 제정과 실천은 학급 전체의 참여로 계획하였는가?	
건강한 생활을 위한 올바른 생활습득을 위한 실천 방안은 제시하였는가?		· 건강한 생활을 위한 규칙과 행동수칙을 생활화하였는가?		건강한 생활을 위한 올바른 생활습득을 위한 실천 방안은 제시하였는가?	

♣ 교실환경 정비에 대한 평가의 예

투입		과정		산출	
평가항목	평점	평가항목	평점	평가항목	평점
학생이 자주적으로 교실 환경 꾸미기에 참여할 수 있는 기회를 제공하였는가?		· 교사와 학생이 함께 교실 환경을 구성하였는가?		학생은 교실 환경 꾸미기에 자주적으로 참여하였는가?	
교실 환경은 학생에게 활력을 불어 넣어 줄 수 있도록 변화를 주기 위해 계획하였는가?		· 활기 있는 교실 분위기 유도를 위해 빈번한 교실 환경의 변화를 추구하였는가? · 학생과 교사의 교실 활용에 있어 자유로운 동선을 확보하였는가?		교실 환경은 학생에게 활력을 불어 넣어 줄 수 있도록 변화되었는가?	
실용적인 교실 활용을 위한 공간 구성 방안을 제시하였는가?		· 인간 공학적인 공간을 구성하여 최적의 학습 환경을 조성하였는가?		교실 활용에 있어서 공간의 사용이 실용적으로 이루어졌는가?	
창의적인 사고가 발휘될 수는 자유로운 공간 구성에 대한 구체적 방법은 제안되었는가?		· 교실 환경 구성에 있어서 학생들의 다양하고 창의적인 아이디어를 수용하였는가?		자유로운 공간의 확보는 학생들의 창의적인 사고를 유도하였는가?	

♣ 행동지도 경영 평가의 예

투입		과정		산출	
평가항목	평점	평가항목	평점	평가항목	평점
치료가 아닌 예방을 위한 문제행동지도를 계획하였는가?		· 문제행동에 대해 예상하고 예방을 위해 노력했는가?		계획성 있는 지도로 학생의 문제행동은 예방되었는가?	
문제행동지도에 있어서 학교와 가정의 일관성 있는 지도에 대한 실질적 대안은 구상되었는가?		· 학교와 가정 사이의 충분한 의사소통을 위한 노력은 있었는가?		학교와 가정의 일관성 있는 지도로 학생의 문제행동이 개선되었는가?	
문제행동지도에 있어서 지속적이고 장기적인 지도의 방안은 수립되었는가?		· 문제행동지도에 있어서의 변화 과정을 꾸준히 지켜 보았는가?		문제행동지도는 일회성으로 끝나지 않고 지속적, 장기적으로 지도되었는가?	
개개인에게 가장 적합한 방법은 구체적으로 제시하였는가?		· 개개인의 특성을 파악하고 그에 맞는 지도방법을 택하였는가?		개개인에게 가장 적합한 방법을 적용하였는가?	

♣ 수업경영 평가의 예

투입		과정		산출	
평가항목	평점	평가항목	평점	평가항목	평점
바람직한 학습 자세를 익히기 위한 기본학습 훈련이 계획되었는가?		· 기본 학습 자세를 위한 방안이 효율적으로 시행되고 있는가?		기본학습 훈련을 통해 바람직한 학습 자세를 익혔는가?	
수업경영에 있어서 모든 학생들이 능동적인 자세로 참여할 수 있는 방안을 마련하였는가?		· 수업 참여를 위한 동기부여가 효과적으로 이루어지고 있는가?		능동적인 자세로 적극 참여할 수 있는 수업이 이루어져 왔는가?	
사회 · 문화 전반에 걸친 풍부한 경험을 쌓을 수 있는 과제를 계획하였는가?		· 학생들의 여러 가지 경험을 위한 시기별 과제를 적절히 제시하고 있는가?		다양한 경험을 쌓을 수 있는 과제를 제시하였는가?	
수업계획 시 활동적이고 확산적인 내용을 적용할 수 있는 방안을 제시하였는가?		· 활동적이고 확산적인 수업이 이루어지고 있는가?		활동적이고 확산적인 내용을 중심으로 수업을 계획하였는가?	

(3) 학급경영에 대한 학생 평가의 예

올해를 돌아보며 공부가 아닌 자신의 생활(학교, 가정포함)을 생각하여 보고 반성해 봅시다. 각 항목에 대한 설명을 읽고 잘함(○), 보통(△), 부족함(×) 등으로 표시하세요.

- 준법성: 규칙이나 약속을 잘 지키었는가?
- 근면성: 부지런하며 성실하였는가?
- 책임감: 맡은 일을 끝까지 완수하였는가?
- 협동성: 다른 사람과 협동하여 일을 처리하였는가?
- 봉사성: 다른 사람을 위해 솔선수범하여 활동하였는가?
- 자주성: 자신의 일을 스스로 하였는가?
- 정직성: 모든 일에 대해 정직하고 거짓말을 안 하였는가?
- 지도성: 다른 사람을 잘 이끌었는가?
- 안정성: 산만하지 않고 차분하였는가?
- 창의성: 독창적인 생각을 가지고 합리적으로 일을 처리하였는가?
- 생활습관: 좋은 습관을 많이 가지고 있는가?
- 사교성: 친구들과 다투지 않고 잘 지내는가?
- 명랑성: 매사에 밝은 마음을 지녔는가?
- 예의범절: 웃어른과 친구들에게 인사를 잘 하고 공경하고 존대말을 사용하였는가?

부록

각 교과별 특징과 수업지도안의 예

【부록 1】 국어과 수업지도안 작성의 예

1. 국어과 성격

국어 교과는 한국인의 삶이 배어 있는 국어를 창조적으로 사용하는 능력과 태도를 길러 국어를 정확하고 효과적으로 사용하게 하고, 미래 지향의 민족의식과 건전한 국민 정서를 함양하게 하며, 국어 발전과 국어 문화 창달에 이바지하려는 뜻을 세우게 하기 위한 교과이다.

국어 교과에서 학습자는 국어 활동에 대한 지식을 바탕으로 담화 또는 글의 내용을 정확하고 비판적으로 이해하고, 사상과 정서를 효과적이고 창의적으로 표현하는 능력을 향상시킨다. 또한 국어 현상을 탐구하여 국어를 깊이 있게 이해하고 국어에 대한 의식을 높인다. 그리고 문학에 대한 기본적인 지식을 바탕으로 문학 작품을 수용하거나 생산하면서 인간의 다양한 삶을 총체적으로 이해하는 능력을 기르고 심미적 정서를 함양한다. 이를 통해 국어 문화를 바르게 이해하고 존중하는 태도를 길러 성숙한 문화 시민의 소양을 기를 수 있다.

국어 교과의 교수 · 학습은 정확하고 효과적인 국어 활동, 국어의 발전, 그리고 국어 문화의 계승과 발전에 요구되는 능력과 자질을 기르는 데 필요한 지식과 기능이 유기적으로 통합되게 운용한다. 특히 국어 교과의 학습은 학습자가 국어 활동에 능동적으로 참여하여 국어의 가치를 체험할 수 있게 운용한다. '듣기', '말하기', '읽기', '쓰기' 학습은 실제 상황에서의 주체적인 국어 활동을 강조함으로써 비판적이고 창의적인 국어 능력이 향상되게 한다. '문법' 학습은 언어 현상에서 규칙을 찾아내는 탐구 활동을 강조하고, 학습한 지식을 국어사용 실제에 적용하는 활동을 강조한다. '문학' 학습은 문학 작품을 찾아 읽고 해석하며, 문학 작품을 생산하는 학습 활동을 함으로써 작품에 나타난 인간의 삶을 총체적으로 이해하고 문학적 상상력이 향상되도록 한다.

초등학교에서는 국어를 정확하고 효과적으로 표현하고 이해하는 능력과 국어 활동을 통한 사고력과 상상력을 기르는 데 중점을 둔다. 또한 국어에 대한 관심을 가지고 국어 활동을 즐기고 국어를 존중하는 태도를 강조한다. 중등학교에서는 국어를 정확하고, 비판적이며, 창의적으로 표현하고 이해하는 능력과 국어 활동을 통한 고등 사고력과 심미적 안목을 기르는데 중점을 둔다. 또한 국어 문화에 대한 관심을 높이고 국어를 발전시키려는 태도를 강조한다.

2. 국어과 수업지도안의 예

가. 단원명 : 5. 시의 언어(중학국어 2-1)

(1) 해마다 봄이 오면

(2) 나그네

(3) 낙화

(4) 파초

(5) 어머니

(6) 가난한 사랑노래

나. 단원의 개관

시는 다른 문학의 갈래와 같이 언어를 통하여 표현된 예술 형태이다. 미술이 선이나 색, 무용이 동작을 통하여 표현되는 것처럼, 문학은 언어를 통하여 우리의 생각과 감정을 나타낸다. 이런 문학의 언어는 일상생활에서 쓰이는 언어를 기초로 하지만 그 나름의 언어적 특성을 지니고 있다. 특히 문학작품 중에서 시의 언어는 다른 문학 갈래, 즉 소설이나 희곡, 수필 등의 언어와 다르며, 신문기사나 논설문과 같이 정보나 주장을 전하는 글의 언어와도 다르다. 시의 언어는 운율을 통하여 음악적 효과를 나타내며, 심장을 제시하거나 함축적인 의미를 지니기도 한다.

이미 학생들은 시에 대하여 몇 가지를 배웠고 가까이 할 수 있는 기회도 가졌었다. 그래서 시는 운율에 의존하고 있는 운문이며, 시인의 목소리와는 구별되는 화자의 목소리를 통하여, 정서나 감정을 표현한다는 점도 알고 있다. 이 단원에서는 여섯 편의 시를 통하여, 시의 언어에 대하여 보다 구체적으로 공부하기로 한다. 그리고 이런 시의 언어에 대한 이해를 바탕으로, 학생들이 보다 깊이 있게 시를 감상할 수 있는 능력을 기를 수 있게 지도하도록 한다.

다. 단원 학습목표

(1) 시어와 일상어의 관계를 시 작품을 통하여 이해한다.

(2) 시와 산문이 어떻게 다른지 알고, 시어의 특성을 이해한다.

(3) 한 편의 시에서 시어가 어떤 의미와 역할을 하는가를 안다.

(4) 시어를 중심으로 시의 내용을 이해하고 감상할 수 있다.

(5) 시를 즐겨 읽고, 참다운 삶의 모습과 아름다움을 발견하는 능력을 기른다.

라. 관련 단원

1-1, 1. 시의 운율　　　　2-1, 4. 문학이야기

1-2, 3. 시의 화자　　　　2-1, 7. 소재와 표현

마. 단원 지도계획

소단원	주요학습 내용 및 활동	학습형태	학습자료	차시
1차시 (단원의 길잡이)	· 시어에 대하여 알기 · 시어와 운율 · 시어와 심상 · 시어의 함축적 의미	· 조별 협력 학습 · 개별 학습	· 시집 · 실물화 상기 · 녹음기 · 비디오 테이프	1/8
2차시 (해마다 봄이 오면)	· 시 낭송하기 · 운율의 효과를 위한 시어 찾기 · 같은 의미의 시어 찾고 해석하기 · 시가 창작된 시대적 상황과 관련하여 시 감상하기	· 조별 협력 학습 · 개별 학습 · 과제 해결 학습	· 시집 · 실물화 상기 · 녹음기 · 비디오 테이프	2/8
3차시 (나그네)	· 분위기를 살려 시 낭송하기 · 운율의 효과를 위한 시어 찾기 · 시어의 아름다움을 알고, 그 의미를 해석하기 · 시가 창작된 시대적 상황과 관련하여 시 감상하기	· 조별 협력 학습 · 개별 학습 · 과제 해결 학습	· 시집 · 실물화 상기 · OHP · 녹음기 · 비디오 테이프	3/8

소단원	주요학습 내용 및 활동	학습형태	학습자료	차시
4차시 (낙화)	· 시 낭송하기 · 시어의 함축적 의미 알아보기 · 시어와 시어의 관계를 파악하기 · 독자의 경험과 관련하여 시 감상하기	· 조별 협력 학습 · 개별 학습 · 과제 해결 학습	· 시집 · 실물화 상기 · 녹음기 · 비디오 테이프	4/8
5차시 (파초)	· 시 낭송하기 · 심상을 표현한 시어 찾기 · 시어의 함축적 의미 알아보기 · 시인과 관련하여 시 감상하기	· 조별 협력 학습 · 개별 학습 · 과제 해결 학습	· 시집 · 실물화 상기 · 녹음기 · 비디오 테이프	5/8
6차시 (어머니)	· 시어의 의미 생각하며 시 낭송하기 · 대조되어 사용된 시어들의 의미와 역할 알아보기 · 주제 표현과 시어의 관계 알기 · 시 내용 감상하기	· 조별 협력 학습 · 개별 학습 · 과제 해결 학습	· 시집 · 실물화 상기 · OHP · 녹음기 · 비디오 테이프	6/8
7차시 (가난한 사랑 노래)	· 운율과 분위기를 살려 시 낭송하기 · 현실감각이 두드러진 시어를 찾아 그 의미를 알아보기 · 주제 표현과 시어의 관계 알기 · 시 내용 감상하기	· 조별 협력 학습 · 개별 학습 · 과제 해결 학습	· 시집 · 실물화 상기 · OHP · 녹음기 · 비디오 테이프	7/8
8차시 (단원의 마무리)	· 시어와 일상어의 차이점 알아보기 · 각 시에서 서로 짝을 이루고 있는 시어나 행을 찾기 · 시구를 낭송해 보고, 시구에 쓰인 시어의 특성 알기 · 감동적인 시구를 골라, 그 시에 쓰인 시어의 특성 알기	· 조별 협력 학습 · 개별 학습 · 과제 해결 학습 · 발표학습	· 시집 · 실물화 상기 · OHP · 녹음기 · 비디오 테이프	8/8

바. 국어과 본시 학습지도안

단원명	5. 시의 언어 ▷단원의 마무리	학년	2	차시	8/8(본시)
학습 목표	· 시어와 일상어의 관계를 설명할 수 있다. · 시어의 의미와 역할을 기술할 수 있다. · 시어를 중심으로 시의 내용을 이해하고 감상할 수 있다. · 함축적 의미를 사용하여 시를 지을 수 있다.	학습형태	조별 협력학습 개별학습 과제 해결 학습 발표학습 전체학습		

단계	학습내용	교수활동		학습형태	시간(분)	유의점 및 자료
		교사	학생			
도입	학습동기유발	· 시낭송 -학생작품	· 시의 의미 파악하며 듣기	전체학습	3	녹음기, 백일장 대회 우수작으로 동기를 유발한다.
	전시학습확인	· 전시학습 내용 상기 -시어란? -시어의 특성은?	· 전시학습 내용 상기하여 발표 -시어: 시에 쓰인 언어 -특성: 운율, 심상, 함축적 언어	전체학습		
	학습목표설정	· 학습목표 도출	· 학습목표 인지 및 발표	전체학습	3	POWER POINT
전개	과제확인 및 발표	· 시어와 일상어의 차이	· 시어와 일상어의 차이 발표	과제 해결 학습	12	
		· 짝을 이루는 시어	· 각 시에서 짝을 이루는 시어 -비슷한 의미, 정서 -대조적인 의미 -유동적 느낌 -인간/ 자연사	과제 해결 학습		OHP 대표적인 것만 찾아 보도록 한다.
		· 시에 쓰인 언어의 특성	· 예시된 시에 쓰인 언어의 특성 1. 보리피리, 봄 언덕 - 동심의 세계, 고향생각 - 시각적 표현 2. 피리피리 필릴리 - 음악적 효과, 청각적 심상	전체학습, 개별학습		OHP 운율, 심상, 함축적 의미를 모두 찾도록 한다.
	정리 및 보충 설명	· 시어의 특성 질의	· 시어의 특성 - 예를 들어 응답 - 운율, 심상, 함축적 의미	전체학습, 개별학습	3	형성평가를 겸하여 정리
발전	시짓기 시짓기의 실제	· 효과적인 표현방법은?	· 효과적인 표현방법 발표 -개성적인 눈으로 소재 파악 -조리 있게 구성 -온건, 진실하게	과제 해결 학습	2	OHP 너무 구체적으로 설명하지 않는다.
		· 시짓기 방법제시 -창작, 모방 선택	· 시짓기 - 창작: 스스로 제목 붙이고 쓰기 -모방: 다름 작품에 내용만 바꾸기	개별학습 수준별 학습	5	창작, 모방은 수준별로 선택
	자작시 감상	· 시감상법 제시 -지시어의 뜻 파악 -표현이 잘 못된 곳	· 시 돌려 읽기 - 시어의 뜻 알아보기 - 표현이 잘된 부분 찾기 - 대표작 선정	조별학습	5	수행평가, 상호평가

단계	학습내용	교수활동		학습형태	시간(분)	유의점 및 자료
		교사	학생			
정리	작품발표	· 발표방법 제시	· 대표작 발표 -전체감상 -시어의 뜻, 감동적인 부분 함께 느껴보기	전체학습	4	잘못 해석하는 부분 교사 지도
	시어의 특성 이해	· 시어의 특성정리	· 시어의 특성이해	전체학습	2	OHP 형성평가를 위하여 정리 녹음기
	시 감상	· 시 감상 테이프 돌려주기	· 시어의 뜻 음미하면서 듣기	전체학습		녹음기
과제제시	'8. 소설의 구성' 단원의 길잡이를 읽고 1조: 1학년 과정에서 배운 소설의 제목과 줄거리 정리(1편 정리) 2조: 1학년 과정에서 배운 소설의 주요 요소 정리 3조: 단원의 길잡이 내용 요약 4조: 이야기와 구성의 관계에 대하여 자신의 생각을 정리					
차시예고	'8. 소설의 구성' ○ 단원의 길잡이 · 이야기와 구성의 차이점 · 소설의 구성단계					

【부록 2】 도덕과 수업지도안 작성의 예

1. 도덕과 성격

도덕 교과는 인간의 삶에 필요한 도덕규범과 예절을 익히고, 자신뿐만 아니라 사회와 관련된 도덕 문제를 주체적으로 성찰하고 실천하도록 하여 자신의 삶을 바람직하게 영위하도록 하며, 나아가 우리 사회와 세계의 발전에 기여할 수 있도록 도와 주는 교과이다. 이를 위해 학생들에게 기본적인 도덕규범과 예절을 실천하는 습관을 길러주고, 다양한 도덕 문제를 합리적으로 해결할 수 있는 도덕적 사고력과 판단력을 길러주는 데 중점을 둔다.

오늘날 우리 사회는 물질적 발전과 급속한 사회 변화에 상응하는 도덕적 · 정신적 발전이 요구된다. 특히, 우리 사회의 급격한 다원화와 정보화 추세에 따라 이념갈등 · 가치갈등 · 세대갈등 등의 문제들이 심화되고 있으며, 그에 따른 개인들의 가치관 혼란 및 사회 분열 양상이 날로 확대되고 있다. 도덕과는 이러한 문제의 해결을 위해 개인의 가치관 확립과 우리 사회의 공통적인 도덕적 가치 기반의 공고화를 그 중심 과제로 삼는다.

이를 위해 도덕과는 인간의 삶에서 발생하는 다양한 도덕 문제, 즉 도덕적 주체로서의 나와 관련된 도덕 문제, 우리 · 타인 · 사회와의 관계에서 발생하는 도덕 문제, 국가 · 민족 · 지구공동체와의 관계에서 발생하는 도덕 문제, 자연 · 초월적 존재와의 관계에서 발생하는 도덕 문제 등을 직접적이고 체계적으로 다룬다. 이와 같은 도덕 문제는 인간 삶의 전 영역에 걸쳐 발생하기 때문에 도덕과에서는 윤리학적 접근을 중심으로 하되, 연관된 여러 학문의 접근 방법을 활용한다. 또한, 도덕적 사고력과 판단력의 향상과 더불어 일상생활에서의 도덕적 실천을 지향하며, 이를 위해 도덕과 수업뿐만 아니라 인성교육 등 다양한 학교 활동들과 연계 지도한다. 따라서 도덕과는 학생들로 하여금 다양한 도덕 문제에 대한 성찰과 탐구를 통해 바람직한 가치관을 확립하여 각자 자율적이고 통합적인 인격을 형성하도록 교육하는데 역점을 둔다.

3~10학년의 '도덕' 은 초등학교의 통합 교과인 1~2학년의 '바른생활' 을 통해 학습한 내용을 심화하여 지도하고, 고등학교 선택 과목인 11~12학년의 '현대생활과 윤리', '윤리와 사상', '전통윤리' 를 학습할 수 있는 토대를 형성한다. 즉, 초등학교 3~6학년 '도덕'에서는 1~2학년의 '바른생활'에서 이루어진 기본생활습관을 내면화하고 도덕규범의 이해 및 기본적인 도덕적 판단력의 육성과 도덕적 실천 능력의 형성에 강조점을 둔다. 그리고 중등학교 7~10학년 '도덕' 에서는 초등학교에서의 교육을 좀 더 심화하여 도덕적 가치 · 규범에 대한 깊은 이해와 도덕 원리에 입각한 도덕적 사고력과 판단력의 육성 및 자율적 도덕성의 형성에 강조점을 둔다.

2. 도덕과 수업지도안의 예

가. 교수 – 학습 계획안

<table>
<tr><td colspan="4">교수 – 학습 단원 전개 계획안</td><td colspan="2">지도교사</td><td colspan="2"></td></tr>
<tr><td>단원</td><td>3</td><td colspan="2">조상들의 예절 생활</td><td>대상</td><td>3학년</td><td>총시간</td><td>3시간</td></tr>
<tr><td rowspan="4">단원의 개관</td><td>단원 설정의 이유</td><td colspan="6">1. 우리의 조상들의 문화 전통과 예절에 대한 이해를 바탕으로
2. 새로운 변화에 대처 할 수 있는 행동지침을 확합하고
3. 전통 예절의 근본 정신과 태도를 계승 · 발전시키는 데 있다.</td></tr>
<tr><td>최종 목표</td><td colspan="6">1. 전통예절의 사회 · 문화적 배경을 알고
2. 우리 조상들의 일상 예절을 바르게 파악하여
3. 가정의례를 올바르게 실천하도록 한다.</td></tr>
<tr><td>단원의 계열</td><td colspan="6">· 초등학교 과정에서 초보적인 조상들의 예절 생활을,
· 중학교 1학년은 조상 숭배의 이유를,
· 중학교 2학년은 전통 도덕의 근본 정신을 선수학습으로 하여,
· 중학교 3학년은 조상들의 예절 생활을 구체적으로 밀도 있게 다루고 있다.</td></tr>
<tr><td>단원의 구조</td><td colspan="6">조상들의 예절 생활 → 전통문화와 예절 / 일상 예절 / 가정 의례 → 조상들의 예절생활 태도와 근본 정신의 이해</td></tr>
<tr><td>단원의 목표</td><td colspan="7">1. 전통 예절의 형성에 영향을 끼친 사회 · 문화적 배경을 말할 수 있다.
2. 전통 예절의 근본 정신을 알고, 조상들이 행한 일상 예절의 종류에 대하여 열거할 수 있다.
3. 통과의례란 무엇이고, 그 종류와 내용을 설명할 수 있다.</td></tr>
<tr><td rowspan="4">단원의 지도계획</td><td>차시</td><td>학습주제</td><td colspan="3">학습활동</td><td>학습형태</td><td>지도상 유의점</td></tr>
<tr><td>1</td><td>전통문화와 예절</td><td colspan="3">· 예절은 무엇의 영향을 받아 형성되는가?
· 전통 예절에 영향을 준 사회 · 문화적 배경은?
· 형성평가</td><td>토의
조사
발표</td><td>우리 조상들의 생활상을 바르게 인식 시킨다.</td></tr>
<tr><td>2</td><td>일상예절</td><td colspan="3">· 조상들이 행했던 일상 예절의 자세는?
· 현재 계승된 일상 예절형식을 조사 · 발표하기
· 형성평가</td><td>조사
발표</td><td>예절의 근본 정신인 상대방의 인격존중을 상기시킨다.</td></tr>
<tr><td>3</td><td>가정의례</td><td colspan="3">· 조상들이 행했던 일상 예절의 자세는?
· 현재 계승된 일상 예절형식을 조사 · 발표하기
· 형성평가</td><td>조사
조사
발표</td><td>전통 의례중 지나친 점을 조사하여 현실에 맞는 가정 의례를 지켜나 가도록한다.</td></tr>
</table>

나. 교수 - 학습지도안

단원	가정의례			차시	3/3
대상	3학년	일시	월 일 교시	장소	교실
학습목표	· 전통 예절의 핵심인 가정 의례의 종류와 의의에 대하여 말할 수 있다.			출발점 행동	· 가정의례란 · 통과의례의 의미

학습 단계	학습 내용	교수– 학습 활동: 교사	교수– 학습 활동: 학생	시간	자료	학습 방법	지도상의 유의점
문제파악	선수학습	· 우리의 전통예절이 형성된 배경은?	· 농경위주의 생활 · 조선시대의 유교사상 · 사농공상의 신분질서	8′		전체학습	발문 후 지명
	학습목표설정	· 우리 조상들의 일상 예절로는? · 오늘 공부할 학습단원은? · 단원에 알맞는 학습목표는?	· 단정한 옷차림 · 말씨의 엄격한 구분 · 큰절, 평절, 단배, 재배 · 학습단원 발표 · 학습목표 발표 결정				
	학습문제	· 학습목표 판서 · 가정의례 중 통과의례란?	· 단원 목표 노트 · 관혼상제의 풍속			토의학습	의도적인 발문으로 학습목표 설정을 유도한다.
문제추구 및 해결	통과의례	· 설명(참고자료1) · 통과의례 중 관례를 토의할 사회자 지명	· 경청 · 사회자 등단 · 관례란 무엇인지 발표해 주십시오. – 성인이 되는 의식 – 초립이나 관을 씀 – 댕기머리에 상투	30′		개인별 토의학습	관례는 예의범절의 완성임을 인식한다.
	관례	· 보충설명(참고자료2) · 토의내용의 구조적 정리 (관서 내용 참조)	· 오늘날 우리 사회에서 찾아볼 수 있는 관례의 형식은? – 성년의 날 – 매년 5월 셋째 월요일 – 만 20세 · 사회자 결론 · 노트에 정리			전체학습	성인됨의 의미를 파악한다.
	혼례	· 혼례를 토의할 사회자 지명	· 사회자 등단 · 혼례란? – 시집, 장가 가는 날 – 연지곤지, 족두리, 가마 – 예식장, 웨딩드레스 등			개인별 토의학습	

학습단계	학습내용	교수-학습 활동		시간	자료	학습방법	지도상의 유의점
		교사	학생				
문제파악	혼례	· 보충설명(참고자료 3) · 토의 내용 정리 판서	· 전통 혼례를 직접 목격한 분은 소감이나 특이한 점을 발표해 주세요? · 재래식과 신식 혼례의 차이점은? – 신부집과 예식장 – 중매와 자유로운 교제 – 부모의 의사와 자기선택 – 처가의 첫날밤과 신혼여행 · 사회자 결론 · 노트정리	8′		토의학습 전체학습	혼례란 정신적 결합이 중요함을 인식하도록 한다.
문제추구 및 해결	상례	· 조상들이 상을 당했을 때 행한 예절을 토의할 사회자 지명 · 보충설명(참고자료 4) · 토의내용 정리 판서	· 사회자 등단 · 인간의 죽음과 여기에 따른 예절에 대해 말씀해 주십시오. – 상례 : 임종에서 탈상까지의 모든 의식 절차 – 인간의 가장 큰 한계 : 죽음 – 삼년거상, 상여, 산소, 장의사, 무덤 등 – 엄격한 절차와 격식 · 자기 집안에서 장례절차가 있었던 학생은 발표해 주시오. · 사회자 결론 · 노트에 정리			개인별 토의학습 전체학습	형식과 격식보다 진정한 애도를 확인한다.
	제례	· 조상숭배의 전통 중 대표적인 예인제사 의식을 토의할 사회자 지명 · 보충설명(참고자료 5)	· 사회자 등단 · 우리가 부모에게 효도를 할 수 있는 방법은? – 생전(봉양), 돌아가심(상례), 상례 후(제례) · 제사를 지내본 학생은 경험을 발표해 주십시오. – 참례 : 사당에서 – 사시제 : 철마다 – 묘제 : 묘소에서 – 기제사 : 돌아가신 날 기념		괘도	전체학습	조상숭배에 대한 확고한 의지를 함양시킨다.

<table>
<tr><th rowspan="2">학습
단계</th><th rowspan="2">학습
내용</th><th colspan="2">교수– 학습 활동</th><th rowspan="2">시
간</th><th rowspan="2">자
료</th><th rowspan="2">학습
방법</th><th rowspan="2">지도상의
유의점</th></tr>
<tr><th>교사</th><th>학생</th></tr>
<tr><td>문제추구및해결</td><td>제례</td><td>· 제사상 차리기
· 토의 내용 정리 판서</td><td>· 제례란?
– 돌아가신 조상에게 제사 지내는 데 따른 절차와 예
· 사회자 결론
· 경청
· 노트정리</td><td></td><td></td><td>전체
학습</td><td></td></tr>
<tr><td>정리</td><td>학습
내용
의
정리</td><td>· 학습활동 및 내용에 대한 느낌 들려주기
· 학습내용의 종합정리
통과의례 – 관례, 혼례, 상례, 제례
· 형성평가</td><td>· 상호 학습 반성
· 부족한 점 보완
– 질문</td><td>7′</td><td></td><td>개별
학습

전체
학습</td><td>조상들의 예절을 계승하여 실천하도록 한다.</td></tr>
<tr><td>판서내용</td><td colspan="7">단원 : 가정의 예
목표 : 전통 예절의 핵심인 가정의례의 종류와 의의에 대하여 말할 수 있다.

1) 가정의례 – 가족 구성원간 지키고 치뤄야 할 의식화된 예절
2) 통과의례(通過儀禮) – 가정의례 중 누구나 겪어야 하는 의식
① 관례(冠禮) – 성인됨의 선언, 초립이나 관을 씀.
→ 오늘날 : 성년의 날(만 20세) – 남녀가 부부됨의 의식, 웃어른의 의사가 중요
② 혼례(婚禮) – 남녀가 부부됨의 의식, 웃어른의 의사가 중요
→ 오늘날 : 신식 결혼 보편화, 본인의 의사가 중요
③ 상례(喪禮) – 임종에서 탈상까지의 모든 의식 절차(절차와 격식이 매우 복잡하고 까다로움)
→ 오늘날 : 절차 간소화, 종교의식에 따라 치르기도 함
④ 제례(祭禮) – 효를 행하는 방법 중 하나로 매우 중시됨(조상숭배의 대표적인 예)
3) 가정의례준칙 ① 절차를 시대에 맞게 개선
② 간소하지만 정성스럽게 치루자는 것이 근본취지</td></tr>
<tr><td>평가계획</td><td colspan="7">※ 다음 물음에 답하시오.
1. 관혼상제와 같이 사람들이 일생 동안 반드시 거쳐야 하는 의식을 무엇이라 하는가?
2. 조상 숭배의 대표적인 예로써 상(喪)을 마친 후 행하는 의식은 무엇인가?
① 관 례 ② 혼 례 ③ 상 례 ④ 제 례 ⑤ 회갑례
3. 우리의 전통적인 가정의례를 계승하는 자세로 가장 바람직한 것은?
① 실용성과 편의에 따른다.
② 근본정신을 줄여 나간다.
③ 허래허식과 낭비의 태도를 버린다.
④ 엄격하고 복잡한 절차를 그대로 지킨다.
⑤ 분수에 넘치도록 호화롭게 치른다.</td></tr>
</table>

차시 예고 및 과제 제시	〈차시예고〉 "현대생활과 예절" 〈과제제시〉 · 연구문제풀이 – 친인척 관계와 호칭 · 현대 사회에서 새로이 생겨난 예절에 대하여 조사해 오기

◁ 참 고 자 료 ▷

1. 통과의례(通過儀禮 : passage rites) – 프랑스 인류학자이며 민속학자인 방 즈네프(Van Gennep)가 장소, 상태, 사회적 지위, 연령 등의 변화에 따른 의례를 가리키기 위해 처음 사용. 추이의례(推移儀禮)라고도 함. 방 즈네프 이후 많은 인류학자들은 개인이 새로운 지위신분이나 상태를 통과할 때 행해지는 의식이나 의례를 총칭할 때 사용하고, 특히 중요한 것은 출생, 성인, 결혼, 죽음이다.

2. 관례(冠禮) – 四禮의 하나인 成年禮, 남자는 상투를 틀고, 여자는 쪽을 찌며, 보통 결혼 전에 행하는 예식이고 15~20세 때 하는 것이 원칙 · 관자(冠者)는 효경, 논어에 능통하고 예의를 대강 안 후에 행함 – 남자는 관례(冠禮), 여자는 계례(笄禮)라 한다.
이 관례는 개화와 함께 풍습을 감추었는데, 직젖적인 동기는 갑오개혁(1879 : 광무 2년)에 내린 단발령이고, 외래사조의 영향으로 조혼의 폐단이 사라짐에 따라 혼례에 자연스럽게 포함된다.

3. 혼례(婚禮) – 남녀가 부부관계를 맺기 위해 서약하는 의식, 혼례는 종교, 점복적(占卜的) 성격과 밀접하여 혼례일을 정할 때 회교국은 길흉(吉凶)을 점치고, 서양은 별점(星占)으로, 우리나라는 궁합(宮合)을 보았다.

4. 상례(喪禮) – 四禮의 하나로 사람이 죽으면 장사지내는 예법. 신라시대에서 고려시대까지는 불교와 유교의 혼합양식으로, 고려 말에서 조선 초에는 '주자가례'의 영향과 배불숭유의 강행으로 유교의 식으로만 행해졌다.

5. 제례(祭禮) – 제사의 예절로써 제사는 인문(人文)의 발달에 따라 일정한 격식을 갖춤. 시초는 부여 때 영고라 하여 12월에, 고구려 때 동맹이라 하여 10월에, 도예는 무천이라 하여 10월에 하늘에 제사를 지냈고, 마한은 소도라는 신역이 있어 솟대를 세우고 북과 방울을 달아 천군이 신께 제사를 지냈다.

〈제사절차〉 – 전날 목욕 재계

① 진설(음식을 젯상에 차림) → ② 신위 모시기 → ③ 강신 → ④ 참신(신주가 있을 때에는 강신보다 먼저 함) → ⑤ 초헌(축을 읽음) → ⑥ 아헌 → ⑦ 종헌 → ⑧ 유식 → ⑨ 합문 → ⑩ 계문(축관이 기침 세번, 숙냉을 올림) → ⑪ 사신 → ⑫ 신위봉환(신주는 사당으로, 지방과 축은 불사름) → ⑬ 철상과 음복

【부록 3】 사회과 수업지도안 작성의 예

1. 사회과 성격

사회과는 사회 생활에 필요한 지식과 기능을 익혀 이를 토대로 사회 현상을 올바르게 인식하고, 민주 사회 구성원에게 요청되는 가치와 태도를 지님으로써 민주 시민으로서의 자질을 갖추도록 하는 교과이다. 사회과에서 육성하고자 하는 민주 시민은, 사회 생활을 영위하는데 필요한 지식을 바탕으로 인권 존중, 관용과 타협의 정신, 사회 정의의 실현, 공동체 의식, 참여와 책임 의식 등의 민주적 가치와 태도를 함양하고, 나아가 개인적, 사회적 문제를 합리적으로 해결하는 능력을 길러 개인의 발전은 물론, 사회, 국가, 인류의 발전에 기여할 수 있는 자질을 갖춘 사람이다.

사회과는 지리, 역사 및 제 사회 과학의 개념과 원리, 사회 제도와 기능, 사회 문제와 가치, 그리고 연구 방법과 절차에 관한 요소를 통합적으로 선정, 조직하여 사회 현상을 종합적으로 이해하고 탐구한다. 또한, 사회과에서는 우리의 삶의 터전인 국토의 이해를 바탕으로 우리 민족의 역사와 활동에 대한 종합적인 파악과 현실에 대한 역사적인 시각에서의 이해 및 한국인으로서의 정체성과 세계 시민으로서의 가치 · 태도 등에 관한 요소를 중시한다.

사회과는 다양한 정보를 활용하여 사회 현상에 관한 지식을 발견하고 문제를 해결하는 데 필요한 비판적 사고력, 창의력, 판단 및 의사 결정력 등의 신장을 강조한다. 이를 위하여 다양한 탐구 방법을 활용하여, 학습자 스스로 학습하는 기회를 제공하고, 흥미와 관심을 고려하여 개개인의 수준에 적합한 경험을 제공하는 효율적인 교수-학습 전략을 지향한다. 그리고 학교 특성에 따라서 지역성과 시사성을 고려하여 지도한다.

사회과는 학습자의 성장 발달 정도와 사회 · 문화적 경험을 고려하여 학교급별로 주안점을 달리한다. 초등학교에서는 학생들이 주변의 사회적 사실과 현상에 대하여 관심과 흥미를 가지며, 생활과 관련된 기본적 지식과 능력을 습득하고, 창의적인 자세로 일상생활을 할 수 있도록 한다. 이를 위하여 학생들은 사회적 사실과 현상을 이해하는데 필요한 기본적인 사실과 개념을 배우고, 이를 자신의 주변 환경이나 문제에 적용할 수 있는 사고력을 지녀야 한다. 또한 이러한 지식과 사고를 사회적 행동으로 실천할 수 있는 적극적인 태도를 길러야 한다.

중학교에서는 초등학교에서의 학습을 바탕으로 각 영역에서 중요시하는 지식을 과학적 절차에 의하여 발견 · 적용하고, 개인적, 사회적 문제를 해결하는 능력을 길러 공동 생활에 자발적으로 참여하는 시민 정신을 발휘하게 한다. 고등학교에서는 초등학교와 중학교에서 습득한 지식과 능력을 바탕으로 사회 현상을 종합적으로 이해하고 비판적 사고와 합리적 의사 결정 능력을 함양하여, 사회 공동 문제해결에 적극적으로 참여하는 시민 의식을 기른다.

2. 사회과 수업지도안의 예

가. 본시 학습지도안

<table>
<tr><td>단원</td><td colspan="3">Ⅱ. 민족정치와 시민생활</td><td colspan="2">교과서 쪽</td><td colspan="3">p. 44</td></tr>
<tr><td>학습주제</td><td colspan="3">(2) 국회의 구조와 기능</td><td colspan="2">차시</td><td colspan="3">5/8</td></tr>
<tr><td rowspan="3">학습목표</td><td colspan="2">일반목표</td><td colspan="6">입법부의 구조와 기능에 대하여 설명할 수 있다.</td></tr>
<tr><td colspan="2">보충과정</td><td colspan="6">국회의 구성과 권한을 설명할 수 있다.</td></tr>
<tr><td colspan="2">심화과정</td><td colspan="6">국회의 권한에 대하여 구체적으로 설명할 수 있다.</td></tr>
<tr><td rowspan="3">수업전략</td><td colspan="2">수업모형</td><td colspan="6">강의식 · 토의식 수업</td></tr>
<tr><td colspan="2">수업집단조직</td><td colspan="6">소집단 및 개별학습 병행</td></tr>
<tr><td colspan="2">체험활동내용</td><td colspan="6">문제풀기, 토의</td></tr>
<tr><td rowspan="2">학습 단계</td><td rowspan="2" colspan="2">학습흐름도</td><td colspan="2">열린 학습 – 교수활동</td><td rowspan="2">자료</td><td rowspan="2">시간(분)</td><td rowspan="2" colspan="2">자료 및 유의점</td></tr>
<tr><td>교수활동</td><td>학습 활동</td></tr>
<tr><td>안내</td><td colspan="2">러그미팅</td><td>· 전시학습 상기, 선수학습 결손처치
· 학습목표 제시</td><td>· 교사의 발문에 대답한다.
· 수준별 학습목표 구상</td><td></td><td>5</td><td colspan="2">출발점 행동 다지기</td></tr>
<tr><td rowspan="3">전개</td><td colspan="2">개별학습</td><td>· 학습의 기본 내용 설명
– 국회의 구성 및 권한</td><td>· 학습의 기본 내용을 듣고 학습한다.</td><td rowspan="3">OHP
실물
화상기

학습지</td><td rowspan="3">25</td><td rowspan="3" colspan="2">사전에 과제 제시

순회하며 지도하기</td></tr>
<tr><td colspan="2" rowspan="2">조별 · 개별학습</td><td>· 기본 학습지 투입
· 보충 및 심화과정 분리</td><td>· 기본 학습지를 푼다.
· 정답 확인</td></tr>
<tr><td>· 심화 학습지 투입</td><td>· 심화 학습지 풀고 확인</td></tr>
</table>

학습단계	학습흐름도	열린 학습 – 교수활동		자료	시간(분)	자료 및 유의점
		교수활동	학습 활동			
전개	조별 · 개별학습	· 보충과정 학생에게 2차 투입 도움 주기	· 보충과정 학생은 선생님의 설명을 듣고 협의하여 문제 풀기	학습지	5	
		· 심화과정 학생에게 2차 투입 도움 주기	· 심화과정 학생은 선생님의 설명을 듣고 협의하여 문제 풀기	학습지	5	
정리	끝	· 정리 및 확인 · 차시예고 및 능력별 과제 제시	· 지금까지 학습한 것을 정리한다.		5	

나. 사회과 학습지도안

단원명	(1) 기본권의 종류와 내용				지도교사		
일시		차시	8/13	대상	3~8	장소	과학실
학습 목표	1. 기본권의 종류와 내용을 설명할 수 있다. 2. 신체의 자유에 대해 설명할 수 있다.				학습 형태	적소우 학습	
학습 목표	학습지, 전문지, 평가지, 실험도구, 전문가, 집단 참고 자료						

교수 – 학습과정		
단계	교수 – 학습활동(내용)	자료 및 지도상 유의점
대비	· 조편성(학업 능력 고려) · 학습지 및 전문지 개발 · 평가지 준비 · 실험도구 및 참고 자료 준비 1. 학습 주제 설명 및 학습 방법 소개 2. 전문가 집단 지정 3. 학습 방법 소개	무엇을 공부해야 하는지 명확히 숙지하도록 지도 1. 전문지 분담 요령 2. 전문가 집단으로 이동 요령 3. 전문가 집단 활동 및 결과물 정리 요령 4. 모집단 보고 요령 등을 숙지하도록 지도
대면	◉ 학습 계획 세우기 1. 전문지 분담하기 전문지 1~4	학습 능력을 고려해서 전문지 분담하도록 지도
대응	◉ 전문가 집단 활동 1. 같은 내용을 맡은 학생들끼리 모여서 전문가 집단 구성 2. 전문지 해결 및 결과 정리	모집단에서 설명을 할 수 있도록 요약지도

교수 – 학습과정		
단계	교수 – 학습활동(내용)	자료 및 지도상 유의점
대화	◉ 모집단 활동 1. 모집단 보고 2. 학습지 정리 ◉ 조별 발표 및 토의 : 주제별 또는 조별로 발표하고 다른 의견이 있는 조만 발표 학습지 정리	
대평	형성평가	

※ Jigsaw 수업은 4~6명으로 구성된 소집단 구성원들이 각각 전문가 집단에서 전문가 활동을 한 후 다시 자기 집단에 돌아와 전문가 집단에서 학습한 바를 발표, 토의, 질의 응답해야 하므로 공부해야 할 주제가 4~6개로 나누어지는 단원에 적용하기에 적합하다.

【부록 4】 수학과 수업지도안 작성의 예

1. 수학과 성격

수학과는 수학적 개념, 원리, 법칙을 이해하고 논리적으로 사고하며, 여러 가지 현상을 수학적으로 관찰하고 해석하는 능력을 기르고, 여러 가지 문제를 수학적인 방법을 사용하여 합리적으로 해결하는 능력과 태도를 기르는 교과이다. 수학적 개념의 깊이 있는 이해와 활용, 합리적인 문제해결 능력과 태도는 모든 교과를 성공적으로 학습하는 데 필수적일 뿐만 아니라 개인의 전문적인 능력을 향상시키고 민주 시민으로서 합리적 의사 결정 방법을 습득하는 데에도 필요하다. 또한 수학적 지식과 사고 방법은 오랜 역사를 통해 인간 문명 발전의 지적인 동력의 역할을 해왔으며, 미래의 지식 기반 정보화 사회를 살아가는 데 필수적이다.

초등학교 수학과 교육 내용은 '수와 연산', '도형', '측정', '확률과 통계', '규칙성과 문제해결'의 5개 영역으로 구성된다. '수와 연산' 영역에서는 자연수, 분수,

소수의 개념과 사칙계산을, '도형' 영역에서는 평면도형과 입체도형의 개념과 성질을, '측정' 영역에서는 길이, 시간, 들이, 무게, 각도, 넓이, 부피의 개념과 활용을, '확률과 통계' 영역에서는 자료의 정리와 해석, 경우의 수, 확률의 의미를, '규칙성과 문제해결' 영역에서는 규칙 찾기, 비와 비례, 문자의 사용, 간단한 방정식, 정비례와 반비례, 여러 가지 문제해결 방법을 다룬다.

중학교와 고등학교 수학과 교육 내용은 '수와 연산', '문자와 식', '함수', '확률과 통계', '기하'의 5개 영역으로 구성된다. 중학교의 경우, '수와 연산' 영역에서는 집합, 정수, 유리수, 실수의 개념과 사칙계산, 근삿값을, '문자와 식' 영역에서는 다항식의 개념과 사칙계산, 일차방정식과 일차부등식, 연립일차방정식과 연립일차부등식, 이차방정식의 풀이와 활용을, '함수' 영역에서는 함수 개념, 일차함수의 개념과 활용, 이차함수의 개념을, '확률과 통계' 영역에서는 도수분포에 대한 이해와 활용, 확률의 기본 성질, 대푯값과 산포도를, '기하' 영역에서는 기본 도형의 성질에 대한 이해와 증명, 피타고라스의 정리, 삼각비에 대한 이해와 활용을 다룬다.

고등학교의 경우, '수와 연산' 영역에서는 집합의 연산법칙, 명제의 이해와 활용, 실수의 성질, 복소수의 개념과 사칙계산을, '문자와 식' 영역에서는 다항식의 연산과 활용, 유리식과 무리식의 계산, 이차방정식의 활용, 고차방정식, 연립방정식, 이차부등식, 연립부등식, 절대부등식의 풀이를, '기하' 영역에서는 평면좌표, 직선의 방정식, 원의 방정식, 도형의 이동, 부등식의 영역의 이해와 활용을, '함수' 영역에서는 이차함수의 활용, 유리함수, 무리함수, 삼각함수의 개념과 활용을, '확률과 통계' 영역에서는 순열과 조합의 이해를 다룬다.

수학의 교수-학습에서는 학생이 구체적인 경험에 근거하여 여러 가지 현상을 수학적으로 해석하고 조직하는 활동, 구체적인 사실에서 추상화 단계로 점진적으로 나아가는 과정, 직관이나 구체적인 조작 활동에 바탕을 둔 통찰 등의 수학적 경험을 통하여 형식이나 관계를 발견하고, 수학적 개념, 원리, 법칙 등을 이해할 수 있도록 한다. 또한 수학적 문제를 해결하는 과정에서 문제를 명확히 이해하고 합리적인 해결 계획을 세워 실행하며, 반성을 통하여 풀이 과정을 점검하고 다양하게 활용하는 태도를 기르도록 한다. 수학적 지식과 기능을 활용하여 실생활의 여러 가지 문제를 해결해 봄으로써 수학의 필요성과 유용성을 인식하고, 수학 학습의 즐거움을 경험함으로써 수학에 대한 긍정적인 태도를 갖도록 한다.

2. 수학과 수업지도안의 예

가. 지도단원

1. 대단원 : Ⅱ. 식의 계산
2. 중단원 : 1. 단항식의 계산
3. 소단원 : § 1. 지수법칙
4. 차　시 : 2/3
5. 학습자료 : 1. 밑이 같은 거듭제곱의 나눗셈을 할 수 있다.
6. 학습자료 : 컴퓨터, 실물화 상기, 열린 학습지, 색분필

나. 도입

1. 선수학습 또는 전시학습 내용 확인

교　사	학　생
지수법칙 〈1〉, 〈2〉의 확인	지수법칙 〈1〉, 〈2〉의 암기

※ 지수법칙〈1〉　▶ m, n이 자연수일 때, $a^m \times a^n = a^{m+n}$

※ 지수법칙〈2〉　▶ m, n이 자연수일 때, $(a^m)^n = a^{mn}$

2. 학습목표 제시

교　사	학　생
학습목표 제시	학습목표 인지

다. 전개

1. 공통 학습 문제해결

※ 지수법칙〈3〉

첫째, 피제수의 지수가 클 때

$a^5 \div a^2 = \frac{a^5}{a^2}$

$= \frac{a \times a \times a \times a \times a}{a \times a}$ ← 약분하여 ⇒

$= a \times a \times a = a^3$

지수끼리의 차

$a^5 \div a^2 = a^{5-2} = a^3$

둘째, 피제수와 지수가 같을 때

$a^3 \div a^3 = \frac{a^3}{a^3}$

$= \frac{a \times a \times a}{a \times a \times a}$ ← 약분하여 ⇒

$= 1$

제수와 피제수가 같으면 몫은 항상 1이다.

$a^3 \div a^3 = a^{3-3} = a^0 = 1$

(※ 거듭제곱에서 지수가 0인 수는 1이다)

셋째, 제수의 지수가 더 클 때

$a^2 \div a^5 = \frac{a^2}{a^5}$

$= \frac{a \times a}{a \times a \times a \times a \times a}$ ← 약분하여 ⇒

$= \frac{1}{a \times a \times a} = \frac{1}{a^3}$

분모가 크면 분모에 지수끼리의 차

$a^2 \div a^5 = \frac{1}{a^{5-2}}$

(※ 지수가 음수이면 분수로 표현)

$a^2 \div a^5 = a^{2-5} = a^{-3} = \frac{1}{a^3}$

$a \neq 0$ 일 때

▶ [1] $m > n$이면 $a^m \div a^n = a^{m-n}$

▶ [2] $m = n$이면 $a^m \div a^n = 1$

교 사	학 생
① 학습 내용 설명 - 실물화상기를 이용하여 위의 자료 제시 ② 지수법칙〈3〉의 암기 지도	① 학습 내용 인지 ② 지수법칙〈3〉의 암기, 일어나서 발표

2. 수준별 협동학습

교 사	학 생
① 열린 학습지 풀이 지도 – 각 조별 3, 4에 해당하는 학생 위주로 순회지도 – 수준별 문제 선택(각 조의 1, 2번은 발전문제까지, 3, 4번은 필수문제라도 해결하도록 지도) ② 지수법칙〈3〉의 암기 지도	① 미리 예습해 온 열린 학습지를 조별 채점하여 확인 후 틀린 문제 협동학습을 통하여 풀이 ② 지수법칙〈3〉의 암기, 일어나서 발표

3. 발표학습

교 사	학 생
① 필수문제 중 설명이 필요한 문제는 발표 희망 학생 위주로 나와서 풀게 한다. – 발표한 결과를 누가 기록하여 수행평가 자료로 사용 ② 발전문제는 모두 나와서 풀이 후 발표하도록 지도 – 조장을 포함한 모든 학생들에게 기회를 준다. – 조 평가를 실시하여 발표를 잘하는 조는 매월 조원 전체에게 시상	① 협동학습을 통하여 풀이한 문제를 나와서 풀이 후 발표 – 필수문제는 조장이 각 조 3, 4번인 학생들이 나와 발표할 수 있도록 지도한다. ② 조장을 포함한 모든 학생들이 나와 풀이 후 발표

라. 정리

※. 지수법칙〈3〉 m, n은 자연수, a=0일 때	※. 지수법칙〈3〉 m, n은 자연수, a=0일 때
밑이 같은 거듭제곱의 나눗셈 2) m〉n일 때 [지수의 차] $a^m \div a^n = a^{m-n}$	밑이 같은 거듭제곱의 나눗셈 2) m〉n일 때 [지수의 차 0] $a^m \div a^n = a^0 = 1$

교 사	학 생
① 컴퓨터를 이용한 파워 포인트 자료로 지수법칙〈3〉의 정리	① 프로젝트 TV를 통하여 지수법칙〈3〉을 정착시킨다.

〈형성평가〉

교 사	학 생
① 형성평가 실시 – 실물 화상기 이용 ② 정답을 확인시켜 주고 무결손과 부분 결손 여부를 확인한다.	① 형성평가 문제지를 풀이한다.

마. 과제지시 및 차시예고

교　사	학　생
① 형성평가의 결손 여부에 따른 과제를 제시한다. ② 차시예고 : 다음 시간의 열린 학습지를 이용하여 예습하게 한다.	① 자기에게 부과된 과제 확인 ② 열린 학습지를 배부받는다.

【부록 5】 과학과 수업지도안 작성의 예

1. 과학과 성격

국민 공통 기본 교육과정의 '과학' 은 3학년부터 10학년까지 모든 학생들이 학습하는 교과로서 과학의 기본 개념을 이해하고 과학적 탐구 능력과 태도를 함양하여 일상생활의 문제를 창의적이고 합리적으로 해결하는 데 필요한 과학적 소양을 기르기 위한 교과이다.

'과학'은 초등학교 1, 2학년의 슬기로운 생활과 고등학교 2, 3학년의 물리 I, 화학 I, 생명 과학 I, 지구 과학 I, 물리 Ⅱ, 화학 Ⅱ, 생명 과학 Ⅱ, 지구 과학 Ⅱ 과목과 긴밀한 연계를 가지도록 구성한다.

'과학'의 내용은 운동과 에너지, 물질, 생명, 지구와 우주 영역으로 구성하되, 기본 개념과 탐구 과정이 학년과 영역 간에 연계되도록 한다. 또한 학생들의 과학에 대한 흥미를 높이고 창의력을 신장시킬 수 있도록 학생 스스로 관심 있는 주제를 선정하여 탐구할 수 있는 '자유 탐구' 를 포함하여 구성한다.

'과학'에서는 학생 수준에 따라 관찰, 실험, 조사, 토론 등 다양한 탐구 활동 중심의 학습이 이루어지도록 한다. 그리고 개별 활동뿐만 아니라 모둠 활동을 통해 비판성, 개방성, 정직성, 객관성, 협동성 등 과학적 태도와 의사소통 능력을 기르도록 한다. 또한 단편적인 지식의 획득보다는 기본 개념의 통합적인 이해를 토대로 일상생활의 문제를 과학적으로 해결하는 능력을 함양하도록 한다.

'과학' 의 주요 개념을 학습자의 경험과 밀접한 관련이 있는 상황에서 지도하고,

학습한 지식과 탐구 방법을 일상생활이나 사회 문제해결에 적용할 수 있는 기회를 제공함으로써 과학의 가치뿐만 아니라 과학, 기술, 사회의 상호 관계를 인식할 수 있도록 한다.

2. 과학과 수업지도안의 예 Ⅰ

대단원 : Ⅰ. 물질의 구성
본시 단원 : 2. 물질의 규칙성, 4) 분자의 크기와 질량

Ⅰ. 단원의 개관

가. 단원의 설정 이유

과학은 자연을 이루고 있는 물질들의 관계 현상을 알고 싶어하는 충동과 물질을 유용하게 쓰고자 하는 편리성에서 비롯된다. 인류위 역사는 물질의 역사이며 동시에 과학의 역사이다. 우리의 생활은 자원의 활용 방법을 터득하게 됨으로써 생활이 편리해지고 있는 것이다.

본 단원에서는 물질을 이루고 있는 기본 입자의 특성과 입자들의 구성의 기본원리를 학습하게 됨으로써 물질의 효율성을 더욱 향상시킬 수 있을 것이며, 이들의 특성을 파악하는 과정에서 자연의 이치와 원리를 탐구하는 과학적인 태도가 길러지게 되고, 또한 생활에 사용되는 물질의 소중함과 용도를 개량하고자 하는 발견자적인 자세를 함양하기 위해서 본 단원을 학습하게 되었다.

나. 단원 학습목표

1) 지식 · 이해

(1) 돌턴의 원자설이 가지는 의미를 설명할 수 있다.

(2) 원자 및 분자는 매우 작은 입자이지만 실험을 통해 간접적인 방법으로 크기를 측정 할 수 있다.

(3) 원자 개념을 이용하여 화합물의 질량 변화를 설명할 수 있다.

(4) 분자 모형을 사용하여 기체 반응의 법칙을 설명할 수 있다.

2) 기능 및 태도

(1) 분자로 나타낼 수 없는 물질들을 예를 들어 설명할 수 있다.

(2) 화학반응식의 반응물질과 생성물질의 분자 관계를 예를 들어 설명할 수 있다.

(3) 기체의 압력과 부피 관계를 예를 들어 설명할 수 있다.

(4) 분자의 확산 현상을 실생활에서 찾을 수 있다.

(5) 실험을 통해 실험기구 조작 능력이 향상된다.

3) 탐구능력

(1) 화학반응식이 가지는 규칙적인 원리를 일상생활에서 찾을 수 있다.

(2) 기체, 액체, 고체 상태의 변화와 분자 운동 관계를 설명할 수 있다.

(3) 원소와 화합물의 차이를 원소의 개념을 사용하여 설명할 수 있다.

(4) 원자 모형을 사용하여 화합물의 질량 관계를 발견할 수 있다.

(5) 실험을 통해 분자 크기 측정 방법을 안다.

다. 단원의 학습 지도 계획

소단원	시간수		지도내용	지도방법 및 유의법	학습형태
	시수	차시			
1. 원자	3	1	원자설과 원자의 크기	· 크기가 작아 눈에 보이지 않는 생물들을 예를 들어 보도록 한다. · 물질세계에서도 크기가 작아 존재하고 있으나 눈으로 확인하기 어려운 입자들을 간접적인 방법으로 확인하는 방법이 있음을 이해시킨다.	일체학습
		2~3	원자모형과 화합물의 성분비	· 실험 -5 원자 모형과 화학변화 · 볼트와 너트를 원자모형으로 하여 자유롭게 결합시켜 질량 관계의 규칙성을 알게 한다.	개별학습
2. 분자	6	4	기체 반응의 법칙과 분자	· 너트와 볼트가 결합하여 물질을 이루며 또한 기체의 부피 변화에는 분자의 개념이 필요함을 발견하게 된다.	수준별 실험학습

소단원	시간수		지도내용	지도방법 및 유의법	학습형태
	시수	차시			
2. 분자	6	5	기체 반응과 아보가드로의 법칙	· 기체반응과 생성에서 원자의 특성이 유지되기 위해서는 아보가드로의 개념이 필요함을 발견하게 된다. · 분필 상자와 우유팩 속에 찰흙으로 만든 분자 모형으로 기체 반응의 법칙을 설명한다.	수준별 실험학습
		6~7	분자식 분자모형	· 모형으로 분자를 나타내고 분자식과 관계로 발전시킨다. · 질량보존과 일정성분비 법칙과 원자를 조립한 분자의 모형변화를 시도해 보도록 한다. · 원자를 조립한 분자모형으로 혼합물과 화합물의 차이점을 비교하도록 한다.	
		8~9	분자의 크기와 질량	· 일정한 형태를 가진 콩, 팥, 구슬 등을 실험조별로 자유롭게 선택하여 넓이와 부피로 개체의 크기를 측정하도록 한다. · 계산식 처리를 예습과제로 충분히 익히도록 한다. · 액체를 스포이트로 떨어뜨리는 방법을 익히도록 한다. · 송홧 가루를 많이 뿌리지 않도록 한다.	예습 과제 해결 수준별 실험학습
	2	10	분자로 나타낼 수 없는 물질	· 고체와 기체의 특성을 비교하고 이 특성은 원자들의 결합상태에서 비롯됨을 설명하고 분자 단위로 표시할 수 없는 고체의 원자 배열을 알게 한다.	일체학습
		11	화학반응식	· 색깔 찰흙을 이용하여 원자모형으로 하고 이를 분자로 결합한 후 반응물질과 생성물질의 양적 변화를 이해하도록 한다.	수준별 실험학습
3. 분자 운동과 확산	4	12 13	분자 운동과 확산	· 분자들의 운동 현상을 일상생활에서 예를 들고 이유를 규명하게 한다. · 실험 1-6, 기체의 확산 · 압력이 다른 두 용기에 향을 퍼지게 하여 확산 현상의 장애물과의 관계를 발견하게 한다.	수준별 실험학습
				· 물질의 세 상태의 변화오 분자의 운동과 에너지 관계를 설명한다.	일제학습
		14	기체의 압력과 부피	· 같은 힘을 주면서 압력효과 변화 현상을 예를 들도록 한다. · 실험-7, 공기의 압력과 부피 · 주사기의 크기를 수준별로 다르게 사용하여 압력과 부피관계를 발견하게 한다. · 분자운동과 압력과의 관계를 발견하게 한다.	수준별 실험학습

소단원	시간수		지도내용	지도방법 및 유의법	학습형태
	시수	차시			
3. 분자 운동 과 확산	4	15	기체의 온도와 부피	· 실험-8. 온도와 기체 부피 변화 · 비커에 주사기를 장치한 후 가열하며 주사기의 부피 변화를 관찰하여 온도와 부피관계를 그래프로 그려 보게 한다.	수준별 실험학습
4. 물질의 변화	1	16	시대별 물질관	· 과학의 발달과 물질관의 변화 관계를 설명한다. · 물질관의 개념은 계속해서 변화할 수 있음을 깨닫도록 한다.	일제학습
5. 총괄 평가	1	17	연습문제 종합문제	· 연습문제와 종합문제를 수준별로 선택하여 풀도록 한다. · 수준별 평가문항 제시	평가
6. 단원 정리	1	18	학습단원의 의의 발효	· 학습한 단원의 중요성, 새롭게 발견한 점 등을 발표하고 간략하게 기록한다.	평가

라. 단원 학습 지도상의 유의점

1. 원자설과 관련하여 질량불변의 법칙, 일정 성분비의 법칙을 잘 설명할 수 있어야 하며 물질의 상태, 기체의 확산, 보일의 법칙등은 물질의 단위로 다루어야 하며 이는 분석의 개념으로 설명될 수 있음을 이해시킨다.
2. 분자나 원자의 성질을 모형으로 나타낼 때 모형이 주는 의미는 일상생활에서 사용할 수 있는 물체를 의미하여 찰흙을 소재로 하여 다양한 원자모형을 만들고 이를 결합시켜 분자 의미로 다룰 수 있도록 한다.
3. 본시학습의 중요 학습 요소는 학습과제로 제시하여 충분히 사고할 수 있도록 본시학습에서는 학습자에게 학습한 내용의 질문과 답변을 통한 교수 - 학습의 전개 방법을 취한다.
4. 실험활동을 위해 과학실의 실험기구의 종류와 위치를 사전에 파악하도록 하고 편성된 실험조별로 실험기구의 조작이 이루어질 수 있도록 한다. 이는 수행평가에 이용되고 본시학습 시간의 확보와 실험기구 조작에 대한 태도와 기능의 관심을 높이는데 유의한다.
5. 실험과정에서 측정되는 값들을 중요시하여 오차를 줄이기 위한 노력을 기울

이도록 한다.

6. 실험기구를 취급할 때는 안전사고에 유의하도록 하고 특히 실험결과 발생되는 약품은 반드시 폐기물 처리 과정을 지키도록 한다.
7. 실험결과에 대한 보고서는 본시학습이 끝남과 동시에 제출하는 것보다 실험 측정치를 정리하여 제출하도록 하여 실험탐구 활동이 제한을 받지 않도록 하며 측정 데이커는 수행평가때 메모해서 제이터를 비교 · 확인한다.
8. 송홧가루는 너무 많은 양을 뿌리지 않도록 하고, 물의 놓이는 바닥에서 1cm이내로 한다.
9. 올레산 에탄올 분자의 크기를 측정하기 전에 콩과 팥 또는 구슬, 은박지 등을 가지고 지름을 구하도록 한다.

마. 본시 학습 지도안

1. 단원 : 4) 분자의 크기와 질량
2. 학습목표
   1) 실험을 통해 실험기구 조작절차와 방법을 익힌다.
   2) 분자의 크기를 실험을 통해 간접적인 방법으로 측정할 수 있다.

구분 단계	학습 내용	교수 – 학습 활동		학습 자료	지도상 유의점
		교수활동	학습 활동		
도입 (10)	전시학습 및 예습과제	• 콩의 크기를 어떤 방법을 이용하여 측정할 수 있겠습니까? 또한 측정한 결과를 발표해 볼까요? • 이번에는 액체의 크기를 측정해 볼까? 한 방울 물의 높이를 어떤 방법으로 측정해 볼 수 있을까? • 직접 측정하는 방법과 간접적인 방법이 있겠으나 매우 작은 물건의 크기를 측정하려 할 때는 간접적인 방법이 효과적일 수 있겠습니다.	• 조별발표 • 발표 : 물 한 방울의 부피와 넓이를 이용하는 방법 • 청취	OHP	전체대상 보통반

구분 단계	학습 내용	교수 – 학습 활동 교수활동	 학습 활동	학습 자료	지도상 유의점
도입 (10)	전시학습 및 예습과제	• 에탄올이 1/3 혼합된 에탄올 수용액 10mℓ가 있다. 에탄올이 얼마나 포함되어 있는가 계산하는 식을 세워 본다면? • 기름 한 방울을 한층으로 깔고 그 넓이를 측정하려고 한다. 넓이를 측정하는 방법은? • 어떤 분자의 부피와 넓이를 측정할 수 있다면 이것을 이용하여 크기를 측정할 수 있겠는가?	• 발표 : 10mℓ×1/3 • 발표 : 물 위에 떨어 뜨린 후 퍼진 원의 넓이를 측정 • 전체 답변	OHP	기초반 심화반 전체답변
전개 (50)	순회하며 수행평가	• 이러한 방법을 이용하여 눈에 보이지 않는 올레산한 분자의 크기측정 실험을 해 볼까요? 실험목표는 각 조별로 정한 뒤 실험을 시작합니다. • 수준별로 편성된 학생의 실험 상태 관찰 및 확인 지도 • 올레산 에탄올 용액은 몇 방울이 모여 1mℓ가 되었는가(조별 순회하면 확인) • 그렇다면 올레산 에탄올 용액 한 방울의 부피는 몇 mℓ가 되는 셈인가? • 이쪽 실험에서는 올레산 에탄올 용액 한 방울의 부피가 몇 mℓ로 측정되었는가? • 1/500 올레산 에탄올용액 1mℓ 속에 녹아 있는 올레산만의 부피를 계산하는 식은?	• 실험조별로 목표를 세우고 보고서에 기록하며 실험기구를 조작한다. • 보고서의 실험방법을 참고하여 실험실시 • 발표 : 방울수 – 회 • 발표 : 1mℓ×1/방울 수 • 발표 : 1mℓ×1/방울 수×1/500	보고서 OHP	전체대상 보통반 심화반

단계 \ 구분	학습 내용	교수 – 학습 활동: 교수활동	교수 – 학습 활동: 학습 활동	학습 자료	지도상 유의점
전개 (50)	순회하며 수행평가	• 올레산 에탄올이 물 위에 떨어졌을 때 물 위에 퍼진 물질은 무엇이라 생각하는가? 또 그렇게 생각하는 이유는 무엇인가?	• 발표 : 올레산 이유 : 올레산은 물에 혼합되지 않으나 에탄올은 물 속으로 스며든다.	OHP	보통반
		• 올레산 에탄올이 물 위에 퍼진상태가 원이 아닌 경우 넓이를 측정하는 방법을 들어 보면? · 타원일 때 : · 매우 불규칙한 모양을 그리고 있을 때 :	• 발표 : 타원일 때 – 평균값(장반경 + 단반경)×1/2 매우 불규칙할 때 – 모자이크 방법		심화반
		• 올레산 에탄올 한 방울을 떨어뜨리고 넓이는 어떻게 계산하였지? 또 얼마로 산축되었는다?	• 발표 : 넓이 계산 방법 – πr^2		기초반
		• 1/500 올레산 에탄올 용액 1mℓ 속에는 올레산이 얼마나 포함되어 있는지 알아보는 식을 세우면?	• 발표 : 1mℓ×1/500		기초반
실험 결론 (25)	실험과정 정리 및 결론	• 물위에 퍼진 올레산만의 막의 두께가 한 올레산 한 분자의 크기가 되려면 어떠한 조건이 필요하겠는가?	• 발표 : 올레산 분자가 한 층으로 퍼져야 한다.	PPT	보통반
		• 각 조에서 측정된 실험값을 칠판에 써 넣으시오. (각 조별 발표하도록 하여 오차의 정도를 비교한다.)			전체대상 설명
판서	단원정리 질문해결	• 실험결과 총정리 • 어렵다고 생각되거나 이해가 잘 안 되는 부분의 질문 부탁합니다.	• 판서 내용 및 실험 결과 총정리 • 조별로 협의하여 질문	PPT	
평가	평가지	• 평가문항 해결하여 제출 요구	• 평가문항의 문제 중 스스로 해결할 수 있는 문제를 선택하여 해결, 제출	평가지	
차시 예고(5)		• 차시예고 : 분자로 나타낼 수 없는 물질	• 예습과제 해결	예습 과제	

판서계획(OHP자료)

단 원 명　1. 물질의 구성, 4) 분자의 크기와 질량

실험목적　1. 분자의크기를 실험을 통해 간접적인 방법으로 측정할 수 있다.
　　　　　2. 실험을 통해 실험기구의 조작 기능이 향상된다.

4) 올레산 분자의 크기와 질량

가. 분자의 크기 측정 방법의 예? ♧ X선 회절에 의한 빛의 분석,
♧ 전자현미경에 의한 분자의 사진 촬영
♥ 실험에 의한 간접적인 방법

나. 한 분자의 넓이오 부피를 이용한 분자의 높이 (두께, 크기)계산?
♥ 부피÷넓이

다. 올레산 분자의 크기 측정

① 1/500 올레산 에탄올 용액 1mℓ의 방울 수가 50방울이었다면 한 방울 속의 올레산만의 부피를 구하는 식은?

☞ 1mℓ×1/50×1/500 =

② 1/500 올레산 에탄올 용액 방울이 차지하는 넓이를 구하는 방법은?

☞ 〈 송홧가루가 퍼진 원의 지르이 14cm였다면〉
3.14×7×7 =

③ 올레산 한 분자가 단층을 형성하다면 한 분자의 두께(크기)는?

☞ $4.0\times10^{-5}\div1.5\times10^{2}$ =

④ 올레산 분자가 정육면체라 가정한다면 분자 1개의 질량은?
(올레산 밀도는 약 $1g/cm^3$)

☞ $(2.7\times10-7cm^3)^3\times1g/cm^3$=

⑤ 올레산 분자의 크기를 실험을 통해 측정하기 위해서는 어떠한 가정이 필요한가?

☞ 올레산 분자 층은? (한 층), 올레산 분자의 모형은? (정육면체)

바. 실험 보고서

실험 보고서	실험 목적	4) 분자의 크기와 질량(올레산 분자의 크기크기 측정 방법 익히기)		
실험 준비물	쟁반(모자이크 표기), 자(30cm), 스포이드 1개, 메스실린더 10mℓ 1개, 메스실린더 100mℓ 1개, 피펫 1개, 올레산, 에탄올, 송홧가루, 붕대		일시	2008.04.　　교시
			성명	(　　　　조)
실험 방법	1. 1/500 올레산 에탄올 용액을 스포이트로 떨어뜨리면서 1mL가 될 때의 방울 수를 센다. 　✪ 1/500 올레산 에탄올 용액 한 방울의 부피는 몇 mL가 되는가? 2. 1/500 올레산 에탄올 용액 한 방울 속의 에탄올만의 부피는 몇 mL가 되는가? 3. 쟁반에 물을 1㎝ 이하의 높이로 붓는다. 4. 잔잔해진 물 위에 송홧가루를 엷게 뿌린다. 5. 올레산 에탄올 용액 한 방울을 송홧가루가 뿌려진 물 위에 살짝 떨어뜨린다.			

실험 방법	6. 송홧가루가 퍼지게 되면 만들어지는 원의 지름을 측정한다. ⊠ 원의 지름은 몇 cm가 되는가? ⊠ 올레산 에탄올 한 방울의 부피는 몇 ㎤가 되는가? 7. 올레산 에탄올 용액 한 방울의 부피와 넓이를 이용하여 올레산 한 분자의 크기를 계산한다.

〈 보고서 뒷면 〉

가. 1/50 올레산 에탄올 용액 10방울이 모여 1mL가 되는 용액 한 방울 속에는 에탄올이 몇 mL들어 있는가?
식 :

나. 1/500 올레산 에탄올 용액 한 방울을 물에 떨어뜨릴 때 물 위에 퍼지는 물질은 무엇인가?
⊠ 또한 그렇게 생각하는 이유는 무엇인가?

다. 1/500 올레산 에탄올 용액은 농도가 몇 %인가?
식 :

라. 위와 같은 간접적인 방법으로 올레산 분자의 크기를 측정하기 위해서는 어떠한 가정이 필요하겠는가?

마. 실험 결과를 쓰시오.

올레산 에탄올 용액의 방울수	올레산 에탄올 한 방울의 부피(mL)	올레산 에탄올 용액 한 방울의 넓이(㎠)	올레산 한 분자의 높이(크기)	올레산 한 분자의 부피(분자를 정육면체라 가정함)

사. 형성 평가지

형성평가	소단원 : 올레산 분자의 크기와 질량
학년 조 성명	미해결문항 :

※ 능력에 알맞은 문제를 선택하여 해결하시오. 해결이 안 되는 문제는 어떤 부분에서 이해가 안 되는지 원인을 쓰시오.

1. 올레산 에탄올 용액 몇 방울이 모여 1mL가 되는 것으로 측정되었는가?

2. 올레산 1mL가 있다. 에탄올 몇 mL를 혼합하면 1/500올레산 에탄올 용액을 만들 수 있을까?

3. 송홧가루를 물 위에 떨어뜨린 이유는 무엇인가?

형성평가	소단원 : 올레산 분자의 크기와 질량
학년　　조　　성명	미해결문항 :

4. 올레산 한 분자의 부피가 1×10^{20}cm라면, 1cm^3의 올레산 속에는 대략 몇 개의 올레산 분자가 들어 있겠는가?

5. 1/500 올레산 에탄올 용액을 스포이트로 떨어뜨려 보니 40방울이 모여 1mL가 되었을 때 올레산 에탄올 한 방울 속에 들어 있는 올레산만의 부피를 계산하는 식과 답을 쓰시오.

2. 과학과 수업지도안의 예 II

<table>
<tr><td colspan="7">과락과 본시 학습지도안
지도교사○　○　○</td></tr>
<tr><td>단원명</td><td colspan="2">식물의 분류</td><td>교과서 쪽</td><td>109~112</td><td>장소</td><td>1~1교실</td></tr>
<tr><td>학습주제</td><td colspan="2">식물 분류</td><td>일 시</td><td></td><td>차시</td><td>15/16</td></tr>
<tr><td>학습목표</td><td colspan="6">식물의 구조, 생식 방법을 조사해서 여러 가지 분류 기준을 세워 식물을 분류할 수 있다.</td></tr>
<tr><td rowspan="2">수업계획</td><td>학습모형</td><td>역할 놀이 학습</td><td>학생 조직</td><td colspan="3">수준별 분단 학습</td></tr>
<tr><td>활동내용</td><td colspan="5">문제인식 → 목표인식 → 문제해결 → 내용정리 → 적용 발전 → 평가</td></tr>
<tr><td rowspan="2">수업과정</td><td colspan="3">교수 · 학습활동</td><td rowspan="2">시간</td><td colspan="2" rowspan="2">자료 및 유의점</td></tr>
<tr><td>교수활동</td><td colspan="2">학습활동</td></tr>
<tr><td>전시학습 확인</td><td>• 선수개념 확인</td><td colspan="2">• 분류의 목적 및 방법
• 분류의 단계</td><td>5</td><td colspan="2">평면도형, 입체도형 모형</td></tr>
<tr><td>학습동기 유발
문제 인식</td><td>• 여러 가지 도형의 모형을 제시
• 다양한 식물의 사진을 제시하여 분류의 필요성을 강조</td><td colspan="2">• 모양, 크기, 색깨별로 구분(분단별 활동)
• 분단별 분류 기준을 비교
• 이 식물들을 어떻게 체계적으로 정리 하면 좋을까?
– 사람에게 이로운가 해로운가?
– 사는 장소에 따라서
– 생활 방식에 따라서
– 생김새에 따라서</td><td>5</td><td colspan="2">식물사진
실물화 상기</td></tr>
<tr><td>학습목표 인식</td><td>• 학습목표 진술을 유도</td><td colspan="2">• 스스로 학습목표를 진술</td><td></td><td colspan="2"></td></tr>
<tr><td>수업계획</td><td>• 학습안내</td><td colspan="2">• 수업의 흐름을 계획한다.
역할 놀이 활동(기본 활동) → 심화활동 → 선택 활동 → 학습 내용 정리 → 수행평가 → 과제 제시, 차시 예고</td><td></td><td colspan="2">교사와 학생이 수업 흐름을 사전에 인지함</td></tr>
</table>

수업과정	교수·학습활동		시간	자료 및 유의점
	교수활동	학습활동		
문제해결 (역할놀이 활동)	• 역할놀이 학습의 상황 및 범위를 설명 • 역할 놀이 학습의 진행과정을 안내 • 각자 역할에 대한 원고는 스스로 준비하게 함 • 역할극의 내용과 본시 학습내용을 연결지어 생각하게 함	• 역할 놀이 학습 방법을 숙지하고 자신이 맡은 역할을 확인한다. 기본 활동(역할 놀이 활동) 1. 자기가 맡은 식물의 특징을 그려 모자를 만들어 쓰고, 서로 인사하면 간단한 자기소개를 통해 친구를 찾아감 2.다른 친구의 특징을 잘 듣고 공통점을 가진 친구들 끼리 그룹을 형성 3. 서로의 공통점을 발견 4. 자신들의 특징을 역할극, 노래 또는 콩트 등을 통해 소개(가족 장기 자랑 대회) • 관찰자로서의 예의와 자세를 갖추며 다른 사람의 역할극을 경청하며 내용을 파악한다 • 자기와 다른 사람들의 다른점을 발견 함으로써 남을 존중하는 자세를 갖는다. • 역할극을 통해 각 식물의 특징을 쉽게 이해하고 분류의 방법을 체험으로 터득한다.	15	역할자는 사전에 희망자를 우선으로 정함 혼잡해지지 않도록 교사의 적절한 지도가 필요함 서로의 입장을 존중하면서 자신의 의견을 말함
	• 서로의 역할극을 평가하게 한다.	〈심화활동〉 1. 수준별 활동 주체 부여 A조: 식물의 계통수 B조: 검색표를 이용한 식물 분류 C조: 자연 분류에 의한 식물의 분류 D조: 식물의 생김새와 생활 선택활동 식물의 학명 찾기 및 인터넷을 활용, 자료 탐색	10	전지, 색연필, 그림카드, 식물이름카드 식물도감, 컴퓨터
학습내용 정리	• 교사 주도하에 정리	• 학습목표 도달 정도를 스스로 점검	5	powerpoint 실물화상기
적용발전	• 다른 종류의 식물을 제시하고 다시 분류하게 한다.	• 제시된 새로운 식물의 특징을 알고 분류표에 첨가		
수행평가	• 학생들의 역할 놀이 활동을 관찰하면서 각자의 역할 수행능력을 평가함 • 학습목표 도달 정도를 평가	1. 상대방의 역할극을 서로 평가하여 가장 우수한 팀을 선정하고 각 팀의 장점과 문제점을 발견하도록 한다. 2. 수행평가에 학생들의 의견을 반영하여 교사의 주관적 평가를 완화시킨다. 3. 퀴즈 형식으로 식물의 특징을 확인	5	식물이 아닌 친구의 특징을 찾아감으로써 쉽게 해결하게 됨

수업과정	교수 · 학습활동		시간	자료 및 유의점
	교수활동	학습활동		
과제제시 및 차시예고	• 수준별 선택 과제 제시 • 차시 예고	◈ 상 : 우리 주병의 식물 10종 이상 검색표에 의해 분류해 오기 중 : 식물의 생김새나 생활 방식과 환경과의 관계 알아오기 하 : 연습문제 풀어오기 ◈ 단원정리 및 연습문제 풀이		

【부록 6】 기술 및 가정과 수업지도안 작성의 예

1. 기술 및 가정과 성격

실과(기술 · 가정)는 5~6학년의 실과, 7~10학년의 기술 · 가정을 포함한 국민 공통 기본 교과로서 6년간 연계를 가지고 이수하도록 하고 있다. 실과(기술 · 가정)는 학습자의 경험과 실생활에의 유용성을 중시하며, 급변하는 가정생활과 산업 기술 환경에서 학습자가 주도적인 삶을 영위하는데 필요한 가치관과 다양한 능력을 기르는데 도움을 주는 실천 교과이다. 5~6학년에서는 자신과 가족의 일상생활과 가정의 일에 필요한 기본적인 소양을 기르게 하며, 7~10학년에서는 가정생활과 산업 기술의 세계에 관한 다양한 경험을 제공하여 실생활에 필요한 능력을 기르고 삶의 질을 향상시키며, 미래 생활을 설계하는 진로 탐색의 기회를 제공한다. 그리고 11~12학년의 다양한 심화 선택 과목과 연계성을 가지고 있다.

최근 우리 사회는 저출산과 고령화 사회에 따른 문제, 청소년 문제, 여성의 사회 활동 증가, 다양한 가족 형태의 출현 등 전반적인 가족 관계가 변화하고 있어 가정생활에 대한 중요성이 커지고 있다. 또 가족의 건강과 직결되는 식품, 의복과 주거 환경의 안정성이 심각하게 위협받고 있어 건강한 소비 · 식 · 의 · 주생활을 통해 행복한 삶을 영위하고자 하는 국가 · 사회적 관심이 커지고 있다. 따라서 학습자가 자주적으로 자신의 생활을 관리하고 가족과 함께 건강한 가정생활을 영위하며 이웃과 더불어 생활할 수 있는 능력이 그 어느 때보다 더 요구되고 있다.

그리고 과거와 현재의 삶을 통하여 우리 삶 속에서 지대한 영향력을 끼친 산업 기술은 개인적, 사회적, 국가적으로 매우 중요한 의미와 가치를 지녀 왔다. 더욱이 빠르게 변화하는 산업 기술의 발달로 인한 새로운 생활 환경 속에서 학습자는 삶의 질을 개선하기 위한 창조적 문제 해결자로서의 역할 수행과 자신의 적성을 고려한 진로 탐색을 위한 능력이 요구되고 있다. 오늘날 이러한 상황에서 학습자가 자신의 삶의 문제를 생각하고 해결하기 위해서는 실생활에 필요한 능력을 길러 주어야 할 필요성이 증가하고 있어 이에 대한 교육적 지원이 절실하다.

실과(기술 · 가정)는 이러한 국가와 사회의 기대에 부응할 수 있도록 교과의 학문적 지식과 학습자의 발달 특성을 고려하여 자신과 가정생활의 질을 향상시키고 사회와 산업 기술의 변화에 따른 미래 생활을 주도하기 위한 문제 해결력, 창의력, 자주적 생활 능력 등을 길러 줄 수 있는 교과이다. 이를 위해 교육 내용은 '가정생활', '기술의 세계' 2개 영역으로 구성하고, 세부 내용은 개인, 가정, 사회로 점진적으로 확대하여 나와 가족이 현재와 전 생애에서 접하는 생활을 중심으로 구성한다.

5~6학년 실과는 개인과 가족의 생활에 필요한 기본적인 일의 의미와 상호 관련성을 이해하고 이에 대한 기초 지식과 기능에 대한 체험 활동을 통하여 건전한 생활 태도를 내면화하게 한다. 실과에서 제공하는 교육적 경험은 학습자의 통합적인 지적 능력을 증진시키고, 인내심과 협동심을 길러 주며 자신과 타인, 환경, 사물과의 관계를 긍정적으로 인식하고 관리하는 능력, 삶에 대한 이해력, 통찰력, 감수성과 적응력 등 전인적인 인간으로 성장하는 데 필요한 기본적인 생활 능력을 길러 준다.

7~10학년 기술 · 가정의 가정 분야는 학습자 자신과 가족이 전 생애에서 접하는 생활 문제를 자주적으로 해결할 수 있는 생활 역량을 함양하게 한다. 즉, 가정생활과 일에 대한 건전한 가치관을 확립하고 문제 해결 능력, 창의력, 의사 결정 능력 등과 같은 사고 활동을 통해 지식, 기능과 가치 판단력을 실생활에 적용하여 삶의 문제를 해결하는 능력을 길러준다. 이를 위해 청소년기의 발달 단계에서 요구되는 자아 정체감을 형성하고 자주적인 생활 능력을 체계적으로 기르게 하며, 현대 사회

에서 개인과 가족이 직면하는 다양한 문제를 해결할 수 있는 능력을 길러 주는 교육적 경험을 제공한다.

7~10학년 기술 · 가정의 기술 분야는 학습자가 실천적이고 생산적인 학습 경험을 통하여 인간 본래의 조작적 욕구를 충족시키며 기술적 소양인으로서 갖추어야 할 기술에 대한 지식, 창의적인 사고 능력과 문제 해결 능력을 길러 준다. 이를 통하여 기술의 개념과 원리, 기술의 특성과 중요성, 산업 기술의 발전과 변화 등을 이해하게 하고 실생활에서의 문제를 해결하도록 하며 산업 기술에 대한 지식을 활용하는 능력을 함양시킨다. 또, 산업 기술에 대한 올바른 태도와 기술이 개인과 사회에 미치는 영향을 평가할 수 있는 능력을 길러 준다.

이와 같이 실과(기술 · 가정)는 개인과 가족이 전 생애 동안에 경험하는 광범위하고 다원화된 가정생활과 일, 그리고 산업 기술의 변화를 이해하고 현재와 미래 사회를 살아가는 데 필요한 생활 역량을 길러 줄 수 있는 교과로서, 개인과 가족은 물론 사회 공동체 구성원의 삶의 질을 향상시키고 궁극적으로는 사회의 복지와 국가 발전에 기여할 수 있도록 한다.

2. 기술 및 가정과 수업지도안의 예

〈단원명 : 나와 가정생활〉

가. 단원의 개관

가정은 가족이 생활하는 신체적 · 정신적 공간으로서 인간의 행복을 구현하는 터전이자 사회의 기본 단위이다. 가정생활이 행복하기를 바라는 것은 개인이나 가족 모두가 희망하는 바이다.

가정이 정신적으로나 물질적으로 건전하게 유지되고 발전되어야만 바람직한 가정생활이 유지될 수 있다.

본 단원에서는 가정생활의 의의와 가족의 유형을 학습하고 가정에서 자신의 위치와 역할을 이해함으로써 고도로 발전하고 있는 현대사회에 능동적으로 대처할 수 있는 능력을 기르고 행복한 가정 생활을 영위할 수 있는 자질을 기르도록 한다.

또, 청소년기의 신체적 · 심리적 변화에 관한 학습을 통하여 청소년 자신이 경험하는 여러 가지 변화를 바르게 이해하고, 성에 대한 건전한 태도를 지녀 건강한 청소년기를 보내도록 한다.

나. 단원의 목표

(1) 가족의 의의 및 가족의 유형 등에 대한 학습을 통하여 가정생활에 대한 기본적인 내용을 이해할 수 있다.

(2) 가정생활에서 가족원 상화간의 이해와 협동이 가족 개개인의 생활과 앞날에 어떠한 영향을 미치는가를 이해할 수 있다.

(3) 학생 자신이 가족 안에서 어떠한 역할을 맡을 수 있는지 알고, 적극적으로 협동하는 태도를 가질 수 있다.

(4) 청소년기의 여러 가지 발달 특징을 이해하여, 가족은 물론 친구들과도 원만한 인간관계를 형성하고 유지하면 바람직한 인간으로 성장하도록 노력할 수 있다.

(5) 전통적인 성역할 고정관념의 한계성을 인식하여 융통성 있는 성역할을 실현함으로써 자신의 잠재력을 능력껏 발휘할 수 있다.

(6) 성의 생리학적인 면에 대한 체계적인 지식을 바탕으로 성에 대한 올바른 가치관을 형성하면 나아가 건전한 이성교제를 위한 지침을 터득한다.

다. 단원의 내용 구성

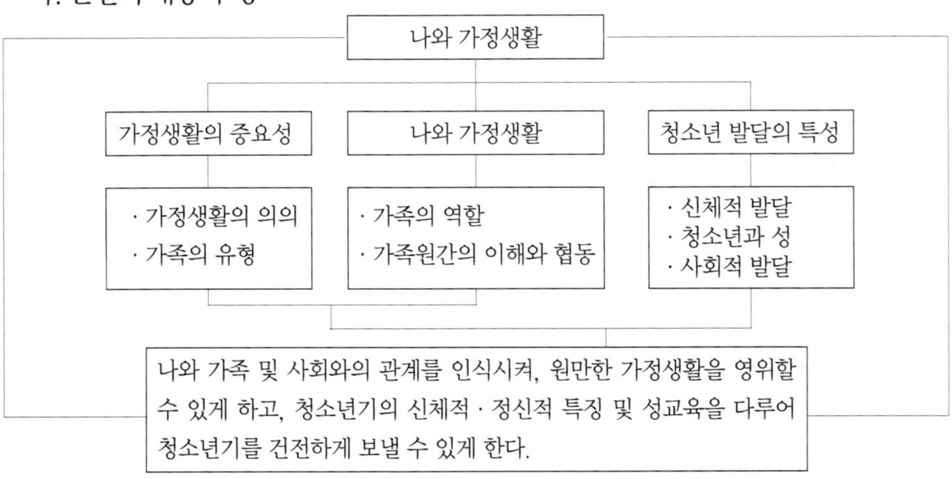

라. 차시별 단원지도계획(13시간 안)

주요 지도내용		차시	학습지도목표	지도상의 유의점
1. 가정생활의 중요성	• 대단원 도입 (1) 가정생활의 의의	1/13	• 단원 학습목표와 학습내용 방법을 확인하고, 이후의 학습을 예측한다. • 가족의 뜻과 특성을 설명할 수 있다.	• 당연시 해오던 가정생활에 대해 진지하게 생각해 보도록 지도한다.
	(2) 가족의 유형	2~3/13	• 가족유형에 따른 생활방식의 차이점과 각 유형의 장·단점을 설명할 수 있다.	• 자료를 통해 가족 유형을 정확히 이해하도록 지도한다.
2. 가정에서의 나의 위치와 역할	(1) 가족구성원의 역할	4~5/13	• 융통성있는 남녀의 역할이 현대사회에 바람직하다는 것을 설명할 수 있다.	• 가족 일원으로 가족 내 역할에 적극 참여하도록 한다.
	(2) 가족원간의 이해와 협동	6~7/13	• 바람직한 가정생활을 영위하기 위해 가져야 할 자신의 태도와 행동에 대해 말할 수 있다.	• 단란한 가정생활을 위해 청소년이 지켜야 할 일을 강조한다.
3. 청소년기 발달의 특성	(1) 신체적 발달	8~9/13	• 생리적 변화나 2차 성징의 출현이 인간의 자연스러운 발달과정임을 이해한다.	• 청소년기 신체변화는 개인차가 있음을 환기시킨다.
	(2) 청소년과 성	10~11/13	• 성의 생리학적 측면에 관하여 체계적으로 설명할 수 있다.	• 생리적 변화나 성에 대한 건전한 가치관을 갖도록 지도한다.
	(3) 사회적 발달	12~13/13	• 청소년기의 발달 특성을 이해하여 건전한 성장을 위해 힘쓴다.	• 건전한 생활을 통해 보람있는 미래를 설계하도록 지도한다.

마. 본시 학습지도안

<table>
<tr><td colspan="8">프로젝터 중심 수행과제 및 평가의 교수 – 학습 계획안</td></tr>
<tr><td>단원</td><td>• 가족구성원의 역할</td><td>차시</td><td>5/13</td><td>학년, 반</td><td></td><td>지도교사</td><td></td></tr>
<tr><td>수행과정</td><td colspan="5">• 이상적 가족 역할 분담 설계하기</td><td>학습형태</td><td>조별과제
협력학습</td></tr>
<tr><td>학습목표</td><td colspan="4">• 가정에서의 자신의 위치와 역할을 설명할 수 있다.
• 현대사회에서 가족원과의 역할분담 상황과 역할변화에 대하여 알고 실천한다.</td><td>출발점 행동</td><td colspan="2">• 가정에서 자신의 위치를 이해하고 스스로 할 수 있는 일을 알고 있다.</td></tr>
</table>

단계	학습 내용	학습활동		시간	관련자료 및 유의점
		교사활동	학생활동		
1 단계	• 수행과제 제시 • 학습목표의 명료화	• 수행과제 제시 • 본시학습목표를 설정하도록 유도	• 수행과제 파악 • 본시학습목표를 진술, 인지	전시예고	• 본시학습 1~2주 전 과제 제시 • 가족구성원 참조하여 조편성
2 단계	• 과제를 위한 아이디어의 생성 및 확인	• 가족역할분담 실태조사 후 설계하도록 방향제시 • 진행상황 점검 • 다양한 가족구성원의 역할을 소개	• 이상적인 가족역할분담을 구상하기 • 조별 가족역할 분담 상황조사, 방안모색 • 과제해결을 위한 아이디어 자료수집	조별자유활동	• 학생들이 프로젝터를 수행하는 도중에 포기하지 않도록 진행상황을 수시로 점검
3 단계	• 과제의 수행과정 기술 및 상세화	• 각 조별로 이상적인 가족역할분담에 대해 발표하도록 함 • 각 조별 아이디어와 발표내용에 대해 토의 하도록 함 • 이상적인 역할분담 내용 수정 및 재설계	• 각 조별 발표활동 · 발표내용에 대한 토의 활동 • 각 보별로 가족역할 분담 내용을 수정하거나 재설계하여 제출	∧본시∨ 20′	• 실태조사자료 • 조별 활동내용의 발표, 토의과정 중 참여하도록 유도 • 이상적인 가족역할분담표
4 단계	• 평가의 관점과 유의사항 작성	• 역할분담설계의 다양함을 재강조 • 가족구성원에 따른 역할분담의 장단점과 아이디어 참신성 강조	• 조별특징에 따라 설계되었는지 관련지어 봄 • 아이디어에 충실하게 설계되었는지 검토함	20′	• 현대사회변화에 따른 역할의 소중함을 이해하도록 한다.
5 단계	• 평가 : 평가기준표나 체크리스트 작성 • 차시예고	• 평가의 하위영역 중 논리의 전개 및 과제 수행능력에 높은 비중을 두고 평가	• 조별 특성을 평가하는데 사용되는 점수와 근거를 확인한다.	5′	• 과제 수행능력 평가에 있어서 각 조별특징에 따른 가중치를 제시한다.

【부록 7】 체육과 수업지도안 작성의 예

1. 체육과 성격

체육과는 '신체 활동'을 통하여 자신 및 세계를 이해하며 건강하고 활기찬 삶에 필요한 능력을 기르고 바람직한 품성과 사회성을 갖추며 체육 문화를 창조적으로 계승 · 발전시킬 수 있는 자질을 함양하는 교과이다.

체육과에서 추구하는 인간상은 신체 활동을 종합적으로 체험함으로써 그 가치를 내면화하여 실행하는 사람이다. 즉 신체 활동에 지속적으로 참여하면서 건강 및 체력, 스포츠 정신과 공동체 의식, 창의적이고 합리적인 사고력, 신체 문화 인식 등의 능력을 갖춤으로써, 자신의 삶을 스스로 계발하고 건강한 사회와 국가를 만드는데 공헌할 수 있는 사람이다.

체육과 교육 내용은 건강, 도전, 경쟁, 표현, 여가라는 '신체 활동 가치'를 중심으로 이루어지며, 이 교육적 가치들을 인문 사회적, 자연 과학적, 예술적 현상으로 탐구하고 실천하는 특성을 가진다. '건강 활동'은 건강에 관한 지식을 탐구하고 이를 토대로 심신의 건강을 증진하고 관리하며, 건강의 제 문제를 해결할 수 있는 합리적인 의사 결정 능력을 함양하는데 초점을 둔다. '도전 활동'은 신체 활동을 수행하면서 자신의 잠재력을 발견하고 자신의 한계에 능동적으로 도전할 수 있는 능력 계발에 초점을 둔다. '경쟁 활동'은 신체 활동에 존재하는 경쟁과 협동의 원리를 인식하고 선의의 경쟁과 상호 이해를 통해 신체 활동을 과학적으로 수행하고 감상하는데 초점을 둔다. '표현 활동'은 신체 활동의 심미적 요소를 이해하고 창의적으로 표현하며 다양한 표현 유형과 문화적 특성을 감상하는데 초점을 둔다. '여가 활동'은 일상생활에서 신체적 여가 활동이 가지는 개인적 가치와 사회적 가치를 인식하고, 체육 활동의 생활화를 통해 올바른 여가 문화를 자기 주도적으로 만들어가는데 초점을 둔다.

초등학교 체육(3, 4, 5, 6학년)은 '신체 활동 가치의 기초 교육'을 담당하기 위해 올바른 건강 생활 습관 형성, 기초 체력 증진, 운동 기본 능력과 표현 능력의 향상,

바람직한 운동 질서 및 규범의 형성, 활기찬 여가 생활 태도 형성을 강조한다.

중등학교 체육(7, 8, 9, 10학년)은 '신체 활동 가치의 심화 교육'을 담당하기 위해 자기 건강 및 체력 관리, 과학적인 경기 수행 능력 향상, 창의적인 표현 능력 향상, 건전한 여가 문화 창조를 강조한다. 특히 고등학교 1학년(10학년) 체육은 신체 활동에 관한 종합적인 안목과 실천 능력 계발을 강조하고, 고등학교 2, 3학년 체육과 선택 과목 학습과 연계될 수 있는 평생 체육 활동의 기초를 마련한다.

2. 체육과 수업지도안의 예

가. 본시 학습지도안

대단원	구 기	소단원	축 구	주제	기초기능(킥, 트래핑, 드리블, 슛	차시	3/9
학습목표	기본(드리블) : 인사이드, 아웃사이드 드리블을 정확히 알 수 있다. 보통(킥) : 여러 가지 킥의 기본원리를 알고 실천적 지식이 될 수 있도록 한다. 심화(슛) : 자세를 낮추어 빠르고 정확하게 슛을 할 수 있다.						

학습 과정	자주적 활동과정	교수 – 학습활동	지도중점 및 자료
준비	먼저열기	☞ 단원예고, 자료수집 ☞ 각 개별 학습준비	
	시작하기	☞ 수준별 주제선정 ☞ 단원예습 ☞ 팀 명칭 선정	
	열어주기	☞ 개별 학습목표 설정 ☞ 수준별 소집단 협의 ☞ 개인별 및 소집단 학습안 구성 – 집합, 인사, 출석확인, 환자 및 복장 점검 – 수업도구확인 및 안전 점검 – 학습체조, 학급줄넘기를 창의적으로 구성 실시한다. – 보강운동	견학자 처리 스트레칭 녹음기 테이프 줄넘기
탐색	정리하기	☞ 요소기능 선택 – 출발점 행동 – 수준별 팀장 학습준비 발표	

학습 과정	자주적 활동과정	교수 – 학습활동	지도중점 및 자료
숙련	활동하기	☞ 수준별 기능학습 ☞ 팀장에 의한 지도 ☆ 인사이드 드리블: 볼을 찬다는 기분보다는 밀고 나간다는 기분으로 하고 몸의 중심을 잃지 않으면 방향 전환이 이루어지도록 한다. ☆ 아웃사이드 드리블: 몸의 페인트를 크게 하여 딛는 발이 많이 나간 상태에서 반대쪽으로 드리블하도록 한다. ▷ 드리블 연습모형 –1 ▷ 드리블 연습모형 –2 ▷ 드리블 연습모형 –3 ◈ 보통반(킥) ☆ 인사이드 킥 : 발의 안쪽 부위, 정확한 킥을 할 때 사용 ☆ 인사이드 킥 : 발의 바깥 부위, 상대가 예측하기 어려움 ☆ 인스텝 킥 : 발등부위, 강한패스 및 슛할때 사용 ▷ 킥 연습모형 –1 ▷ 킥 연습모형 –2 ▷ 킥 연습모형 –3	견학자 처리 스트레칭 녹음기 테이프 줄넘기
	활동하기	◈ 심화반(슛) – 공이 정지된 상태에서 슛 – 이동하면서 움직이는 공 슛 ☆ – 좌측 · 우측 차례로 슛 – 허리를 이용하여 자세를 낮추고 슛을 한다. ▷ 슛 연습모형 –1 ▷ 슛 연습모형 –2	
정착	들어가기	☞ 매차시 장 · 단범 기록 활용 ☞ 수준별 기능완성 – 반복연습	
정리	다시열기	☞ 수준별 우수자 시범 ☞ 교사요점 정리 및 설명 – 정리 운동(스트레칭) – 수준별 단원예고제에 의한 차시예고 – 기구정리(적절한 인원선정) – 세면하고 입실	칭찬, 격려 동기유발 교사확인 질서유지

학습 과정	자주적 활동과정	교수 – 학습활동	지도중점 및 자료
평가	평가	☞ 수행평가 – 관찰에 의한 직접평가 – 학습안을 통한 포트폴리오 평가 – 동료평가 – 게임을 통한 과정평가	학습목표 달성 여부 확인

【부록 8】 – 음악과 수업지도안 작성의 예

1. 음악과 성격

음악은 사람의 느낌과 생각을 소리를 통해 표현하고 향수하는 예술로, 예로부터 인간의 삶에 큰 영향을 끼쳐 왔다. 사람은 음악 활동을 통하여 미적 경험과 즐거움을 얻고 잠재된 음악성과 창의성을 계발하며 음악의 사회적 역할과 가치를 인식함으로써 자아 실현의 가능성과 삶에 관한 이해의 폭을 넓히게 된다.

음악 교과는 학생에게 다양한 음악적 경험을 제공하고 음악 활동에 필요한 기본적인 능력과 음악성을 기르며 풍부한 음악적 정서를 함양하도록 체계적으로 도와줌으로써 음악을 생활화할 수 있는 바탕을 마련하는 교과이다. 그러므로 음악을 느끼게 하고, 음악의 기본 감각과 기초 기능을 기르며, 음악 경험의 질적 향상과 다양화를 위해 탐구하고 연마하도록 하는 한편, 창의력을 발휘하면서 능동적으로 표현하고 수용하도록 지도하는 데 중점을 둔다.

따라서 음악 교과는 다양한 악곡 및 활동을 스스로 경험하게 하며, 그러한 경험을 통하여 음악적 능력과 창의성을 계발하고, 풍부한 음악적 정서와 애호심을 함양하게 함으로써 음악의 가치를 인식하고 생활화할 수 있는 바탕을 마련하는 데 목적을 둔다.

2. 음악과 수업지도안의 예

대단원	한오백년		한오백년	대상	1-1	지도교사	
학습 목표	① 국악기의 소리를 듣고 그 이름을 말할 수 있으며 관현악으로도 분류한다. ② 중모리, 세마치 장단에 맞추어 민요의 멋을 표현하고 사물로도 연주한다. ③ 우리 민요 특유의 장단과 가락을 메기고 받는 표현으로 더욱 흥겹게 부른다.						
학습 자료	web -site	*edunet. kmec.net - 사이버 음악실 - 악기 · http : //www. kmec.net / contents / music /-전통악기 *www. yahoo. co.kr - 전통예술 · www. yahoo. co.kr/entertainment/music/genres/korean_music/-전통악기(각학교별) · www. yahoo. co.kr/entertainment/music/instruments_korean_instruments/(관현타악기) · http : //menber.xom.com/sorry/main/main.html - 관악기 · 현악기 · 타악기 · http : //soback. kornet21. net / ~tmusic /국악세계.htm					
	기타	컴퓨터, 비디오, CD-ROM, 사물악기					

과정	학습 내용	교수 – 학습활동		시 간	자료	유의점
		교사	학생			
과제 검 토 및 학습 목 표확인	단계별 가락 지도	• 과제점검 • 전시학습 상기 • 학습목표 추출, 제시, 확인	• 과제로 제시받은 전통악기 웹 사이트 발표 • 학습할 내용을 열거하면서 학습목표 확인	10	컴퓨터	학생 과제 발표 종합
표현 방법 탐색 및 창조적 표현	전통 악기, 관현악 분류	• 전통악기 – 컴퓨터 화면에서 재현 교수 • 컴퓨터 CD-ROM을 이용한 전통악기 분류	• HTML을 활용한 전통악기 – 관 · 현 · 악 분류 – (인터넷 – 출력물 제시) • 컴퓨터 CD-ROM을 이용한 관형악 분류 감상	35	컴퓨터 인터넷 출력물 CD- ROM	전통악기의 모양, 음색, 이름에 유의
	우리 나라 5음계	• 계면조, 평조에 대한 설명	• 노래에 맞는 장단 가리기 계면조 – 중모리장단 평 조 – 세마치 장단			
	9/8 박자	• 9/8박자 지도 (3박자 계통의 겹박자)	• 9/8를 1박으로 한 3박자 리듬감 체득			
	제재곡 감상	• 한오백년 국악명창 감상	• 명창 연주 감상하면서 곡 해석하기		녹음기	점 4분 음표 를 1박으로 한 3박자 리듬감
	악곡 형식	• 두도막형식 지도	• 두도막 형식(16마디) A(a+b) + (c+d)의 메기는 부분, 받는 부분 형식 이해			

과정	학습 내용	교수 – 학습활동		시간	자료	유의점
		교사	학생			
내면화	사물놀이	• 사물놀이 연주 (비디오 감상)	• 꽹과리, 장구, 징, 북의 4가지 악기로서 사물놀이 감상합주	10		
	가창	• 가사창 – 국악의 생활화	• 사물놀이와 계명창 후 가사창			
	형성평가	① 세마치 장단 ② 중모리 장단 ③ 굿거리 장단 들려주기 ④ 한오백년 들려주기	• 메기고 받는 형시의 멋 체감 • 듣고 가린다. • 메기는 부분(독창) • 받는 부분 (제창)의 구별		장구 녹음기	장단카드를 들어 반응한다. 카드를 들어 반응한다.
	학습정리 및 능력별 과제	• 학습요점 설명 및 능력별 과제	• 복습, 예습할 수 있는 중점 메모 • 형성평가 결과를 중심으로 능력별로 과제를 제시받는다.			
		• 차시학습안내	• 한오백년 단소 연주			

예습과제		예습과제
	기초	한오백년 계이름 외우기
	보충	단소 운지법 알아오기
	심화	단소 연주하기
	과제 해결 안내	*edunet. kmec.net - 사이버 음악실 - 악기 · http : //www. kmec.net / contents / music /-전통악기 *www. yahoo. co.kr - 전통예술 · www. yahoo. co.kr/entertainment/music/genres/korean_music/-전통악기(각학교별) · www. yahoo. co.kr/entertainment/music/instruments_korean_instruments/(관현타악기) · http : //menber.xom.com/sorry/main/main.html - 관악기 · 현악기 · 타악기 · http : //soback. kornet21. net / ~tmusic /국악세계.htm

【부록 9】 미술과 수업지도안 작성의 예

1. 미술과 성격

미술은 느낌과 생각을 시각적으로 표현하고, 시각 이미지를 통해 다른 사람과 소통하여, 자신과 세계를 이해하는 예술의 한 영역이다. 또, 미술은 그 시대의 문화를 기록하고 반영하기 때문에 우리는 미술 문화를 통해서 과거와 현재를 이해하고, 나아가 문화의 창조와 발전에 공헌할 수 있다.

미술 교과 교육은 미적 감수성과 직관으로 대상을 이해하고 시각적 조형물이 가진 아름다움을 느끼며 누릴 수 있는 심미적 태도와 표현력, 상상력, 창의성, 비판적 사고력을 길러 준다. 따라서 미술의 다양한 체험, 표현, 감상 활동을 통하여 창의적으로 나타내며 미술 문화를 이해하고 계승, 발전시킬 수 있는 전인적 인간을 육성하는 데 목적이 있다.

첫째, 생활 속에서 미적 감수성과 미의식의 체험을 확대함으로써 문화적 가치와 정보, 환경, 생명 등 사회 현상에 관심을 가지고 적극적으로 참여하는 태도를 갖게 한다. 둘째, 다양한 동기 유발을 통해 표현 의지를 북돋아주고 주제, 표현 방법, 조형 요소와 원리, 재료와 용구 등의 표현 요소와 표현 계획, 수행, 반성 등의 표현 과정, 표현의 확장에 관한 체계적인 탐색과 자기 주도적인 표현 활동으로 느낌과 생각을 창의적으로 나타내게 한다. 셋째, 미술 작품을 비롯하여 시각 문화 환경에 대한 미적 반응이나 판단을 토대로 비판적 사고력을 기르며, 문화유산을 미학적, 역사적으로 이해하고 자긍심을 길러 전통 미술 문화의 세계화에 기여하게 한다.

미술 교과 내용 영역은 '미적 체험', '표현', '감상' 으로 이루어진다. 각 영역별 교수 · 학습의 방향은 다음과 같다. '미적 체험' 은 학습자의 수준을 고려하여 자연과 시각 문화 환경에 대한 탐색, 탐구, 이해, 판단 등의 학습 활동을 전개한다. 이 영역은 학습자의 감각적인 체험을 통하여 관계를 인식하는 사고와 비판적인 안목을 형성하는 판단 과정을 체계적으로 경험할 수 있도록 하는 학습 경험을 제공한다. '표현' 은 주제, 표현 방법, 조형 요소와 원리, 표현 과정, 표현의 확장을 경험함으로써 자신의 느낌과 생각을 주도적으로 나타내는 영역이다. 이 영역의 지도는 표현 매체와 방법에 대한 감각과 기능, 표현 과정을 스스로 계획하고 수행해 나가는 조직적인 능력을 기르게 한다. 또, 표현 활동과 다른 영역을 관련짓는 적용 능력과 태도에 이르기까지 각 단계에 적합한 학습 경험을 제공한다. '감상' 은 미술 문화의 이해, 비평, 향수에 필요한 기초적인 능력과 태도를 준비하는 영역이다. 이 영역은 인지적인 접근을 통하여 미술에 대한 체계적인 이해와 비평적인 언어 활동을 할 수 있게 하고, 이를 토대로 미술을 문화적 차원에서 중요하게 인식할 수 있으며, 미술 문화 활동에 참여하는 적극적인 태도를 기르도록 한다.

2. 미술과 수업지도안의 예

대단원 : 회화(관찰표현) 소단원 : 수묵 채색으로 꽃그림 그리기

가. 단원 설정의 이유

1). 학습 심리상

중학생 시기는 왕성한 신체적 발달과 변화와 더불어 많은 정서적 갈등을 겪는 때이다. 이 시기의 학생들은 미적 특성으로 자연을 시각적인 사실로 표현하고자 하는 사실적이고 객관적인 특성을 갖고 있다. 또한 학생들은 이 시기에 사실적인 묘사와 더불어 주관적이고 감정적인 표현도 어느 정도는 가능한 것으로 파악된다. 따라서 그리려는 대상을 관찰하고 그것을 사실적이고 객관적인 표현과 더불어 개성적인 표현도 할 수 있다는 점에서 이 단원을 설정하게 되었다.

2) 학습 경험상

학생들은 이제까지 회화, 조소, 디자인의 영역들을 학습해 오면서 대상을 관찰하고 묘사, 표현하는 능력을 길러 왔다. 이러한 학습 경험을 바탕으로 본 단원을 학습함으로써 동양화의 표현 능력을 발전시키며 심미적 인격의 형성까지도 도모할 수 있다.

3) 사회적 요구

현대사회는 고도로 산업 현대화가 되어가면서 생활의 편리를 가져오고는 있지만 우리의 사고 체계마저도 너무도 편의적으로 바뀌게 하고 있다. 그럼으로써 우리 고유의 문화도 점점 실제 생활에서 멀어져 가는 인상을 준다. 오랜 역사 속에서 내려오는 우리나라 회화의 대표적이라고 할 수 있는 수묵 채색화에 대한 특징을 이해하고 구체적, 직접적인 표현을 경험해 보고 감상하는 기회를 가져보는 것이 좋은 기회가 되리라 생각한다. 더 나아가 수묵 채색화 학습은 우리 주위에 남아있는 문화 유산에 대해 감상할 수 있는 안목을 기르고 아끼고 보존하려는 마음을 기르는데 적합한 단원이다.

나. 단원 학습의 목표

1) 이해면

(1) 수묵 채색화 특성을 말할 수 있다.

(2) 동양화의 특징을 설명하고 종류를 열거할 수 있다.

(3) 동양화의 재료를 열거하고 그 특성을 설명할 수 있다.

(4) 재료의 특성을 살려 수묵 채색화의 표현 기법을 설명할 수 있다.

(5) 재료의 사용 방법을 설명할 수 있다.

(6) 소재의 관찰 표현에 맞는 수묵 채색 기법을 설명할 수 있다.

(7) 화면 전체 구성과 수묵, 채색의 조화를 설명할 수 있다.

2) 태도면

(1) 수묵 채색의 용구를 다루어 봄으로써 새로운 표현 의욕의 태도를 갖는다.

(2) 수묵 채색의 특징을 통하여 표현의 즐거움을 느껴보는 태도를 갖는다.

(3) 동양화 재료인 전통 화구를 사용해 봄으로써 새로운 표현의 즐거움을 가진다.

(4) 수묵 채색을 이용한 새로운 표현에 대한 가능성과 창의적인 태도를 가진다.

(5) 주변에서 쉽게 찾을 수 있는 소재를 자세히 관찰하고 미적 대상으로서 감상하는 자세를 가진다.

(6) 수묵 채색화를 통하여 전통 회화를 감상하는 자세를 갖는다.

(7) 동양 회화의 높은 예술성을 이해하는 자세를 갖는다.

(8) 수묵 채색의 이해를 바탕으로 그 우수성을 발전시켜 나가는 태도를 가진다.

(9) 우리의 고유 문화 유산을 감상하는 안목과 태도를 가진다.

(10) 전통 문화의 우수성과 소중함을 인식하고 애호하는 자세를 가진다.

3) 기능면

(1) 수묵 채색화 학습을 통하여 전통 회화를 감상할 수 있다.

(2) 대상의 관찰 표현과 수묵 채색 기법을 작품에 응용할 수 있다.

(3) 수묵과 채색의 조화를 살려 멋진 화훼화를 제작할 수 있다.

(4) 짜임새 있는 화면 구성을 다른 조형 활동에 적용할 수 있다.

(5) 주위에 예술 작품을 어느 정도 분석하여 감상할 수 있다.

(6) 회화 작품을 이용해 실내 장식을 할 수 있다.

다. 학습지도 내용 및 지도상의 유의점

1) 학습지도 내용

(1) 동양화의 특징

- 정신적인 표현 : 사물의 본질 추구
- 주관적인 감정 표현
- 선과 여백의 미 중시
- 정적인 표현
- 평면적인 화면 : 그림자, 물체의 음영을 표현하지 않음

(2) 동양화의 종류

- 먹과 채색의 쓰는 정도에 따라
  - 수묵화
  - 채색화
    - 수묵 담채화
    - 수묵 채색화
    - 진채화
- 그리는 소재에 따라 : 산수화, 인물화, 초상화, 사군자, 풍속화, 영모화, 화조화, 화훼화, 초충도, 어해화, 기명 절지화

(3) 동양화의 재료 : 문방사보

- 종이(화선지), 붓, 먹, 벼루, 서진, 접시, 채색 물감, 물통 등

(4) 수묵 채색화의 표현기법

- 구륵법 : 윤곽선을 그려서 완성하거나, 윤곽선을 그린 후 채색하는 기법
- 몰골법 : 윤곽선을 그리지 않고 수묵이나 채색을 찍어서 한 붓으로 단숨에 그리는 기법
- 삼묵법 : 농묵, 중묵, 담묵

(5) 대상의 관찰 표현 : 심미성과 창의성

(6) 짜임새 있는 전체 화면의 구성

(7) 밑그림(하도) 작업의 이해

(8) 수묵과 채색의 적절한 조화

2) 학습 지도 체계표

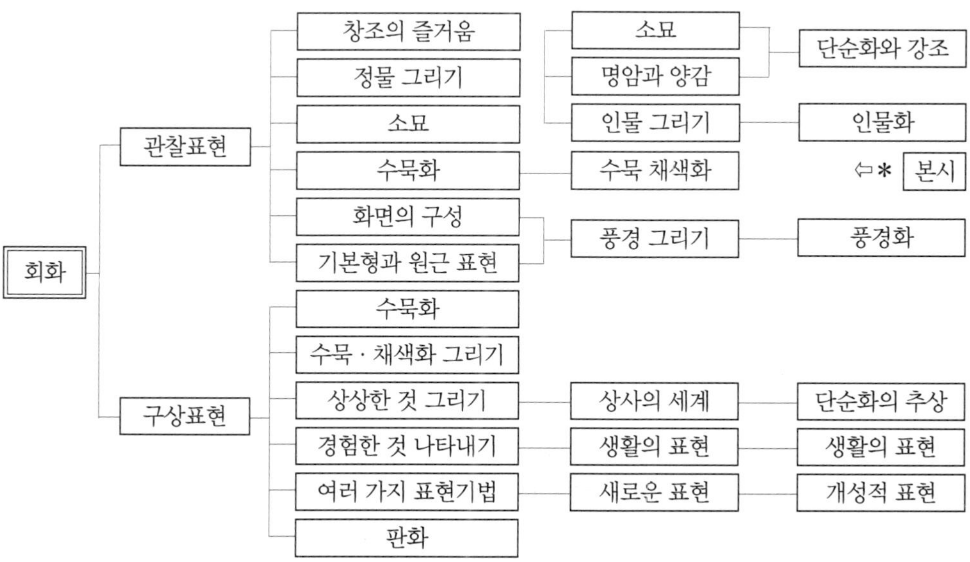

3) 지도상의 유의점

(1) 동양화의 일반적인 특징과 종류를 이해하고 감상하는 안목을 기르도록 지도한다.

(2) 대상을 관찰하고 표현할 수 있는 능력을 확대할 수 있도록 지도한다.

(3) 수묵 · 채색화의 제작 과정을 이해하고 경험해 봄으로써 전통 회화의 소중함을 인식하도록 지도한다.

(4) 작품 제작시 재료의 특성과 기법을 잘 살릴 수 있도록 지도한다.

(5) 심미성을 추구하면서 창의적인 작품이 되도록 지도한다.

(6) 전체 화면의 구성미를 느끼도록 지도한다.

(7) 괘도와 예시 작품을 통해 제작 의욕을 고취시킨다.

(8) 시간 조종을 잘 할 수 있도록 지도한다.

4) 학습 지도 계획

대단원	소단원	시간	관련	준비물	비고
회화 (관찰표현)	감상	2	중학교 미술 (임현진 著) 1학년 p. 4 2학년 p. 4 3학년 p. 4	작품	
	정물 그리기	2	1학년 p. 5 2학년 p. 5	수채화 – 물감, 파스텔, 붓, 파렛트, 도화지, 물통 유 화 – Oil물감, 붓, 파렛트, 석유통, 기름, 켄버스	
	풍경화	2	2학년 pp. 8~9 3학년 p. 5	수채화 – 유화	
	소묘	2	1학년 pp. 6~7 2학년 pp. 6~7 3학년 pp. 6~7	4B연필, 펜, 목탄, 콘테, 색연필, 파스텔, 수묵 도구, 스케치북	
	화면의 구성	2	1학년 pp. 8~9	도구들	
	기본형과 원근표현	2	1학년 pp. 10~11	표현도구	
	인물 그리기	2	2학년 pp. 8~9 3학년 pp. 10~11	스케치북, 연필, 붓, 파렛트, 펜, 유화 물감, 수채화 물감, 색연필	

라. 학습활동

1) 본시의 주안점

(1) 수묵 채색화의 특성을 이해하고 감상하여 그 느낌을 말할 수 있다.

(2) 수묵 채색 기법과 붓의 사용법을 이해하고 표현할 수 있다.

(3) 짜임새 있는 화면 구성으로 멋진 화훼화를 그릴 수 있다.

2) 본시의 지도 과정(2교시 : 90분)

과정	지도 내용	학습 활동		준비물	시간
		학 생	교 사		
도입	인사 출결확인	인사한다. 질문에 응답해 정리한다.	인사 출석 점검 ◀ 지난 시간에 학습한 내용을 정리한다. · 수목 채색화로 꽃 그림을 그리기 위해 꽃을 보고 스케치 하였다. · 밑그림으로 충분히 활용할 수 있다.		
		· 교과서 내용을 확인해 본다. · 개별적인 느낌을 대답해 본다.	◀ 교과서에 나온 내용을 검토하고 교과서에 실린 작품들을 감상한다. · 동양화의 특징, 종류, 재료 · 수묵 채색화의 기법 · 작품을 본 학생들의 느낌을 알아본다.	교과서	
	본시의 학습목표 제시	◀ 본시의 학습 목표를 이해한다.	◀ 본시의 학습 목표를 제시한다. 이번 시간에는 지난번에 꽃을 스케치한 것을 밑그림으로 하여 화선지를 대고 연필로 윤곽선을 뜨고 먹과 채색을 적절히 조화시켜 짜임새 있고 창의적인 수묵 채색화를 그려보도록 한다.	/ 5분	

과정	지도 내용	학습 활동 – 학생	학습 활동 – 교사	준비물	시간
전개	동향화의 특징	◀ 동양화의 특징을 이해한다. · 괘도를 보며 설명을 듣고 알고 있는 애용을 대답해 본다.	◀ 지난 시간에 이어 동양화에 대한 보충설명으로 이해를 돕도록 한다. · 질문을 통해 학생들의 이해 정도를 파악한다.		
	재료의 특성과 사용법	◀ 시범을 잘 살펴 보면서 재료의 특성, 전통 화구의 사용법과 수묵과 채색을 이용한 여러 가지 표현 기법들을 이해한다. · 화선지의 특성을 안다. : 잘 번지며 얇아서 찢어지기 쉽고 물을 잘 흡수하고 앞뒷면으로 모두 그림을 볼 수 있다. · 먹의 특성을 안다. : 비수용성으로 물로 농담을 조절하며 화선지에 번지는 효과와 거칠게 메마른 효과를 낼 수 있다. · 붓 · 접시의 특성을 안다.	◀ 직접 시범을 보임으로써 재료의 특성, 사용법과 표현 기법들을 이해시킨다(천천히, 자세히 가르쳐 준다). · 화선지의 특성. · 먹의 특성. · 붓의 사용법: 붓 전체를 이용해 먹과 물감을 묻혀서 농담을 표현한다. · 접시의 사용법: 먹과 채색을 적당하게 조절한다.	접시, 물감, 물통, 담요, 붓, 먹, 벼루, 화선지	
	수묵 채색화 기법	· 먹의 농담내는 방법을 안다. · 채색 방법을 안다. · 몰골법과 구륵법의 차이를 이해한다.	· 삼묵법: 담묵, 중묵, 농묵 · 몰골법과 구륵법 · 음영, 그림자를 나타내지 않고 가장 튀어나온 부분을 진하게 그리고 먹선을 두른다. · 채색과 먹쓰는 순서는 마음대로이다. · 먹색과 채색의 적절한 조화를 이룬다.		
	예시작품 제시	◀ 예시 작품을 감상한다. · 짜임새있는 화면구성을 이해한다. · 먹과 채색이 잘 어우러지는 것을 관찰한다.	◀ 예시 작품을 보여주고 설명한다. · 꽃 모양의 크기의 변화, 농담, 채색의 변화를 주어 전체 화면을 짜임새있게 구성해 나간다.	참고 작품 1학년 작품	

과정	지도 내용	학습활동		준비물	시간
		학생	교사		
전개		· 수묵 채색화 기법의 활용을 살펴본다.	· 여러 가지 기법을 이용하여 표현해 본다.		
	제작방법 및 순서	◀ 작품 제작 순서를 경청한다. ① 스케치 ② 밑그림 위에 화선지를 놓고 윤곽선을 그린다. ③ 재료를 사용하기 좋게 정돈한다. ④ 먹과 채색의 농담을 조절해 그린다. ⑤ 화면 전체의 구성과 여백의 미(美)를 생각하며 그린다.	◀ 작품 제작 순서를 설명한다. ① 스케치한 것을 밑그림으로 하고 작업을 끝낸다. ② 밑그림 위에 화선지를 대고 연필로 윤곽선을 그린다(직접 화선지에 그려도 된다). ③ 재료를 사용하기 좋게 배치하고 그림 그릴 준비를 한다. ④ 담요 위에 화선지를 놓고 서진으로 고정시킨다(화선지의 앞뒤를 잘 구별한다). ⑤ 처음부터 농묵을 사용하지 않도록 한다(수정이 안 되므로 중묵으로 시작하도록 한다). ⑥ 채색 물감도 너무 강렬하고 선명하면 먹색과 조화가 잘 안 되므로 이 때는 먹색을 조금 섞어서 사용하도록 한다. ⑦ 화면의 짜임새와 여백의 미를 생각하면서 농담과 선의 변화를 주어 그린다.		
	유의사항	◀ 유의 사항을 듣는다. ① 화선지에 일단 붓질을 하면 수정이 불가능하므로 화면구성을 잘 한다. ② 의도된 표현과 우연적인 표현 효과를 적절히 활용한다. ③ 몰골법과 구륵법을 다양하게 활용한다. ④ 자유로운 표현으로 개성적인 작품을 만든다. ⑤ 밑그림과 똑같지 않아도 되므로 적당히 변화를 준다.	◀ 수업을 하면서 유의할 점을 설명한다. · 한번 붓질 후에는 수정이 불가능하므로 계획적이고 의도적인 화면 구성이 필요하다. · 적당히 우연적인 효과도 이용할 줄 안다. · 몰골법과 구륵법을 활용하여 다양한 표현을 한다. · 자유로운 표현으로 개성적인 작품을 만들도록 한다.		

과정	지도 내용	학습활동		준비물	시간
		학 생	교 사		
전개	제작방법 및 순서	⑥ 먹물이 튀지 않도록 조심하고 작업복을 입는다. ⑦ 차분히 해나간다.	◀ 구상해 온 스케치는 하나의 계획이므로 조금씩 변경할 수 있다는 점을 유의한다. · 먹물은 잘 지워지지 않으므로 튀지않게 조심하고 작업복을 착용한다. · 서두르지 말고 차근 차근히 해나갈 것을 주지한다.		
		◀ 작품 제작에 앞서 질문 사항을 문의한다. ◀ 작품 제작에 참여한다. · 스케치한 것을 정리한다. · 밑그림을 대고 화선지에 본을 뜬다. · 먹을 갈고 재료를 준비한다. · 붓에 먹과 물감을 묻혀 농담을 조절하며 그린다.	◀ 질문을 받고 보충 설명을 해 준다. ◀ 질문이 더 없으면 작품 완성시간을 알려주고 작업을 시작하라고 지시한다. ◀ 순회 지도하며 준비물과 스케치 준비가 잘 되었는지 점검한다. · 스케치가 잘못된 것을 지적해 주고 짜임새있는 구성을 하도록 유도한다. · 밑그림의 본을 뜬 후 생화를 참고할 수 있도록 한다. · 재료, 용구 사용에 어려운 점을 도와준다.	화선지, 붓, 먹, 벼루, 물통, 물감, 서진, 꽃, 스켓치	
	유의사항	◀ 작품 제작에 어려움이 있는 부분이나 부족한 점을 지도받는다.	· 재료, 용구 사용에 어려운 점을 도와준다. ◀ 학생들이 제작 활동을 살펴보면서 개별 지도한다. · 재료의 특성을 이해하고 그 특성을 잘 살릴 수 있도록 지도한다. · 몰골법과 구륵법을 이해하고 적절히 활용하도록 지도한다. · 의도적인 표현과 우연적인 표현이 적절히 활용되도록 지도한다.		

과정	지도 내용	학습 활동		준비물	시간
		학 생	교 사		
		◀ 계속 작품을 제작하거나 휴식을 취한다.	· 수묵과 채색이 잘 어우러지도록 지도한다. · 심미적이면서 창의적인 작품을 하도록 유도한다. · 시간 내에 끝낼 수 있도록 한다. ◀ 작품 제작을 계속하고 용무를 볼 학생들은 휴식 시간을 이용하도록 한다.		
		〈참관수업시작〉			
			◀ 제작 중간에 학생들의 중간과정 작품을 예시로 해서 보충설명을 해 준다.	학생들의 작품	70분
정리 및 평가	정리 및 평가	◀ 작품을 완성한다. ◀ 친구들의 작품을 감상하고 그 느낌을 말해 본다. ◀ 잘된 점과 잘못된 점을 안다. ─ 기법의 표현이 잘 되었는지? ─ 화면구성이 잘 되었는지? ─ 수묵과 채색이 잘 어우러졌는지? ─ 아름다우면서도 개성적인 작품인지? · 학생들 나름대로의 생각을 말해 본다.	◀ 작품을 완성하게 한다. ◀ 완성된 작품을 골라서 학생들에게 감상시킨다. ◀ 잘된 점과 잘못된 점을 지적한다. · 학생들의 생각을 유추해 낸다. · 학생들의 이해 정도를 파악한다. · 학생들에게 질문한다. 개별적이고 전체적인 대답을 유도한다. ◀ 학습 목표의 달성을 확인시킨다. · 이번 시간에 학습한 것은 무엇이었나 확인해 본다.		
	학습목표의 달성 확인	◀ 학습 목표의 달성을 확인한다. · 수묵 채색화를 해 보았고 그 기법과 특성을 이해했다. · 앞으로 전통 회화를 감상할 수 있고 소중함을 인식할 수 있다.	· 수묵 채색화를 이해하고 감상할 수 있다. · 이번 수업을 통해 느낀점이 있다면 발표시킨다. · 청소 및 용구 정리를 지도한다.		
	청소 및 용구정리	◀ 청소 및 용구를 정리한다. ◀ 인사한다.	· 인사하고 수업을 마친다.		15분

*출처: 남정걸(2000), 교육실습의 이론과 실제, 서울: 교육과학사. pp. 290~299에서 재인용

【부록 10】 영어과 수업지도안 작성의 예

1. 영어과 성격

최근 국가 간의 교류는 다양한 분야에서 빠르게 진행되며 국가 간 상호의존도는 점점 심화되고 있어, 국제적 경쟁과 함께 국제적 협력의 필요성도 증대하고 있다. 이에 더하여 정보 기술의 발달로 지식과 정보에 바탕을 둔 지식기반 사회로의 이동은 개인생활에서 국가 정책에 이르기까지 사회의 모든 분야에 걸쳐 지식과 정보를 이해하는 능력과 함께 지식과 정보를 생산하고 전달하는 능력을 요구하고 있다.

이런 환경에서 영어는 국제적으로 가장 널리 쓰이고 있는 언어로서 각기 다른 모국어를 가진 사람들을 이해하고, 이들과의 의사소통과 유대를 가능하게 하는 국제어로서의 중요한 역할을 수행하고 있다. 따라서 미래를 살아가야 할 초·중등학생들에게 영어로 의사소통할 수 있는 능력은 학교에서 길러야 하는 핵심적인 능력이다. 즉, 국가와 사회 발전에 기여하고, 세계인으로서 선도적 역할을 하며, 폭넓은 문화생활을 하기 위해서는 영어를 이해하고 구사하는 능력은 필수적이라고 할 수 있다. 영어로 의사소통하는 능력은 곧 나라와 나라를 잇는 중요한 가교이자, 국가 간 문화 간 이해와 신뢰를 통하여 우리나라를 발전시키는 원동력이 되기 때문이다.

초등학교 영어는 일상생활에서 사용하는 기초적인 영어를 이해하고 표현하는 능력을 길러 주는 교과로서, 의사소통의 바탕이 되는 언어 기능 교육, 그 가운데서도 음성 언어 교육이 주가 된다. 문자 언어 교육은 쉽고 간단한 내용의 글을 읽고 쓸 수 있는 내용으로 하되, 음성 언어와 연계하여 내용을 구성한다. 중등학교 영어는 초등학교에서 배운 영어를 토대로 하여 학생들이 기본적인 일상 영어를 이해하고 이를 사용할 수 있는 능력을 기름으로써 외국의 문화를 이해하고, 21세기를 살아갈 수 있는 능력을 기르는 바탕을 마련하는 데 역점을 둔다.

초등학교에서의 영어 교육은 초등학교 학생의 특성을 고려하여야 한다. 초등학교 학생은 호기심이 강하며, 실생활에서 자신이 겪는 감각과 경험이 사고와 행동에 깊이 작용한다. 그러므로 영어 교과에서의 교수-학습 활동은 실생활에서 접할 수 있는 감각 및 놀이 활동을 주로 하고, 체험 학습을 통하여 발견의 즐거움을 경험할 수 있도록 하는 것이 효과적이다. 또, 초등학교 학생은 쉽게 배우지만 기억이 오래 가지 못하고 집중하는 시간이 짧기 때문에, 교수-학습에 다양한 교수법을 적용하며, 멀티미디어 자료와 정보 통신 기술(ICT) 도구 같은 다양하고 흥미로운 교육 매체를 적절히 활용하도록 한다.

한편, 중등학교의 영어 교육은 초등학교 영어 학습을 통해 형성된 영어 학습에 대한 흥미와 관심을 지속시키고, 영어로 의사소통을 할 수 있는 기본적인 능력을 기르도록 하며, 유창성과 정확성을 기르도록 학습 경험과 활동을 극대화하여야 한다. 따라서, 언어 습득 과정을 중시하는 교수-학습 방법을 적용하여 학생중심의 영어 수업이 되도록 한다.

초 · 중등학교에서의 영어 시간 운영은 학생 개개인의 학습 능력 차이를 고려하여야 하며, 학교 사정을 감안하여 수준별 수업을 실시할 수 있다. 수업에서는 과제 혹은 활동 중심의 수업 운영으로 자기 주도적인 학습이 가능하도록 한다.

영어 교과는 영어 의사소통 능력을 길러 주는 것이 중요한 목표이지만 인성교육도 중요하므로, 건전한 도덕관과 자주적 시민 정신을 기르도록 도와 준다. 또한, 외국 문화를 바르게 이해하고 나아가 국제적 안목과 세계인으로서의 협동심과 소양을 기르도록 한다.

2. 영어과 수업지도안의 예

Master Plan

Unit : Leson 1. In-sik and His Brother

1. General Aims : To be able to understand and make use of key expressions and phrases through listening, speaking, reading and writing activties which at active communication in the classroom.

2. Time Allotment

Period	Task	Teaching Points	Aids & Remarks	Evaluation
1/10	Listening	• Listening comprehension (1) making a suggestion / response (2) asking approval (3) sending regards (4) asking reasons / response	T.R O.H.P	Dictation & formative test
2/10	Getting Ready	• Key expressions and Phrases (1) How dose that sound / look…? (2) must(obligatory) (3) why / becuse…	T.R O.H.P	Formative test
3/10	Getting Ready	• Key expressions and Phrases (4) was / were + −ing (5) give A to B / give B A (6) Give my love to…	T.R O.H.P W.C	Formative test
4/10	Part Ⅰ	• Understanding the dialogue • Speaking activities	T.R P.C O.H.P	Close& Formative test
5/10	Part Ⅱ & compreh en_sion	• Reading comprehension • Reading activities	T.R O.H.P	Formative test
6/10	Part Ⅱ & compreh en_sion	• Reading comprehension • Reading activities	T.R O.H.P	Formative test
7/10	Speaking Practice	• Speaking Practice (1) was / were + −ing (2) How do I look…?/ You look…	T.R P.C W.C O.H.P	Formative test
8/10	Sound & Patterns	• Sound distincion & pronunciation • Stress / pause / liaison • Sentence patterns & usage (1) look + adj. (2) must (3) why / becuse… (4) was / were + −ing (5) give A to B / give B A (6) 'either' after a negative verb	W.C P.C O.H.P	Formative test

Period	Task	Teaching Points	Aids & Remarks	Evaluation
9/10	Further Study	• Application of useful expressions (1) wait for (2) be proud of (3) be different from • Expressions of saying good-bye • usages of 'either' & 'look'	O.H.P	Dictation & formative test
10/10	Listening Practice & Exercises	• Listening comprehension • Brush-up activities through role play and guided writing activities	T.R	Listening Speaking test

Leson 2. In-sik and His Brother

Sub Plan(심화)

Task		Part Ⅱ	Period	6/10
Specific Aims		• To comprehend the story of In-sik and his brother.		
Entering Behavior		• To know 'subject-verb agreement' in present tense. • To know 'too' is used for a positive sentence.		
Steps	Procedures	Contents & Activities	Aids & Remarks	Time
Introduc-tion	greetings Calling the roll	T : Good morning, everyon Ss : Good morning. sir T : Is anyone absent today? Ss : No one. T : Good T : Have you done with your homework? Ss : Yes. T : Do you remember what we read about In-sik and his brother? Dose everyon want to come to the from and write down what they were like? (Ss volunteer to make lists of what In-sik and In-ho were like) T : Good	T.R V.P	10′

Steps	Procedures	Contents & Activities	Aids & Remarks	Time
Develop-ment	prereading activities	T : Today we'll red about how In-sik has changed this year. Do you remember how In-sik looked last year? Yes, he looked sd.(T draws a sad-looking face above the list about In-sik.) But hs's different this year.) (T draws a smiling face next to the list about In-sik.) T : First of all, look at the picture om page 32. Who are they? Ss : In-sik parents.		
Develop-ment		T : How do they look? Ss : They look happy / proud / glad… T : Why? (Ss answers with the help of the picture.)		
	Listening	T : Now let's listen to the tape and see of your guess is right, Don't loo at the text this time. (Ss listen to the tape without the text.)	T.R	3′
	Descriving	T : Are you done with your reading? Does anyone wnat to come to the front and write down the reason why In-sik changed and how he's different new? (Group leaders volnteer.)	T.R	5′
	Presentation	T : Good! You did well. Now, I'll check your homework. Does everybody do your homework? S : Yes, We do. T : Who present first? S : I'll tell about my sister. (She told about her sister using VP. Other students listen carefully.) T : Did you understand what she said? S : Yes. We did.	V.P	10′
		T : I'll ask some questions. Su-mi, stand up, please? How old is her sister? S : She is eighteen.		5′

Steps	Procedures	Contents & Activities	Aids & Remarks	Time
Develop -ment	prereading activities	T : Very good, thank you. (Teacher asks some questions to the students about presentation) And any one? Oh, Min-ji, please? (students present their own script in turns) T : You did very well. T : Answer the following questions: • Why did In-sik change his life style? • Whose way of life does In-sik follow now? • What two thing does In-sik always do with his brother? • How do his father and mother feel about him now. (Ss answer the questions, referring to the text.) T : Now let' s read the text again. (The whole class reads the text.)	V.P	
Consoli- dation	True/false questions	T : Let' s look at the T/F questions on page 33 and solve them. (Ss answer them. then the class liiks over the questions one by one to see they got the answers right.)		
	Vocablulary text	T : Now I'll give you a text. (Ss take the test and T checks the answers.)		
	Homework	T : Today' s homework is to think about the following questions and Write down your answers. • What was In-sik' s problem last year? • How did In-sik change his life-style this year? • Tell what would' ve happemed if In-sik didn' t change his way of life.(you may answer in kore-an.) • What would you do if you were In-sik? And Why?(You may anser in korean.)		
	Farewell	T : That' s all for today. good-bye. Ss : Good-bye.		

Leson 2. In-sik and His Brother

Sub Plan(보충)

Task		Part Ⅱ	Period	6/10
Spectific Aims		• To comprehend the story of In-sik and his brother.		
Entering Behavior		• To know 'subject-verb agreement' in present tense. • To know 'too' is used for a positive sentence.		
Steps	Procedures	Contents & Activities	Aids & Remarks	Time
Introduc-tion	greetings Calling the roll	T : Good morning, everyon Ss : Good morning. sir T : Is anyone absent today? Ss : No one. T : Good T : Have you done with your homework? Ss : Yes. T : Do you remember what we read about In-sik and his brother? Dose everyon want to come to the from and write down what they were like? (Ss volunteer to make lists of what In-sik and In-ho were like) T : Good		8′
Develop-ment	prereading activities	T : Today we'll red about how In-sik has changed this year. Do you remember how In-sik looked last year? Yes, he looked sd.(T draws a sad-looking face above the list about In-sik.) But hs's different this year.) (T draws a smiling face next to the list about In-sik.) T : First of all, look at the picture om page 32. Who are they? Ss : In-sik parents.		3′
		T : How do they look? Ss : They look happy / proud / glad… T : Why? (Ss answers with the help of the picture.) T : Good		

Steps	Procedures	Contents & Activities	Aids & Remarks	Time
Develop -ment	Interviwing Listening	T : Now interviwing your partners. How do they look like today and why? (Ss interview thier partners, and volunteer.)	T.R	3′
		T : Now let's listen to the tape and see of your guess is right, Don't loo at the text this time.	T.R	5′
	New words	(Ss listen to the tape without the text.) T : Now listen again. As you listen, underline words nd expressions you don;t understand. (After listening, each group discusses the meaning of unknown words and expressions. Ss may look up the dictionary.) T : If you have any questons about the new words and expressions, let me know.		
	Silent reading	T : Now I'll give you 10minutes to read the text. As you read, try to find out what is the reason In-sik has changed, and how he has changed after that. (Ss read the text and work in groups to find the cause and effect..)		10′
	Presentation	T : Are you done with your reading? Does anyone wnat to come to the front and write down the reason why In-sik changed and how he's different new? (Group leaders volnteer.) T : Good! You did well. (The class goes over the text again to make sure they understand it right.) T explains the causse / effect text structure. (Ss take notes.)		5′
Develop -ment	prereading activities	T : Answer the following questions: • Why did In-sik change his life style? • Whose way of life does In-sik follow now? • What two thing does In-sik always do with his brother? • How do his father and mother feel about him now.	O.H.P	4′

Steps	Procedures	Contents & Activities	Aids & Remarks	Time
		(Ss answer the questions, referring to the text.) T : Now let' s read the text again. (The whole class reads the text.)		
Consoli-dation	True/false questions	T : Let' s look at the T/F questions on page 33 and solve them. (Ss answer them. then the class liiks over the questions one by one to see they got the answers right.)		3 ′
	Vocablulary text	T : Now I' ll give you a text. (Ss take the test and T checks the answers.)	O.H.P	2 ′
	Homework	T : Today' s homework is to think about the following questions and Write down your answers. • What was In-sik' s problem last year? • How did In-sik change his life-style this year? • Tell what would' ve happemed if In-sik didn' t change his way of life.(you may answer in kore-an.) • What would you do if you were In-sik? And Why?(You may anser in korean.)	O.H.P	2 ′
	Farewell	T : That' s all for today. good-bye. Ss : Good-bye.		

참고문헌

남정걸(2000), 교육실습의 이론과 실제, 서울: 교육과학사, pp. 1~14.
장덕삼 외 4인(2002), 교육실습과 교사의 윤리, 서울: 형설출판사, pp. 10~19.
권순우 외 6인(2006), 교육실습, 서울: 태영출판사, pp. 11~15.
권순우 외 6인(2006), 교육실습, 서울: 태영출판사.
김경헌 외(2006), 신교육학개론, 서울: 태영출판사.
김계현 외(2000), 학교상담과 생활지도, 서울: 학지사.
김동일 외(1995), 청소년 시간 정신 에너지 관리 훈련 프로그램, 서울: 청소년대화의 광장.
김종철(1982), 교육행정의 이론과 실제, 서울: 교육과학사.
김헌수(2003), 교과교육과 교육방법, 서울: 재동문화.
김혜숙, 박한샘(1996), 인지행동상담기법 개발 및 보급 보고서, 서울: 청소년대화의 광장.
김혜숙, 이상현(1998), 실기교육방법론, 서울: 교육과학사.
남정걸(1992), 교육행정 및 교육경영, 서울: 교육과학사.
남정걸(1993), 교육실습의 이론과 실제, 서울: 교육과학사.
남한식(1991). 학교와 학급경영 총론, 서울: 형설출판사.
유기섭, 김태호(2003), 교육심리학, 서울: 동문사.
이상기(1982), 교육학개론, 서울: 교육과학사.
임창재(2005), 수업심리학, 서울: 학지사.
장덕삼 외 4인(2002), 교육실습과 교사의 윤리, 서울: 형설출판사.
장덕삼 외(1980), 교육실습의 이론과 실제, 서울: 명진사.
장덕삼(1984), 각과 지도를 위한 교육실습의 이론과 실제, 서울: 교육연구사. 한공우 외 (1977), 교육과 경영, 서울 : 진명문화사.
한국교육학회(1998), 인성교육, 서울: 문음사. http://www.classmi.net
남정걸(1993), 교육실습의 이론과 실제, 서울: 교육과학사, pp. 19~25.
권순우 외 6인(2006), 교육실습, 서울: 태영출판사, pp. 32~35.
남정걸(2000), 교육실습의 이론과 실제, 서울: 교육과학사, pp. 33~44.
장덕삼 외 4인(2002), 교육실습과 교사의 윤리, 서울: 형설출판사, pp. 22~38.
남정걸(2000), 교육실습의 이론과 실제, 서울: 교육과학사, pp. 51~61.

참고문헌

권순우 외(2006), 교육실습, 서울: 태영출판사, pp. 175~187.
장덕삼(1984), 각과 지도를 위한 교육실습의 이론과 실제, 서울: 교육연구사. pp. 47~52.
김경헌 외(2006), 신교육학개론, 서울: 태영출판사, pp. 349~360.
장덕삼 외(2002), 교육실습과 교사의 윤리, 서울: 형설출판사, pp. 155~161.
유기섭, 김태호(2003), 교육심리학, 서울: 동문사. pp. 176~219.
김헌수(2003), 교과교육과 교육방법, 서울: 재동문화, pp. 196~204.
임창재(2005), 수업심리학, 서울: 학지사. pp. 253~286.
임창재(2005), 수업심리학, 서울: 학지사. pp. 191~193.
장덕삼 외(2002), 교육실습과 교사의 윤리, 서울: 형설출판사, pp. 53~73.
장덕삼 외(2002), 교육실습과 교사의 윤리, 서울: 형설출판사. pp. 75~79.
김혜숙, 이상현(1998), 실기교육방법론, 서울: 교육과학사. pp. 186~194.
장덕삼 외(2002), 교육실습과 교사의 윤리, 서울: 형설출판사. pp. 96~125.
권순우 외(2006), 교육실습, 서울: 태영출판사, pp. 127~132.
김계현 외(2000), 학교상담과 생활지도, 서울: 학지사. pp. 187~209.
김동일 외(1995), 청소년 시간 정신 에너지 관리 훈련 프로그램, 서울: 청소년대화의 광장.
김혜숙, 박한샘(1996), 인지행동상담기법 개발 및 보급 보고서, 서울: 청소년대화의 광장.
한국교육학회(1998), 인성교육, 서울: 문음사.
한공우 외(1977), 교육과 경영, 서울: 진명문화사, pp. 220~221.
장덕삼 외(2002), 교육실습과 교사의 윤리, 서울: 형설출판사, pp. 128~152.
장덕삼 외(1980), 교육실습의 이론과 실제, 서울: 명진사, pp. 79~80.
이상기(1982), 교육학개론, 서울: 교육과학사, pp. 97~106.
남한식(1991). 학교와 학급경영 총론, 서울: 형설출판사, pp. 386~387.
남정걸(1992), 교육행정 및 교육경영, 서울: 교육과학사, pp. 488~492.
김종철(1982), 교육행정의 이론과 실제, 서울: 교육과학사, pp. 430~452.
http://www.classmi.net

저 자 소 개

▣ 김헌수

교육학 박사
원광대학교 사범대학 교수
한국교육학회 전북지회장
〈저서〉
게슈탈트(1994, 정암서원)
현장교육연구법(1996, 재동문화사)
심리교육(1998, 한국심성교육개발원, 교육부)
새 교육학(2000, 공저, 교육출판사)

▣ 이난

교육학 박사
원광대학교, 우석대학교 시간 강사
전주대학교 객원교수
〈저서〉
상담심리학(2001, 공저, 학술정보)
상담의 기초(2001, 공저, 한빛사)
집단상담의 이론과 실제(2002, 공저, 학술정보)

▣ 류재수

교육학 박사
목포 덕인고, 목포 혜인여고, 이리 남성여고, 남성고, 남성중 교사 역임
남성여중 교사
원광대학교 사범대학 겸임교수

교육실습의 이론과 실제

초판 발행 2008년 1월 30일
3판 발행 2011년 3월 5일

저 자 김헌수 · 이난 · 류재수
발행자 김 현 태
발행처 태영출판사

주 소 (157-705) 서울 구로구 구로동 104-10 동남오피스텔 201호
전 화 02-839-3757, 839-3752
팩 스 02-837-3754
등 록 2005. 5. 30. 제 12-421호
E-mail tys2005@paran.com

ISBN 978-89-91777-85-9 93370
정가 14,000원